너무나 궁금했던
평신도의 질문들

| 의심 없는 신앙은 멈춘 신앙이다 |

너무나 궁금했던
평신도의 질문들

김대진 지음

A Layman's Questions

좋은땅

프롤로그

기독교인이라면 신앙생활을 하다 한 번쯤은 "이게 정말 맞는 걸까?"라는 의문이 들기 마련입니다. 그리고 그 고민을 누군가에게 진지하게 털어놓아 본 경험도 있을 것입니다.

하지만 돌아오는 반응은 대부분 이렇습니다. "그건 네 믿음이 약해서 그래", "성경은 하나님의 영감으로 쓰인 책이기 때문에, 한 글자도 틀림이 없어", "나도 네 생각에 어느 정도 공감은 하지만, 그래도 신앙인이라면 믿어야 하지 않겠어?"

이런 반응들이 반복되다 보면, 성경은 '왠지 와닿지 않는 이야기', 혹은 '끝없는 고민만 불러일으키는 이야기'로 느껴지게 됩니다. 결국엔 "굳이 이런 고민까지 하면서 교회를 다녀야 할까?"라는 생각에 이르게 되기도 합니다. 저 역시 그런 과정을 겪었습니다.

그래서 차라리, 내가 품고 있는 질문과 의문들을 한 번 정리해 보고 스스로 나름의 논리를 찾아보자는 결심을 하게 되었습니다.

전문적인 신학 교육을 받은 것도 아니고, 깊이 있는 신앙을 가진 사람도 아니다 보니, 여기저기서 주워들은 내용을 짜깁기한 수준에 머무를 수밖에 없습니다. 그래서 정리하는 과정에서 본의 아니게 출처를 정확히 밝히지 못했거나, 누락한 부분도 있을 수 있습니다. 이 점 너그러이 이해해 주시기를 부탁드립니다.

또한 이 글의 내용은 누군가에게는 낯설거나 불편하게 느껴질 수도 있을 것입니다. 다른 생각이나 의견을 가진 분들도 분명히 계시리라 생각됩니다. 하지만 이 글은 어디까지나 '개인적인 질문과 고민의 기록'임을 감안해 주셨으면 합니다.

부디 이 글을 통해, 저와 같은 질문을 가진 분들이 조금이라도 의문이 풀리고, 건강한 신앙적 대화를 나눌 수 있기를 희망해 봅니다.

목차

프롤로그   004

1부
구약성경에서의 질문들

1. 우리의 모양대로 우리가 사람을 만들고 (창 1:26)   012
2. 왜 하나님은 선악과를 두셨을까? - 자유의지와 주권   019
3. 하나님의 아들들이 사람의 딸들에게로 들어와 (창 6:4)   025
4. 바로의 마음을 완악하게 하고 (출 7:3)   033
5. 너희에게 살게 하리라 한 땅에 결단코 들어가지 못하리라 (민 14:30)   042
6. 여호수아의 전쟁은 정당한 전쟁이었나?   048
7. 욥기는 실화인가? 창작인가?   054

2부
신약성경에서의 질문들

1. 신약 4대 복음서 내용이 왜 다르지?   064
2. 예수님은 아이들의 피를 제물 삼아 태어나셨나?   071
3. 예수님은 분쟁과 다툼을 위해 이 땅에 오셨는가?   076

4. 천국에 가려면 부자가 되지 말라는 것인가?   082
5. 가롯 유다는 배신자인가? 아니면 희생양인가?   087
6. 방언을 못 하면 신앙심이 낮은 것인가?   093
7. 기독교는 분쟁과 분란의 종교인가?   099
8. 기독교는 권세에 복종하는 종교인가?   106
9. 요한계시록은 이단이 생기는 원인인가?   112
10. 보혜사와 성령은 동일한 존재인가?   118
11. 니골라당이 왜 생기게 되었는가?   123
12. 기독교는 고난과 고통의 종교인가?   128
13. 신약성경에 '없음'으로 된 구절은 누가 지운 것인가?   135
14. 예수님은 무슨 율법을 어떻게 완성하셨다는 건가?   141

3부

문득 떠오르는 질문들

1. 왜 죄를 짓고도 벌받지 않는 사람들이 있나?   150
2. 왜 하나님은 고통받는 의인의 기도에 침묵하시는가?   165
3. 하나님의 뜻이 무엇입니까?   172
4. 구약시대에는 '천국'이 없나요?   178
5. 안식일이 토요일 아니었나? 왜 일요일이 주일이지?   183
6. 로마의 태양절이 왜 크리스마스가 된 거야?   187

7. 예수님이 탄생하신 해가 AD 1년이 아니야?	192
8. 하나님은 이스마엘과의 약속을 지키셨나?	197
9. 하나님은 이삭과의 약속을 지키셨나?	202
10. 유대교, 기독교, 이슬람… 같은 하나님을 믿는 것일까?	207
11. 가톨릭과 개신교는 같은 기독교가 아닌가?	215
12. 적으로 만난 기독교인! 하나님은 누구를 구원하시나?	221

4부

기독교 철학과 신학에 대한 질문들

1. 선하신 하나님이 왜 악과 고통을 허락하시는가?	232
2. 삼위일체가 이단을 만든 것인가?	240
3. 기독교의 배타성은 극복될 수 없나?	250
4. 차라리 태어나지 아니하였더라면 (마 26:24)	258
5. 아담과 하와의 죄가 왜 온 인류에게 미치는 것일까?	262
6. 구원받을 사람이 정해졌다는 것인가?	268
7. 기독교가 예수의 종교야? 바울의 종교야?	273
8. 아우구스티누스는 철학자인가? 종교인인가?	283
9. 루터와 칼뱅, 빛과 그림자 속에서 배우는 종교개혁	290
10. 기독교의 죄악과 그 신학적 뿌리: 우리는 어디서부터 잘못되었는가?	298

5부
한국기독교와 교회에 대한 질문들

1. 비기독교인들은 왜 개신교를 꺼려할까?   306
2. 기독교는 믿음을 강요하거나 협박하는 종교인가?   313
3. 그저 하나님만 바라보면 되는 것인가요?   322
4. 그 많은 헌금을 다 해야 하나요?   329
5. 기독교는 죄책감을 자극하는 종교인가?   335
6. 추모예배가 우상숭배에 해당되는가?   343
7. 기독교는 왜 이렇게 교파와 교단이 많을까?   349
8. 본디오 빌라도가 예수님에게 고난을 주었나?   355
9. 예수님이 지옥에 내려가셨다는 것이 무슨 뜻이지?   360
10. 왜 유대인의 하나님을 섬겨야 되나?   366
11. 한국교회 현실 속 평신도의 선택과 바람   374
12. 한국교회의 미래와 평신도의 희망   380

에필로그   388

인용 및 번역에 관한 안내

본문에는 사도신경 중 "본디오 빌라도 아래에서"(under Pontius Pilate)와 "지옥에 내려가셨다"(He descended into hell)에 해당하는 구절이, 교파 간 번역 차이와 그 신학적 의미를 고찰하기 위한 비평적 목적으로 제한적으로 인용되었음을 밝힙니다.

또한 본문에 사용된 『킹제임스 성경』(KJV Standard 1769)과 『에녹서』(The Book of Enoch, R.H. Charles, 1917)의 일부 구절은 영어 원문을 바탕으로, 『탈무드』와 『꾸란』의 일부 구절은 원문을 참고하여 필자가 자의적으로 번역(의역)한 것입니다.

아울러, 본문에 인용된 『성경전서 개역개정판』의 구절은 저작권자인 대한성서공회의 정식 사용 허락을 받아 수록하였습니다. 허락해 주신 대한성서공회에 진심으로 감사드립니다.

고지 사항

이 책의 일부 내용은 필자의 개인적인 고민과 자료 조사, 그리고 공개된 다양한 정보에 근거한 해석을 바탕으로 정리된 것으로, 공식 교파나 교단의 입장이나 정통 신학을 대표하지 않음을 미리 밝힙니다. 또한 모든 해석과 주장은 절대적인 결론이 아니라, 더 깊은 신학적 탐구와 건강한 토론을 위한 작은 출발점이 되었으면 하는 바람을 담고 있습니다.

1부

구약성경에서의 질문들

"의심 없는 신앙은
멈춘 신앙이다."

1.
우리의 모양대로 우리가 사람을 만들고 (창 1:26)

과학과 신학은 다른 것이고, 성경상의 이야기와 역사의 기록이 일치하지 않을 수 있습니다. 하지만 창세기의 천지창조의 과정을 읽다 보면 의문스러운 부분이 생기게 됩니다.

① "식물을 먼저 만들고 낮과 밤을 후에 만들었다? 낮이 있어야 식물이 자랄 수 있는 거 아닌가?"

> 땅이 풀과 각기 종류대로 씨 맺는 채소와 각기 종류대로 씨 가진 열매 맺는 나무를 내니 하나님이 보시기에 좋았더라… 이는 셋째 날이니라 (창 1:12~13)
>
> 낮과 밤을 주관하게 하시고 빛과 어둠을 나뉘게 하시니 하나님이 보시기에 좋았더라 저녁이 되고 아침이 되니 이는 넷째 날이니라 (창 1:18~19)

② "기독교는 유일신이라면서? '우리의 모양대로 우리가 사람을 만들고?' 여기서 복수는 뭐지?"

> 하나님이 이르시되 우리의 형상을 따라 우리의 모양대로 우리가 사람을 만들고 그들로… 모든 것을 다스리게 하자 하시고 (창 1:26)

③ "창세기 1장에서는 식물을 만들고 인간을 만드시고, 2장에서는 인간을 먼저 만들고 초목을 만드신 것으로 보이는데, 1장과 2장의 창조 순서가 왜 다르지?"

> 여호와 하나님이 땅에 비를 내리지 아니하셨고 땅을 갈 사람도 없었으므로 들에는 초목이 아직 없었고 밭에는 채소가 나지 아니하였으며… 여호와 하나님이 땅의 흙으로 사람을 지으시고 생기를 그 코에 불어넣으시니 사람이 생령이 되니라 (창 2:5~7)

④ "어디에도 천사를 만드신 기록이 없는데 천사가 어디서 갑자기 나타난 거지?"

> 이같이 하나님이 그 사람을 쫓아내시고 에덴동산 동쪽에 그룹¹⁾들과 두루 도는 불 칼을 두어 생명나무의 길을 지키게 하시니라 (창 3:24)

⑤ "가인이 쫓겨나며 다른 사람에게 죽임을 당할 걱정을 하는 데 아담과 하와 말고 다른 사람이 또 있었다는 거야?"라는 질문들이 생기게 됩니다.

> 주께서 오늘 이 지면에서 나를 쫓아내시온즉 내가 주의 낯을 뵈옵지 못하리니 내가 땅에서 피하며 유리하는 자가 될지라 무릇 나를 만나는 자마다

---

1) 그룹(케루빔, Cherubim): 하나님을 섬기는 천사적 존재로 성경에서 하나님의 보좌를 지키는 자들로 등장

나를 죽이겠나이다 (창 4:14)

어떤 질문은 단순함에서 나온 것일 수도 있겠고, 어떤 질문은 지금도 전문가분들이 고민하고 있는 내용일지도 모르겠습니다.

① "낮이 있어야 식물이 자랄 수 있을 거 같은데 식물을 먼저 만들고 낮과 밤을 만들었다?"라는 질문은 성경책을 자세히 읽어보면 답을 찾을 수 있습니다. 하나님은 첫째 날, 이미 '빛'을 창조하시고, 그것을 어둠과 구별하여 '낮'과 '밤'이라 이름 붙이셨기 때문입니다 (창 1:3~5).

그리고 넷째 날, 해와 달, 별을 창조하셔서 낮과 밤의 흐름을 주기적으로 구분하고, 계절과 날과 해를 측정하게 하셨습니다(창 1:14~19). 따라서 식물이 창조된 셋째 날에는 이미 빛이 존재하고 있었고, 식물의 생장에 필요한 조건은 마련되어 있었던 것입니다.

② '우리의 모양대로 우리가 사람을 만들고'에서 '우리'는, 존엄한 존재를 복수로 표현하는 서양과 중동의 언어 습관에 따른 것으로, 이것을 평범하게 풀어쓰면, '나의 모양대로 내가 사람을 만들고'라는 주장이 있습니다.

영국 왕실에서도 왕 자신을 스스로 가리킬 때 '왕의 복수(Royal We)'로 지칭하기도 하고, 아랍 국가의 왕이나 아미르도 연설이나 공식 문서에서 '우리는(naḥnu)'을 사용해 위엄과 권위를 나타내는 전통이 있습니다.

다른 의견으로는 하나님이 천사들과 사람을 만들기 위한 천상 회의를 하는 모습이라는 의견도 있습니다.

그리고 성부·성자·성령 삼위일체의 '우리'라는 의견으로, 현재 기독교에서는 삼위일체 하나님이 함께 인간을 창조하셨다는 것을 가장 일반적인 해석으로 보고 있습니다. 그 근거로 창세기 1장 2절 "하나님의 영은 수면 위에 운행하시니라"를 들고 있습니다.

③ "창세기 1장과 2장에서 식물과 사람의 창조 순서가 왜 서로 다르지?"라는 질문에 대해서는, 관점이 다르다는 의견이 있습니다. 즉, 1장은 창조주 하나님 관점에서 기록되었고, 2장은 창조주가 만든 인간의 관점에서 기록되었다는 것입니다.

그 근거로 하나님에 대한 호칭이 1장에서는 '하나님[2]'으로, 2장에서는 '여호와 하나님'으로 달라지는 것을 들고 있습니다. 따라서 2장에서 사람이 없어서 초목과 채소와 같은 농작물에 대한 경작이 이루어지지 않았다는 의미라는 것입니다.

④ "어디에도 천사를 만드신 기록이 없는데 천사가 갑자기 나타난 거지?"

---

2) 하나님 : '엘로힘', 하나님의 창조 능력과 보편적 존재 강조
   여호와 하나님 : '야훼 엘로힘', 하나님과 인간의 관계와 언약 강조

라는 질문은, 유대교 탈무드(Sanhedrin 38b)[3]에 "인간을 창조하시려 할 때, 먼저 한 무리의 천사들을 창조하셨다"라는 기록이 있어, 의문이 어느 정도 해소될 수 있을 것 같습니다.

그리고 성경에도 하나님이 천지창조를 하실 때 천사도 같이 창조하셨다고 추정할 수 있는 구절들이 있습니다.

> 그것의 주추는 무엇 위에 세웠으며 그 모퉁잇돌을 누가 놓았느냐. 그때에 새벽 별들이 기뻐 노래하며 하나님의 아들들이 다 기뻐 소리를 질렀느니라 (욥 38:6~7)
> 오직 주는 여호와시라 하늘과 하늘들의 하늘과 일월 성신과 땅과 땅 위의 만물과 바다와 그 가운데 모든 것을 지으시고 다 보존하시오니 모든 천군이 주께 경배하나이다 (느 9:6)

⑤ 창세기 4장 14절에서 가인이 쫓겨나며 다른 사람에게 죽임을 당할까 걱정을 할 때 언급된 '다른 사람'에 대해서는 몇 가지 의견이 존재합니다.

요세푸스, 아우구스티누스, 매튜 헨리 등 여러 교부와 신학자들의 일반적인 견해와 해석은 아담과 하와의 다른 자녀들로 보는 것입니다. 인간 창조 이후 "생육하고 번성하라"는 하나님의 축복이 있으셨고, 가인이 태어나고

---

[3] 거룩하신 분, 찬송 받으실 그분께서 아담을 창조하시려 할 때, 먼저 천사들의 무리를 창조하셨다… (의역)

어느 정도 세월이 지난 후에 가인이 쫓겨나게 된 것이므로 아담과 하와 사이에 이미 다른 자녀들이 있었을 것으로 추정할 수 있기 때문입니다.

> 하나님이 그들에게 복을 주시며 하나님이 그들에게 이르시되 생육하고 번성하여 땅에 충만하라, 땅을 정복하라, 바다의 물고기와 하늘의 새와 땅에 움직이는 모든 생물을 다스리라 하시니라 (창 1:28)
> 세월이 지난 후에 가인은 땅의 소산으로 제물을 삼아 여호와께 드렸고 (창 4:3)

한편, 비정통적 견해로 하나님이 두 번에 걸쳐 인간을 창조하셨다는 의견도 있습니다. 한번은 남자와 여자를 동시에 창조하셨고, 두 번째에는 남자와 여자를 따로 창조하셨다는 것입니다.

> …곧 하나님의 형상대로 사람을 창조하시되 남자와 여자를 창조하시고 (창 1:27)
> …흙으로 사람을 지으시고 생기를 그 코에 불어넣으시니 사람이 생령이 되니라 (창 2:7)
> 여호와 하나님이 아담에게서 취하신 그 갈빗대로 여자를 만드시고… (창 2:22)

하지만 하와가 모든 산자의 어머니이고 인류의 모든 족속이 한 혈통에서 나왔다는 성경의 기록이 있어 보수신학에서는 이 주장을 인정하지 않고 있습니다.

> 아담이 그의 아내의 이름을 하와라 불렀으니 그는 모든 산 자의 어머니가 됨이더라 (창 3:20)
>
> 인류의 모든 족속을 한 혈통에서 만드사 온 땅에 살게 하시고… (행 17:26)

다만, 창세기 1장과 2장의 사람의 창조 과정이 서로 다른 것처럼 보이는 이유는 앞서 이야기한 식물과 인간의 창조 순서처럼 질서 있는 창조 과정을 인간 중심으로 재구성한 것일 뿐이라고 보고 있습니다.

성경에 따르면 사람은 하나님의 형상대로 만들어진 자유의지를 가진 존재입니다. 성경에 대한 해석과 이해 역시 자유의지에 따를 수밖에 없을 것입니다.

다만 그 자유의지가 하나님의 말씀에 뿌리를 두고, 성령의 인도하심에 따라, 서로 배우고 성장하는 방향으로 사용되기를 바라고 원합니다. 그렇게 할 때 우리는 더 단단하고 성숙한 신앙인으로 자라날 수 있을 것입니다.

비록 성경 속의 신비와 깊은 진리에 대한 완벽한 답을 모두 알 수는 없을지라도, 그 진리를 알아가고, 그 과정에서 끊임없이 배우고 노력하는 그 자체가 하나님이 우리를 성장시키시는 도구임을 믿기 때문입니다.

2.
왜 하나님은 선악과를 두셨을까? - 자유의지와 주권

"전지전능하신 하나님이 왜 선악과와 생명과를 만드시고 간악한 뱀을 만드셔서 아담과 하와로 하여금 죄를 짓게 하시고 모든 인간으로 하여금 원죄를 가지고 태어나게 하셨을까?"라는 의문은 기독교인에게 가장 근본적이고 중요한 질문이 될 수 있을 것입니다.

왜 선악과를 두셨을까?

여러 신학자들은 이 질문에 대해

① **사람은 하나님께 순종하거나 불순종할 자유를 지닌 존재로 자유의지가 있고,**

> …너와 네 자손이 살기 위하여 생명을 택하고 (신 30:19)
> …너희가 섬길 자를 오늘 택하라… (수 24:15)

② **하나님이 시험과 시련을 허락하심으로써 인간의 믿음과 인격적 성숙을 이룰 수 있고,**

> …너를 시험하사 네 마음이 어떠한지 그 명령을 지키는지 아니 지키는지 알려 하심이라 (신 8:2)
> …여러 가지 시험을 당하거든 온전히 기쁘게 여기라… 부족함이 없게 하려 함이라 (약 1:2~4)

③ 악의 존재를 허락하시어 궁극적으로 선을 이루는 도구로 삼으려 하셨으며,

> …뱀은 여호와 하나님이 지으신 들짐승 중에 가장 간교하니라… (창 3:1)
> 여호와께서 사탄에게 이르시되 내가 그의 소유물을 네 손에 맡기노라 다만 그의 몸에는 네 손을 대지 말지니라… (욥 1:12)
> 우리가 알거니와 하나님을 사랑하는 자 곧 그의 뜻대로 부르심을 입은 자들에게는 모든 것이 합력하여 선을 이루느니라 (롬 8:28)

④ 원죄를 통해 모든 사람이 죄 아래 있음을 알게 하시어, 하나님의 은혜와 구원을 깨닫게 하실 뿐만 아니라,

> 그러므로 한 사람으로 말미암아 죄가 세상에 들어오고 죄로 말미암아 사망이 들어왔나니 이와 같이 모든 사람이 죄를 지었으므로 사망이 모든 사람에게 이르렀느니라 (롬 5:12)

⑤ 예수님을 보내시기 위한 사전적 포석과 원대한 계획 등으로 설명을 하고 계십니다.

모든 사람이 죄를 범하였으매 하나님의 영광에 이르지 못하더니 그리스도 예수 안에 있는 속량으로 말미암아 하나님의 은혜로 값 없이 의롭다 하심을 얻은 자 되었느니라 (롬 3:23~24)

너희는 그 은혜에 의하여 믿음으로 말미암아 구원을 받았으니 이것은 너희에게서 난 것이 아니요 하나님의 선물이라 행위에서 난 것이 아니니 누구든지 자랑하지 못하게 함이라 (엡 2:8~9)

모두 맞는 말씀이지만, 완벽하게 이해가 되지 않는 것도 사실입니다.

하나님의 형상과 자유의지

그런 의미에서 창세기 1장 26절과 27절의 "하나님이 이르시되 우리의 형상을 따라 우리의 모양대로 우리가 사람을 만들고 그들로… 모든 것을 다스리게 하자 하시고, 하나님이 자기 형상 곧 하나님의 형상대로 사람을 창조하시되…"라고 기록되어 있는 부분을 자세히 살펴볼 필요가 있을 것 같습니다.

그러니까 하나님이 사람으로 하여금 하나님을 대신하여 모든 것을 다스리게 하기 위해 하나님의 형상대로 사람을 창조하셨다는 것으로 볼 수 있습니다.

여기서 말하는 '하나님의 형상'에 대해 루이스 벌코프와 웨인 그루뎀 같은 신학자들은 이를 인간의 이성적, 도덕적 본성과 같은 본질적 특성으로 이해하며, 비록 죄로 인해 손상되었지만 여전히 인간 안에 남아 있다고 설명합니다. 이러한 견해에 따르면, 인간은 하나님과 인격적이고 친밀한 관계를 형성하도록 창조되었으며, 하나님의 성품을 반영하고 그분을 예배하는 존재라고 볼 수 있습니다.

① 하나님과 친밀한 관계, ② 하나님께 예배하는 존재, 이런 목적으로 사람을 창조하시다 보니, 인간들과의 자발적인 친밀함, 마음에서 우러나는 예배를 원하게 되셨고, 그래서 인간에게 자유의지와 선택권을 부여하신 것이 아닐까라는 추측도 가능할 것 같습니다.

이렇게 인간이 스스로의 자유의지에 따라 당신께 나아오기를 기대하고 계시는 예수님의 말씀이 신약에도 언급되어 있습니다.

> 볼지어다 내가 문 밖에 서서 두드리노니 누구든지 내 음성을 듣고 문을 열면 내가 그에게로 들어가 그와 더불어 먹고 그는 나와 더불어 먹으리라 (계 3:20)

하나님의 주권과 사람의 자유의지

그렇다면 "하나님의 주권이 먼저냐? 사람의 자유의지가 먼저냐?"라는 새로운 질문이 생기게 됩니다.

이에 대해 네덜란드의 신학자 야코부스 아르미니우스와 같이, 인간의 자유의지와 책임을 강조하며 하나님의 구원에 있어서도 인간의 선택과 반응을 중요하게 보는 견해와, 프랑스 출신의 개혁신학자 장 칼뱅과 같이 하나님의 절대적 주권과 은혜를 강조하며, 인간의 구원은 오직 하나님의 선택에 달려 있고, 밀라드 에릭슨과 같은 신학자는 인간의 믿음조차 하나님께서 주시는 것이라고 보는 서로 다른 입장이 있습니다.

하나님의 주권과 인간의 책임은 마치 달걀과 닭의 관계처럼, 상관관계와 우선순위를 판단하기 어려운 문제이므로 아르미니우스와 장 칼뱅의 입장 역시 누가 맞고 틀리고를 판단하려 하는 것이 도리어 잘못된 접근일 수 있습니다.

신자의 책임과 적용

하나님은 사람들에게 자유의지를 주셨습니다. 문제는, 그 자유의지를 사람들이 어떻게 사용하느냐 하는 것입니다. 자유의지는 하나님께서 주신 소중한 선물이지만, 동시에 결코 가벼이 여겨서는 안 될 무거운 책임이기도 하기 때문입니다.

그러므로 어떤 판단을 하든 어떤 결정을 하든 그것이 진정한 하나님의 뜻인지 먼저 구해야 할 것입니다.

> 너희는 이 세대를 본받지 말고 오직 마음을 새롭게 함으로 변화를 받아 하나님의 선하시고 기뻐하시고 온전하신 뜻이 무엇인지 분별하도록 하라 (롬 12:2)
>
> 너는 마음을 다하여 여호와를 신뢰하고 네 명철을 의지하지 말라 너는 범사에 그를 인정하라 그리하면 네 길을 지도하시리라 (잠 3:5~6)
>
> …뜻이 하늘에서 이루어진 것 같이 땅에서도 이루어지이다 (마 6:10)

3.
하나님의 아들들이 사람의 딸들에게로 들어와 (창 6:4)

창세기 6장 1절에서 7절은 하나님이 대홍수로 사람을 쓸어 버리게 된 이유를 기록하고 있습니다.

1 사람이 땅 위에 번성하기 시작할 때에 **그들**에게서 딸들이 나니
2 **하나님의 아들들**이 사람의 딸들의 아름다움을 보고 자기들이 좋아하는 모든 여자를 아내로 삼는지라
3 여호와께서 이르시되 나의 영이 영원히 사람과 함께 하지 아니하리니 이는 그들이 육신이 됨이라 그러나 그들의 날은 백이십 년이 되리라 하시니라
4 당시에 땅에는 **네피림**이 있었고 그 후에도 하나님의 아들들이 사람의 딸들에게로 들어와 자식을 낳았으니 그들은 용사라 고대에 명성이 있는 사람들이었더라
5 여호와께서 사람의 죄악이 세상에 가득함과 그의 마음으로 생각하는 모든 계획이 항상 악할 뿐임을 보시고
6 땅 위에 사람 지으셨음을 한탄하사 마음에 근심하시고
7 이르시되 내가 창조한 사람을 내가 지면에서 쓸어버리되 사람으로부터 가축과 기는 것과 공중의 새까지 그리하리니 이는 내가 그것들을 지었음을 한탄함이니라 하시니라

그런데 이 구절들에서 말씀하고 있는 ① '그들', ② '하나님의 아들', ③ '네피림', "그들은 과연 누구일까?"라는 의문이 생기게 됩니다.

그들

'그들'을 보는 견해는
① 모든 인간으로 보는 견해
② 아담의 아들 셋의 후손으로 보는 견해

> 아담은 백삼십 세에… 자기의 형상과 같은 아들을 낳아 이름을 셋이라 하였고 (창 5:3)

③ 가인의 후손으로 보는 견해 등이 있습니다.

> 가인이 여호와 앞을 떠나서 에덴 동쪽 놋 땅에 거주하더니 아내와 동침하매 그가 임신하여 에녹을 낳은지라 가인이 성을 쌓고 그의 아들의 이름으로 성을 이름하여 에녹이라 하니라 (창 4:16~17)

그 근거는 다음과 같습니다.

① '그들'을 모든 인간으로 보는 견해
창세기 6장 1절에 '사람'이 주어이므로 '그들' 역시 모든 사람일 것이라는

것으로, 가장 일반적인 견해입니다.

② 셋의 후손으로 보는 견해

가인의 족보는 창세기 4장에 기록되어 있고, 가인이 없는 아담의 족보만 창세기 5장에 기록되어 있기 때문에, 이와 연결되면서 자연스럽게 6장의 '사람'이 셋의 후손들이라는 것입니다.

③ 가인의 후손으로 보는 견해

창세기 6장 1절에서 '그들의 딸들'이라고 성별을 명확히 하고 있고, '그들의 딸들'이 '하나님의 아들'과 결혼하여 '죄악이 가득한 세상'을 만드는 데 기여하였기 때문에, 불순종과 죄의 시작인 가인을 '그들의 딸들'의 조상으로 보는 것입니다.

하나님의 아들들

'하나님의 아들들'은 ① 타락한 천사라는 의견과 ② 아담의 아들인 셋의 후손이라는 의견이 있습니다[4].

유스티누스(Justin Martyr), 터툴리안(Tertullian), 아레니우스(Irenaeus),

---

4) 소수 의견으로 왕과 귀족 등 당시 권력자의 아들이라는 의견도 있으나 여기에서는 제외하였습니다.

오리겐(Origen) 등 초대교회 기독교 교부들은 '하나님의 아들'을 타락한 천사라고 생각했던 것 같습니다. 성경에 '자기 지위를 떠난 천사', '범죄 한 천사'들이 언급되어 있고, 욥기에도 천사들을 '하나님의 아들'로 볼 수 있는 구절이 있기 때문입니다.

> 또 자기 지위를 지키지 아니하고 자기 처소를 떠난 천사들을 큰 날의 심판까지 영원한 결박으로 흑암에 가두셨으며 (유 1:6)
>
> 하나님이 범죄 한 천사들을 용서하지 아니하시고 지옥에 던져 어두운 구덩이에 두어 심판 때까지 지키게 하셨으며 (벧후 2:4)
>
> 하루는 하나님의 아들들이 와서 여호와 앞에 섰고 사탄도 그들 가운데에 온지라 (욥 1:6)

그런데, 여기에서 같이 살펴볼 것은 타락한 천사가 인간과 결혼하여 아이를 낳을 수 있느냐에 대한 것입니다. 왜냐하면 마태복음 22장 30절에서 예수님이 "부활 때에는 장가도 아니 가고 시집도 아니 가고 하늘에 있는 천사들과 같으니라"라는 말씀을 하셨기 때문에, 천사가 인간과 생물학적으로 번식할 수 있는지에 대한 논란이 있을 수 있기 때문입니다. 하지만, 타락한 천사는 다른 이야기가 될 수 있을 것 같습니다.

한편 '하나님의 아들'은 경건한 신앙생활을 하는 사람들을 의미하기도 하므로, '셋의 후손일 것'이라는 주장은 중세 이후 가톨릭과 개신교에서 선호하는 해석입니다.

> 무릇 하나님의 영으로 인도함을 받는 사람은 곧 하나님의 아들이라 (롬 8:14)
>
> 너희가 다 믿음으로 말미암아 그리스도 예수 안에서 하나님의 아들이 되었으니 (갈 3:26)

네피림

'네피림'에 대해서는 ① 타락한 천사의 자손이라는 견해와, ② 그냥 몸이 크고 폭력성이 강한 인간이라는 견해가 있습니다.

'네피림'을 타락한 천사의 자손으로 보는 견해는, 외경인 에녹서에 '하늘의 아들들'인 천사가 '사람들의 딸들'과 관계하여 거인 종족을 낳았다는 기록이 이를 뒷받침하고 있습니다.

> 천사들, 곧 하늘의 아들들이 그들을 보고 욕망이 생겨 서로 말하기를 "이리 와서, 우리가 사람의 자녀들 중에서 아내를 선택하고 우리의 자녀들을 얻도록 하자 (에녹서 6:2, 의역)[5]
>
> 그 여자들이 임신하여 거인들을 낳았으니, 그들의 키는 삼천 엘(ells)에 이르렀다 (에녹서 7:2, 의역)

---

5) 『에녹서』(The Book of Enoch, R.H. Charles, 1917)를 참고하여 필자가 의역한 것입니다.

다른 의견으로는 '네피림'은 그저 몸이 크고 폭력성이 강한 타락한 인간이라는 주장입니다. 그들은 하나님께서 한탄하실 정도로 타락을 했고, 결국 대홍수를 통해 심판을 받게 되었다는 것입니다.

> 여호와께서 사람의 죄악이 세상에 가득함과 그의 마음으로 생각하는 모든 계획이 항상 악할 뿐임을 보시고 땅 위에 사람 지으셨음을 한탄 하사 마음에 근심하시고 (창 6:5~6)

그런데, 대홍수가 지나고 천년이 넘어, 출애굽한 이스라엘 정탐대가 가나안 땅을 정탐할 때 "네피림 후손인 아낙 자손의 거인들을 보았다"라는 기록이 성경에 있습니다.

> 거기서 네피림 후손인 아낙 자손의 거인들을 보았나니 우리는 스스로 보기에도 메뚜기 같으니 그들이 보기에도 그와 같았을 것이니라 (민 13:33)

"아니? 대홍수로 노아 일족을 제외하고는 모든 사람이 다 죽었다고 했는데 어떻게 네피림의 후손이 대홍수 이후에도 살아남았지?"라는 새로운 질문이 생기게 됩니다.

이에 대해 홍수 이전의 네피림은 소멸되었고 그전에 타락했던 천사도 모두 처벌받았으나
① 대홍수 이후 다른 천사가 새롭게 타락해서 네피림이 다시 생겼다는 의견
② 노아의 가족 중 함의 아내가 네피림의 후손이었다는 가설

③ 가장 일반적인 견해로 가나안 정탐대가 과장을 해서 허위 보고했다는 의견 등이 있습니다.

대홍수 이후에는 거인에 대한 이야기는 구약에만 간헐적으로만 등장하다, 더 이상 언급되지 않고 있습니다.

> 이전에는 에밈 사람이 거기 거주하였는데 아낙 족속같이 강하고 많고 키가 크므로 그들을 아낙 족속과 같이 르바임이라 불렀으나 모압 사람은 그들을 에밈이라 불렀으며 (신 2:10~11)
> 르바임 족속의 남은 자는 바산 왕 옥뿐이었으며… (신 3:11)
> 블레셋 사람들의 진영에서 싸움을 돋우는 자가 왔는데 그의 이름은 골리앗이요 가드 사람이라 그의 키는 여섯 규빗 한 뼘이요 (삼상 17:4)
> 내가 아모리 사람을 그들 앞에서 멸하였나니 그 키는 백향목 높이와 같고 강하기는 상수리나무 같으나 내가 그 위의 열매와 그 아래의 뿌리를 진멸하였느니라 (암 2:9)

사실 창세기 6장에 나오는 '그들', '하나님의 아들', '네피림'이 누구냐는 그리 중요한 이야기가 아닐 수 있습니다. 여기서 중요한 것은 인간의 타락이 대홍수의 원인이 되었다는 것이 아닐까요?

인간은 타락하기 쉬운 존재이고, 타락했을 때 반드시 하나님의 심판이 있다는 교훈이 여기에서 말씀하고자 하시는 핵심이 아닐까 생각됩니다.

그리고, 그런 심판 속에서도 노아를 통해 구원의 길을 여셨던 하나님이, 오늘 우리에게도 타락의 길이 아닌 말씀에 순종하는 길, 멸망이 아닌 구원의 길을 제시하고 계시다는 것입니다.

> 믿음으로 노아는 아직 보이지 않는 일에 경고하심을 받아 경외함으로 방주를 준비하여 그 집을 구원하였으니 이로 말미암아 세상을 정죄하고 믿음을 따르는 의의 상속자가 되었느니라 (히 11:7)

4.
바로의 마음을 완악하게 하고 (출 7:3)

피조물인 인간이 신의 뜻을 알고 이해하려고 한다는 것은 어쩌면 창조주에 대한 도전일 수도 있습니다. 하지만, 내가 믿는 신이 좀 더 합리적이어서 좀 더 많은 사람들이 수용할 수 있게 되기를 바라는 마음도 믿음을 표현하는 또 다른 수단이고 방법일 것이라 생각됩니다.

출애굽 과정을 보면 몇 가지 의문이 생깁니다.
"하나님께서 바로의 마음을 완악하게 하셨다면, 왜 바로로 하여금 스스로 하나님을 믿고 따르도록 하시지 않았을까?"
"노아의 대홍수 이후이므로 애굽도 노아의 후손일 텐데, 왜 하나님은 그들에게 열 가지 재앙을 내리셨을까?"
"이스라엘이 선택받은 민족이라면, 왜 그들은 애굽에서 노예 생활을 하게 되었을까? 혹시 하나님의 약속이 유효하지 않았던 것인가?"

애굽이 하나님을 모르는 이유

성경은 애굽이 노아의 둘째 아들 함의 아들인 미스라임의 후손이라고 기술하고 있습니다. 그리고, 바로가 등장한 시기는 이미 대홍수로부터 천년 이상의 시간이 지난 때였습니다. 아무리 애굽백성이 노아의 후손이라 하더라도, 자유의지로 자신의 삶을 선택할 수 있는 사람이라면, 하나님을 떠나 다른 신을 만들어 숭배하기에 충분한 시간이 될 수 있습니다.

> 스스로 지혜 있다 하나 어리석게 되어 썩어지지 아니하는 하나님의 영광을 썩어질 사람과 새와 짐승과 기어다니는 동물 모양의 우상으로 바꾸었느니라 (롬 1:22~23)

물론, 그 사이에 있었던 바벨탑 사건도 영향을 주었을 것입니다.

> 그러므로 그 이름을 바벨이라 하니 이는 여호와께서 거기서 온 땅의 언어를 혼잡하게 하셨음이니라 여호와께서 거기서 그들을 온 지면에 흩으셨더라 (창 11:9)

유대민족의 노예 생활

요셉이 애굽에 들어갔을 때만 해도 애굽 백성이 하나님을 알고 있었던 것으로 보입니다.

> 바로가 그의 신하들에게 이르되 이와 같이 하나님의 영에 감동된 사람을 우리가 어찌 찾을 수 있으리요 하고, 요셉에게 이르되 하나님이 이 모든 것을 네게 보이셨으니 너와 같이 명철하고 지혜 있는 자가 없도다 (창 41:38~39)

하지만 요셉을 모르는 왕이 나타나면서 상황이 달라집니다. 이때를 이스라엘 백성이 노예 생활을 시작한 때로 본다면, 출애굽기 12장 40절과 출애굽기 6장에 있는 모세와 아론의 족보를 근거로, 이스라엘 백성의 노예 생활 기간은 애굽 생활 430년 중 200~300년 정도로 추정됩니다.

> 요셉을 알지 못하는 새 왕이 일어나 애굽을 다스리더니 (출 1:8)
> 이스라엘 자손에게 일을 엄하게 시켜 어려운 노동으로 그들의 생활을 괴롭게 하니 곧 흙 이기기와 벽돌 굽기와 농사의 여러 가지 일이라 그 시키는 일이 모두 엄하더라 (출 1:13~14)

노동이 고되고 힘들어 이스라엘 자손들은 탄식을 하였고, 하나님은 그들의 고통 소리를 들으셨습니다.

> 여러 해 후에 애굽 왕은 죽었고 이스라엘 자손은 고된 노동으로 말미암아 탄식하며 부르짖으니 그 고된 노동으로 말미암아 부르짖는 소리가 하나님께 상달된지라 하나님이 그들의 고통 소리를 들으시고 하나님이 아브라함과 이삭과 야곱에게 세운 그의 언약을 기억하사 하나님이 이스라엘 자손을 돌보셨고 하나님이 그들을 기억하셨더라 (출 2:23~25)

그리고, 모세를 불러 이스라엘 자손들을 애굽에서 인도해 나오라는 지시를 하십니다.

> 이제 내가 너를 바로에게 보내어 너에게 내 백성 이스라엘 자손을 애굽에

서 인도하여 내게 하리라 (출3:10)

바로의 완악함과 열 가지 재앙

하나님은 모세와 아론이 바로를 만나기 전부터 어떤 이유에서인지 바로의 마음을 완악하게 하십니다. 왜 바로로 하여금 이스라엘 백성을 그냥 보내 주게 마음을 바꾸시지 않으셨을까라는 의문이 생기는 부분입니다.

> 여호와께서 모세에게 이르시되 네가 애굽으로 돌아가거든 내가 네 손에 준 이적을 바로 앞에서 다 행하라 그러나 내가 그의 마음을 완악하게 한즉 그가 백성을 보내 주지 아니하리니 (출 4:21)

하나님의 계획을 하찮은 인간의 눈으로 판단할 수는 없겠지만, 하나님이 애굽 백성에게 열 가지 재앙을 보이셔서 애굽 백성이 믿고 있는 신이 잘못된 신이라는 것을 보여 주기 위한 사전 포석이 아니었나 하는 생각을 해 보게 됩니다.

> 내가 아노니 강한 손으로 치기 전에는 애굽 왕이 너희가 가도록 허락하지 아니하다가 내가 내 손을 들어 애굽 중에 여러 가지 이적으로 그 나라를 친 후에야 그가 너희를 보내리라 (출 3:19~20)

그리고 애굽에 동화되어, 애굽의 신을 섬기던 몇몇 이스라엘 백성에게도 진정한 신을 다시 한번 확인시켜 줄 필요성도 있었을 것입니다.

> 그들이 내게 반역하여 내 말을 즐겨 듣지 아니하고 그들의 눈을 끄는 바 가증한 것을 각기 버리지 아니하며 애굽의 우상들을 떠나지 아니하므로 내가 말하기를 내가 애굽 땅에서 그들에게 나의 분노를 쏟으며 그들에게 진노를 이루리라 하였노라 (겔 20:8)

출애굽기의 열 가지 재앙은 애굽의 교만과 우상을 향한 하나님의 분명한 심판이었습니다. 성경에는 "애굽의 모든 신을 내가 심판하리라(출 12:12)"라고 기록되어 있습니다.

① 애굽 사람들은 나일강을 생명의 근원으로 여기며 강의 신 '하피'를 섬겼지만, 하나님은 그 강을 피로 변하게 하셨습니다(첫 번째 재앙, 출 7:14~24).

② 개구리의 모습을 한 풍요와 출산의 여신 '헤케트'를 숭배했지만, 개구리가 온 땅을 뒤덮어 오히려 고통을 주었습니다(두 번째 재앙, 출 8:1~15).

③ 땅의 신으로 여겨졌던 '게브'도 땅의 티끌이 이로 변해 사람과 짐승을 괴롭히는 것을 막지 못했습니다(세 번째 재앙, 출 8:16~19).

④ 치유와 보호의 여신으로 숭배되던 '이시스'도 악성 종기의 재앙을 막을

수 없었습니다(여섯 번째 재앙, 출 9:8~12).

⑤ 태양의 신 '라' 역시 흑암의 재앙 앞에서 무기력했고(아홉 번째 재앙, 출 10:21~29),

⑥ 바로의 장자까지 죽음에 이르면서, 하늘과 왕권의 신 '호루스'의 화신이라 여겨졌던 바로의 권위도 철저히 무너졌습니다(열 번째 재앙, 출 11:1~12:36).

이 외에도, ① 파리 재앙(네 번째 재앙, 출 8:20~32), ② 가축 전염병(다섯 번째 재앙, 출 9:1~7), ③ 우박 재앙(일곱 번째 재앙, 출 9:18~35), ④ 메뚜기 재앙(여덟 번째 재앙, 출 10:4~19) 등과 관련해, 일부 학자들과 신앙인들은 고대 이집트 신화를 바탕으로 특정 신들과 연결하려는 해석을 시도하기도 합니다.

그러나 이 부분은 상징적 해석의 영역일 뿐, 명확한 역사적·문헌적 근거가 있는 것은 아닙니다. 실제로 성경은 이러한 재앙들을 특정 이집트 신들과 1:1로 정확히 대응시키거나 직접 연결해서 설명하고 있지는 않습니다.

그러나 가장 분명한 사실은, 하나님께서 이 재앙들을 통해 애굽의 자연, 사회, 신앙 전반을 흔드시고, 결국 여호와 하나님만이 참된 주권자이심을 온 세상 앞에 선포하셨다는 것입니다.

바로의 거짓 회개와 하나님의 절대성

바로는 하나님이 내리신 재앙을 겪으면서 일곱 번째 '우박 재앙' 이후에는 하나님의 능력을 인정하기도 하지만, 이후에는 다시 스스로 완악해졌습니다.

> 바로가 사람을 보내어 모세와 아론을 불러 그들에게 이르되 이번은 내가 범죄하였노라 여호와는 의로우시고 나와 나의 백성은 악하도다 (출 9:27)
> 바로가 비와 우박과 우렛소리가 그친 것을 보고 다시 범죄하여 마음을 완악하게 하니 그와 그의 신하가 꼭 같더라 (출 9:34)

그리고, 여덟 번째 '메뚜기 재앙' 이후에는 회개를 하기도 합니다.

> 바로가 모세와 아론을 급히 불러 이르되 내가 너희의 하나님 여호와와 너희에게 죄를 지었으니 바라건대 이번만 나의 죄를 용서하고 너희의 하나님 여호와께 구하여 이 죽음만은 내게서 떠나게 하라 (출 10:16~17)

바로의 회개가 진심인지 확인하시기 위해서인지, 아니면 다른 의도가 있으셨는지, 하나님은 '메뚜기 재앙' 이후 다시 한번 바로의 마음을 완악하게 하십니다. 하지만, 바로의 회개는 진심이 아니었고, 결국 다시 하나님의 뜻을 거스르게 됩니다.

> 그러나 여호와께서 바로의 마음을 완악하게 하셨으므로 이스라엘 자손을

보내지 아니하였더라 (출 10:20)

이때부터 하나님은 바로의 완악함을 통해 인간의 교만을 드러내고, 하나님의 주권을 분명하게 선포하시게 됩니다. 하나님은 '흑암 재앙' 때도, '장자의 죽음' 때에도, 그리고 바로가 군대를 이끌고 이스라엘을 추격하게 될 때에도 바로를 완악하게 하십니다.

> 여호와께서 바로의 마음을 완악하게 하셨으므로 그들 보내기를 기뻐하지 아니하고 (출 10:27)
>
> 모세와 아론이 이 모든 기적을 바로 앞에서 행하였으나 여호와께서 바로의 마음을 완악하게 하셨으므로 그가 이스라엘 자손을 그 나라에서 보내지 아니하였더라 (출 11:10)
>
> 내가 바로의 마음을 완악하게 한즉 바로가 그들의 뒤를 따르리니 내가 그와 그의 온 군대로 말미암아 영광을 얻어 애굽 사람들이 나를 여호와인 줄 알게 하리라 하시매 무리가 그대로 행하니라 (출 14:4)
>
> 여호와께서 애굽 왕 바로의 마음을 완악하게 하셨으므로 그가 이스라엘 자손의 뒤를 따르니 이스라엘 자손이 담대히 나갔음이라 (출 14:8)
>
> 내가 애굽 사람들의 마음을 완악하게 할 것인즉 그들이 그 뒤를 따라 들어갈 것이라 내가 바로 그의 모든 군대와 그의 병거와 마병으로 말미암아 영광을 얻으리니 (출 14:17)

결국, 바로는 이스라엘 백성을 추격하다 홍해에서 심판을 받게 됩니다.

> 물이 다시 흘러 병거들과 기병들을 덮되 그들의 뒤를 따라 바다에 들어간 바로의 군대를 다 덮으니 하나도 남지 아니하였더라 (출 14:28)

하지만 이러한 과정을 겪으면서 이스라엘 백성은 마침내 하나님을 경외하게 됩니다.

> 이스라엘이 여호와께서 애굽 사람들에게 행하신 그 큰 능력을 보았으므로 백성이 여호와를 경외하며 여호와와 그의 종 모세를 믿었더라 (출 14:31)

하나님의 크고 원대한 계획을, 한계가 있는 인간의 시각으로 판단하기 어렵습니다. 만일 바로가 '메뚜기 재앙' 이후에 진정 어린 회개를 했더라면 바로의 결말이 어떻게 달라졌을지는 하나님만이 아실 일일 것입니다.

출애굽 사건은 단순히 고대의 역사로 끝나지 않습니다. 인간의 교만, 우상 숭배, 하나님을 잊은 삶이 오늘날에도 반복되고 있기 때문입니다.

이 이야기 속에서 우리는 하나님의 주권을 다시금 인정하고, 진정한 회개와 겸손으로 하나님 앞에 나아가야 할 이유를 발견하게 됩니다.

5.
너희에게 살게 하리라 한 땅에 결단코 들어가지 못하리라 (민 14:30)

애굽을 벗어난 이스라엘 백성은 40년이 지나서야 가나안 땅에 들어가게 됩니다.

"출애굽 후 몇 달이면 갈 수 있는 거리를 왜 40년이나 걸려 갔을까?",
"하나님은 왜 출애굽 1세대가 가나안 땅에 들어가는 것을 허락하지 않으셨을까?",
"이스라엘 백성은 왜 하나님을 신뢰하지 못했을까"라는 의문이 생기게 됩니다.

애굽에서 가나안까지의 거리

출애굽의 출발지인 라암셋(출 12:37)에서 가나안까지는 지중해 해안을 따라가는 길이 약 340㎞ 정도라고 알려져 있지만, 하나님은 이스라엘 백성이 블레셋과 전쟁을 피하도록 광야를 돌아가게 하시었습니다.

> 바로가 백성을 보낸 후에 블레셋 사람의 땅의 길은 가까울지라도 하나님이 그들을 그 길로 인도하지 아니하셨으니 이는 하나님이 말씀하시기를 이 백성이 전쟁을 하게 되면 마음을 돌이켜 애굽으로 돌아갈까 하셨음이

라 (출 13:17)

이런 이유로 이스라엘 백성은 시내산을 거쳐 가나안에 이르기까지 약 500~600km에 달하는 거리를 이동하게 됩니다. 아이, 노인, 많은 짐, 그리고 광야의 열악한 환경까지 모두 고려한다 하더라도 몇 개월이면 갈 수 있는 거리를 이스라엘 백성은 약 40년 동안 헤매게 됩니다.

하나님의 기적과 이스라엘의 불평, 불신앙

하나님은 약속대로 가나안 땅을 주시기 위해 출애굽 전부터 수많은 이적을 베푸셨습니다.

∨ 아론의 지팡이가 뱀이 됨(출 7:8~13)
∨ 애굽에 대한 열 가지 재앙(출 7장~12장)
∨ 구름기둥과 불기둥으로 길을 인도(출 13:21~22)
∨ 홍해를 가르심(출 14:21~22)
∨ 마라의 쓴 물을 단물로 바꾸심(출 15:22~25)
∨ 만나와 메추라기를 주셔서 굶주리지 않도록 하심(출 16:4~15)
∨ 반석에서 물을 내심(출 17:5~6)
∨ 옷과 신발이 해어지지 않도록 하심(신 29:5)

그러나, 이스라엘 백성의 불평과 불신앙은 출애굽 직후부터 계속됩니다

∨ 애굽 군대가 쫓아오자 불평(출14:11~12, 출애굽 약 1주 이내로 추정)

∨ 마라에서는 물이 없다고 불평(출 15:24, 출애굽 약 1주 내외로 추정)

∨ 광야에서 배고프다고 원망(출 16:2~3, 출애굽 약 1개월 내외로 추정)

∨ 만나에 실증을 내며 고기를 요구하며 불평(민 11:4~6, 출애굽 약 2개월 경으로 추정)

∨ 르비딤에서 물이 없다고 하나님을 시험(출 17:2~7, 출애굽 약 2개월 경으로 추정)

∨ 금송아지를 만들어 숭배(출 32장, 출애굽 약 2~3개월 경으로 추정)

가나안 정탐과 불신앙

출애굽 약 2년쯤으로 추정되는 시점에 하나님은 가나안 땅을 40일간 정탐하게 하셨습니다.

> 여호와께서 모세에게 말씀하여 이르시되, 사람을 보내어 내가 이스라엘 자손에게 주는 가나안 땅을 정탐하게 하되 그들의 조상의 가문 각 지파 중에서 지휘관 된 자 한 사람씩 보내라 (민 13:1~2)

그러나, 정탐을 마친 12명 중 여호수아와 갈렙을 제외한 사람들은 하나님의 약속보다 현실의 두려움을 더 크게 느꼈습니다.

> 그와 함께 올라갔던 사람들은 이르되 우리는 능히 올라가서 그 백성을 치

지 못하리라 그들은 우리보다 강하니라 하고… 그 거주민을 삼키는 땅이요 거기서 본 모든 백성은 신장이 장대한 자들이며 거기서 네피림 후손인 아낙자손의 거인들을 보았나니 우리는 스스로 보기에도 메뚜기 같으니 그들이 보기에도 그와 같았을 것이니라 (민 13:31~33)

그리고 이스라엘 백성은 또다시 원망과 불평을 터트렸습니다.

온 회중이 소리를 높여 부르짖으며 백성이 밤새도록 통곡하였더라 (민 14:1)

과거를 미화하는 인간의 본성

뿐만 아니라 이스라엘 백성은 반복해서 애굽을 그리워했습니다.

…애굽에 매장지가 없어서 당신이 우리를 이끌어 내어… (출 14:11)
…우리가 애굽 땅에서 고기 가마 곁에 앉아 있던 때와 떡을 배불리 먹던 때에… (출 16:3)
…우리가 애굽에 있을 때에는 값없이 생선과 오이와 참외와 부추와… (민 11:5)
…어찌하여 우리를 애굽에서 인도해 내어서 (출 17:3)
…우리가 애굽 땅에서 죽었거나… (민 14:2)
…어찌하여 우리를 애굽에서 인도해 내어… (민 21:5)

숫자 40의 의미

중동 지역에서 숫자 40은 성숙, 시험, 완성을 상징합니다. 노아의 홍수(창 7:17), 모세의 시내산(출 24:18), 예수님의 광야 금식(마 4:2), 그리고, 가나안 정탐 기간도 모두 40일이었습니다.

이스라엘 백성의 계속되는 불평과, 불신앙, 그리고 과거 미화 등에 대해 하나님은 이스라엘 백성에게 40년의 광야생활을 명하시게 됩니다.

> 너희는 그 땅을 정탐한 날 수인 사십 일의 하루를 일 년으로 쳐서 그 사십 년간 너희의 죄악을 담당할지니… (민 14:34)

이렇게 광야 40년은 이스라엘의 연단과 새로운 세대를 준비하는 시간이 되었습니다.

하나님의 심판과 새로운 세대

하나님은 불신앙의 1세대를 약속의 땅에 들이지 않으셨습니다. 여호수아와 갈렙을 제외한 1세대는 광야에서 죽었고, 새로운 2세대는 하나님의 말씀에 더 순종하였고, 가나안에 들어갔습니다.

> 그들이 여호수아에게 대답하여 이르되 당신이 우리에게 명령하신 것은 우

> 리가 다 행할 것이요 당신이 우리를 보내시는 곳에는 우리가 가리이다 (수 1:16)

인간의 연약함과 하나님의 신실하심

그러나, 사람은 쉽게 타락합니다. 2세대 아간의 범죄, 여호수아 사후의 타락이 이를 보여 줍니다.

> 아간이 여호수아에게 대답하여 이르되 참으로 나는 이스라엘의 하나님 여호와께 범죄하여… (수 7:20)
> 그 세대의 사람도 다 그 조상들에게 돌아갔고 그 후에 일어난 다른 세대는 여호와를 알지 못하며 여호와께서 이스라엘을 위하여 행하신 일도 알지 못하였더라 (삿 2:10)
> 곧 그들이 여호와를 버리고 바알과 아스다롯을 섬겼으므로 (삿 2:13)

사람은 이렇게 약하고, 쉽게 타락합니다. 하나님의 이적도, 은혜도 쉽게 잊고, 과거를 미화하며, 불평을 쏟아 냅니다. 하지만 우리에게 필요한 것은 불평이 아니라, 순종이고 믿음입니다.

하나님의 약속을 믿고, 과거를 잊고, 주신 은혜를 붙들며 살아야 합니다. 그렇게 할 때 비로소 우리도 약속의 땅을 향해 나아갈 수 있습니다.

6.
여호수아의 전쟁은 정당한 전쟁이었나?

출애굽 이후 이스라엘 백성의 가나안 입성은 이스라엘 백성 입장에서는 축복과 승리의 역사겠지만 가나안 원주민 입장에서는 침략자에게 땅과 재물을 빼앗긴 것으로 볼 수 있습니다.

"여호수아의 전쟁은 정당한 전쟁이었나?"
"여호와 하나님은 침략과 약탈의 하나님이란 말인가?"
"전쟁이 어떻게 정당화될 수 있나?"라는 질문이 생기게 됩니다.

가나안 진입까지의 전쟁과 갈등

성경은 이스라엘 백성이 출애굽부터 가나안에 들어갈 때까지 크고 작은 전쟁과 갈등을 모두 12차례 가량 기록하고 있습니다.

① 아말렉과의 전투(출 17:8~16, 출애굽 후 수개월 내)
아말렉이 와서 르비딤에서 싸움

② 가데스 바네아 실패(민 13~14장, 출애굽 후 2년경)
출애굽 1세대가 가나안에 들어가지 못한다는 하나님의 선언에 반발하여

가나안을 침공했으나, 아말렉과 가나안 족속에게 패배

③ 아랏 왕과의 전쟁(민 21:1~3 광야생활 후 약 39년경)
네겝에 거주하는 가나안 사람 아랏의 왕과 전쟁, 호르마를 점령

④ 시혼 왕과의 전쟁(민 21:21~31, 광야생활 후 약 39년경)
요단강 동쪽 아모리 왕국과 전쟁, 아르논에서부터 얍복까지 점령

⑤ 바산 왕 옥과의 전쟁(민 21:33~35, 광야생활 후 약 39년경)
요단강 동쪽 바산과 전쟁, 승리

⑥ 모압왕 발락과 대립(민 22~25장, 광야생활 후 약 39년경)
발락의 이스라엘 저주 요구에도 선지자 발람이 하나님의 개입으로 이스라엘을 축복, 모압과 미디안의 유혹으로 일부 백성이 우상 숭배와 음행에 빠지자 미디안 족속을 공격

⑦ 미디안과의 전쟁(민 31장, 광야생활 후 약 39년경)
요단 동편 미디안 공격, 미디안의 다섯 왕, 발람, 그리고 아이 포함 모든 남자, 사내를 아는 여자 등을 모두 죽임

⑧ 여리고 성 전투(수 6장, 광야생활 후 약 40년경)
기생 라합과 그의 가족 외 남녀 노소와 소와 양과 나귀를 칼날로 멸함

⑨ 아이 성 전투(수 8장, 광야생활 후 약 40년경)
아이 포함 주민들을 진멸(殄滅)

⑩ 기브온 전투(수 10장, 가나안 정복초기)
기브온과 이스라엘이 화친하자 가나안 연합군이 기브온을 침공, 이스라엘이 개입하여 승리

⑪ 남부 가나안 전투(수 10장, 가나안 정복초기)
기브온 전투후 잔당을 추격. 우박, 태양이 멈추고 달이 멈추는 기적으로 이스라엘이 승리

⑫ 북부 가나안 전투(수 11장, 가나안 정복초기)
하솔 왕 야빈이 연합군을 형성하였으나, 이스라엘이 완승

가나안은 여러 부족이 오래전부터 살고 있던 땅이었으므로 가나안 사람들 입장에서 보면, 이스라엘은 외부의 침략자일 뿐이고, 당연히 방어를 위한 전쟁을 해야만 했을 것입니다.

기브온 족속같이 화친을 맺고 이스라엘의 종이 되는 길을 선택한 경우도 있지만, 다른 족속들은 생존을 위한 전쟁을 해야만 했고, 결국 이스라엘에게 패배하여 멸망을 당하게 됩니다. 성경에는 헷, 기르가스, 아모리, 가나안, 브리스, 히위, 여부스 등 7개 족속을 쫓아낸 것으로 기록되어 있습니다.

> 네 하나님 여호와께서 너를 인도하사 네가 가서 차지할 땅으로 들이시고 네 앞에서 여러 민족 헷 족속과 기르가스 족속과 아모리 족속과 가나안 족속과 브리스 족속과 히위 족속과 여부스 족속 곧 너보다 많고 힘이 센 일곱 족속을 쫓아내실 때에 (신 7:1)

여호수아 전쟁의 의의

가나안 원주민이 패망한 것은 이미 창세기부터 아브라함의 후손에게 가나안 땅을 주겠다고 하나님이 약속을 하셨고, 가나안 원주민들이 많은 죄를 지었기 때문이지 결코 이스라엘 백성이 의로워서가 아니라고 성경은 설명하고 있습니다.

> 네 하나님 여호와께서 그들을 네 앞에서 쫓아내신 후에 네가 심중에 이르기를 내 공의로움으로 말미암아 여호와께서 나를 이 땅으로 인도하여 들여서 그것을 차지하게 하셨다 하지 말라 이 민족들이 악함으로 말미암아 여호와께서 그들을 네 앞에서 쫓아내심이니라 네가 가서 그 땅을 차지함은 네 공의로 말미암음도 아니며 네 마음이 정직함으로 말미암음도 아니요 이 민족들이 악함으로 말미암아 네 하나님 여호와께서 그들을 네 앞에서 쫓아내심이라 여호와께서 이같이 하심은 네 조상 아브라함과 이삭과 야곱에게 하신 맹세를 이루려 하심이니라 (신 9:4~5)

그러나, 오늘날의 시각으로 볼 때에는 여호수아의 전쟁이 '정당한 권위',

'정의로운 원인', '올바른 의도' 등 토마스 아퀴나스가 제시한 '정당한 전쟁'의 세 가지 조건에도 부합된다고 보기에는 어려움이 있습니다.

그리고, 여호수아의 전쟁은 이후 종교적 폭력을 정당화하는 사례로 이용되기도 합니다. 여호수아의 전쟁은 '의로운 전쟁'이라는 논리로 정착되었고, 십자군 전쟁과 식민지 정복 등의 '명분'에 사용되기도 하였습니다. 십자군 전쟁에서는 이교도를 진멸시켜야 할 대상으로 보기도 하였고, 식민지 정복 과정에서는 원주민이 가나안의 족속으로 비유되기도 하였습니다.

여호수아 전쟁에 대한 해석

이러다 보니 여호수아 전쟁에 대한 다양한 해석들이 등장하게 됩니다.

① 가나안 정복 이야기는 역사적 사실이라기보다, 신앙공동체의 정체성을 위한 신화 혹은 전설적 서사로 해석하기도 하고,

② 이스라엘 민족의 '가나안 정복'을 물리적 정복이 아니라 영적 의미로 상징화하기도 합니다.

③ 해방신학·윤리신학자들은 이 부분이 식민지 정당화나 종교적 폭력의 도구가 되어서는 안 되며, 이스라엘이 자기비판과 회개로 이 부분을 읽어야 한다는 의견을 제시하고 있습니다.

④ 평화주의 신학자들은 여호수아서의 폭력 자체를 비판하면서, 원수를 사랑하라는 예수님의 모습에 비추어 볼 때 구약의 일부 본문은 하나님의 참된 뜻이 아니라 인간의 오해에서 비롯된 것이라는 의견을 내기도 합니다.

⑤ 그리고, 여호수아의 전쟁은 고대 근동에서 전쟁과 정복이 일반적이던 당시 시대 상황 속에서만 이해되어야 하며, 이를 근거로 오늘날의 전쟁이나 폭력을 정당화해서는 안 된다는 주장도 있습니다.

하나님은 인간에게 자유의지를 주셨고, 그러다 보니 성경에 대한 해석과 적용에 있어서도 다양한 결과가 나타나게 됩니다. 하지만 어떤 판단을 하던 그 결론은 하나님의 뜻에 부합되어야 하고 공의로워야 할 것입니다.

7.
욥기는 실화인가? 창작인가?

욥은 하나님이 인정한 의로운 사람입니다.

> 여호와께서 사탄에게 이르시되 네가 내 종 욥을 주의하여 보았느냐 그와 같이 온전하고 정직하여 하나님을 경외하며 악에서 떠난 자는 세상에 없느니라 (욥 1:8)

그런데 하나님이 사탄과 함께 그를 시험하십니다.

욥기에서 생기는 많은 질문들

이런 정황만으로도 욥기는 많은 고민과 질문을 하게 합니다.

"하나님이 왜 사탄과 거래를 하시지?",
"의로운 사람을 왜 시험하시나?",
"그 과정에서 욥의 자녀들은 왜 죽임을 당해야 했나? 억울한 거 아닌가?",
"엘리바스, 빌닷, 소발 등 욥의 친구들은 욥을 진심으로 걱정하고 있지 않나? 그들 역시 하나님을 경외하는 사람들인 것 같은데 하나님은 왜 그들에게 노하시나?",

"욥은 하나님께 원망, 불평, 한탄 등을 계속하고, 나중에는 회개까지 했는데 하나님은 왜 욥에게는 노하지 않으시고 도리어 욥의 말이 옳다고 하셨을까?"

욥기의 구성과 내용

욥기는 크게 5개 부분으로 구성되어 있습니다.

구분	주요 내용	성경
욥의 고난과 시련	욥이 극심한 고통과 시련을 당하는 이야기	1~2장
욥과 친구들의 토론	욥과 세 친구가 고난의 원인과 하나님의 뜻을 놓고 깊은 토론과 논쟁을 펼침	3~31장
엘리후의 발언	엘리후가 등장해 새로운 시각을 제시	32~37장
하나님의 말씀	하나님께서 나타나셔 인간의 한계를 지적하심	38~41장
회개와 회복	욥이 회개하고 하나님께서 복을 주심	42장

고난을 받은 욥에게 친구들은 "욥이 죄를 지었으니 회개하면 하나님이 다시 복을 주실 것"이라고 반복적으로 이야기하고, 욥은 "나는 죄지은 것이 없는데 이런 일이 왜 생겼는지 모르겠다"라고 계속 항변합니다.

그렇게 토론이 격앙되어 갈 때쯤 엘리후가 중재에 나서, '근거 없이 회개만을 이야기하는 다른 세 친구'와 '자신은 죄가 없다고 항변하는 욥', 모두에게 잘못이 있다고 지적을 합니다.

그리고, "고난이 반드시 벌이 아니라, 교육적 도구일 수 있고, 고난 속에서 하나님을 찾게 하신다"라고 말하며 "그분의 방식과 때는 인간이 이해할 수 없는 차원이 있다"라고 말을 합니다.

엘리후의 말이 끝나자, 하나님이 직접 나타나 말씀을 하시고 욥이 회복되면서 욥기가 마무리되게 됩니다.

욥기에 대한 목사님들의 말씀

욥기에 대해 여러 목사님들은
① 하나님은 '원인과 결과'라는 단순한 법칙을 넘어서는 존재로, 인과응보의 법칙을 넘어 창조의 신비와 위대함을 일깨워 주고,
② 욥이 하나님과의 관계에 있어서 자신의 교만을 인정하고 회개하면서, 고난을 통한 믿음과 신앙의 성숙을 경험하였으므로,
③ 하나님을 향한 믿음을 놓지 않고 그분의 계획과 뜻을 신뢰하는 것이 중요하다고 말씀을 해 주십니다.

목사님들의 말씀을 들으면, '하나님이 욥의 친구들에게 노하신 이유'와 '의인이 심판을 받아야 되는 이유', '욥이 회개한 이유', 그리고 '욥기가 주는 교훈' 등에 대해서는 어느 정도 이해가 됩니다. 하지만 여전히 '하나님이 사탄과 거래한 이유', '욥의 자녀들이 죽어야만 되는 이유' 등에 대해서는 이해가 되지 않습니다.

그러다 보니 욥기가 어쩌면 창작된 문학물이 아닐까 하는 생각도 들게 됩니다.

욥기는 실화인가? 창작인가?

욥기는 유대교 경전인 타나크(Tanakh, 히브리 성경) '케투빔(Ketuvim)' 중 시편·잠언과 함께 진리의 책에 포함되어 있고, 구약성경에는 시편·잠언·전도서·아가와 함께 '지혜문학'으로 분류되어 있습니다.

욥기가 실화라고 보는 견해는 에스겔 14장에서 노아·다니엘과 함께 욥을 하나님께서 직접 거명하셨다는 근거가 있고, 다른 성경과의 맥락 등을 종합해 볼 때 '욥은 실존 인물이고 고난은 실화다'라고 보는 것입니다.

> 비록 노아, 다니엘, 욥, 이 세 사람이 거기에 있을지라도… (겔 14:14)
> 비록 노아, 다니엘, 욥이 거기에 있을지라도 나의 삶을 두고 맹세하노니…
> (겔 14:20)

반면 욥기가 '창작물'이라고 보는 견해는
① 욥기가 시편·잠언 등 창작서와 함께 분류되어 있고,
② 욥기의 '기승전결'형 구성, 욥과 친구들 간의 철학적인 대화 방식,
③ 하나님과 사탄과의 대화, 자녀들의 죽음, 한 번만 등장하고 다시 등장하지 않는 욥의 아내 등과 같이 이야기 전개에 필요한 설정과 요소들이

첨가되어 있어, 욥을 창작된 '지혜문학'으로 보아야 한다는 것입니다.

만일, 욥기가 '창작물'이라고 한다면, 앞에서 남은 질문들이 자연스럽게 해결될 수 있습니다. 하지만 여러 가지 정황상 '욥기를 창작물'로 단정 짓기에는 어려움이 있습니다. 하나님은 왜 이런 고민거리를 주셨을까요?

그렇다면 여기서 "욥기가 실화냐, 창작이냐에 따라 욥기가 주는 교훈이 달라지나?"라는 질문도 한번 해 볼 수 있을 것 같습니다. 하지만 어떤 경우에도 욥기가 주는 교훈 자체가 바뀌는 것은 아니므로, 욥기에 대한 찝찝한 질문들은 여전히 남아 있기는 하지만, 욥기가 실화냐 창작이냐는 어쩌면 그리 중요한 문제가 아닐 수도 있을 것 같습니다.

그래도 궁금한 질문 1 - '사탄'

욥기에 등장하는 사탄은 매우 특이합니다.

① 하나님과 아들들의 회합에 참석하고

> 하루는 하나님의 아들들이 와서 여호와 앞에 섰고 사탄도 그들 가운데에 온지라 (욥 1:6)

② 세상을 두루 다니고

> …사탄이 여호와께 대답하여 이르되 땅을 두루 돌아 여기저기 다녀왔나이다 (욥 1:7)

③ 하나님을 '주(主)'라 칭하며,

> 이제 주의 손을 펴서 그의 모든 소유물을 치소서 그리하시면 틀림없이 주를 향하여 욕하지 않겠나이까 (욥 1:11)

④ 하나님께 허락을 구하고 지시를 받고 있습니다.

> 여호와께서 사탄에게 이르시되 내가 그의 소유물을 다 네 손에 맡기노라 다만 그의 몸에는 네 손을 대지 말지니라 사탄이 곧 여호와 앞에서 물러가니라 (욥 1:12)

욥기에서의 사탄은 신약에 나오는 '하나님의 대적자', '악의 군주'와 같은 개념이 아니라, 마치 하나님의 지시를 받아 세상을 돌아보며, 관리 감독을 하는 '감시자'에 더 가까운 것처럼 보이고 있습니다. 이와 비슷한 구절이 스가랴서에도 나옵니다.

> 여호와께서 사탄에게 이르시되 사탄아 여호와께서 너를 책망하노라 예루살렘을 택한 여호와께서 너를 책망하노라 이는 불에서 꺼낸 그슬린 나무가 아니냐 하실 때에 (슥 3:2)

그러다 보니, '사탄'이라는 개념이 고정된 것이 아니라, 처음에는 하나님의 명에 따라 움직이는 감시자적 역할로 등장하다가, 시간이 흐르면서 고난과 악에 대한 이해가 깊어져 가며, 점차 하나님의 대적자 혹은 악의 군주와 같은 개념으로 변화해 가는 것이 아닌가 하는 추측도 해보게 됩니다.

그래도 궁금한 질문 2 - '죽은 욥의 자식들'

욥이 회복되었을 때 여호와께서 욥에게 이전 모든 소유보다 갑절의 축복을 주시지만, 자녀는 시험 전과 동일하게 아들 일곱과 딸 셋을 주십니다.

이에 대해
① 죽었던 자식들이 부활을 한 것이라고 보는 견해,
② 죽은 자식들은 이미 하나님과 같이 있으므로 다시 태어난 자녀들을 합하면 자녀도 두 배의 축복을 받은 것이라는 견해도 있습니다.

하지만 예수님의 부활 이전에 10명이나 부활하는 일이 있었다면, 기독교 전체에 끼칠 영향과 파장을 생각하면 배제하는 것이 맞을 것입니다. 그러므로, 그나마 죽은 자식들은 하나님과 함께 있을 것이라는 추측이 타당한 것으로 생각됩니다.

욥기가 주는 시사점

성경을 어떻게 읽고 해석해야 되는가라는 질문에 대한 답을 내기는 참으로 어렵습니다. 그래서 성경을 읽다 보면, 감당하기 어려울 정도로 난감하고 어려울 때가 있습니다. 그런 면에서 욥기는 한 가지 대안을 보여 주고 있다고 생각됩니다.

욥과 욥의 친구들, 엘리바스, 빌닷, 소발은 각각 하나님과 신앙에 대한 자신의 생각과 견해를 이야기하며 맞든 틀리든 열심히 토론을 합니다. 그리고 엘리후가 그들의 말을 듣고, 종합적으로 판단하면서 하나님의 뜻과 가장 비슷한 결론을 도출해 내게 됩니다.

바로 이 과정에서 시사점을 얻을 수 있지 않을까 하는 것입니다. 즉, 토론과 대화를 통해 신앙이 더 단단해지고 발전하는 동력이 될 수 있다는 것입니다.

이런 면에서 하나님을 향한 건전한 의문 제기와 발전적 논의가 필요하다는 것, 그것이 욥기가 주는 또 다른 교훈이 아닐까 생각해 봅니다.

한국 기독교가 직면하고 있는 여러 문제들도 진지한 토론과 대화를 통해 해결될 수 있기를 희망해 보게 됩니다.

2부

신약성경에서의 질문들

"믿음은 의심을 없애는 것이 아니라,
의심 속에서도
하나님을 붙드는 용기다."

1.
신약 4대 복음서 내용이 왜 다르지?

어떤 여인이 옥합을 깨고 예수님께 향유를 뿌렸습니다. 그런데 4대 복음서마다 그 어떤 여인이 누구인지, 어디에 뿌렸는지, 누가 목격을 했는지가 모두 다르게 기록되어 있습니다.

그리고 이 사건으로 "네 소유를 팔아 가난한 자들에게 주라(마 19:21)"고 하신 예수님의 가르침과 다르다고 느낀 주변 사람들이 분개하기도 하는데, 분개한 사람들도 모두 다르게 기록되어 있습니다.

여인이 향유를 부은 사건을 4대 복음서별로 정리해 보면 아래 표와 같습니다.

[표, 4대 복음서별 향유를 부은 사건]

성경	장소	시기	누가	어디에	주변 사람 및 반응
마 26:6~13	베다니 나병환자 시몬의 집	집에 계실 때	한 여자	머리	제자들이 분개
막 14:3~9	베다니 나병환자 시몬의 집	식사 때	한 여자	머리	사람들이 화를 냄
눅 7:36~50	바리새인 집	잡수시려 할 때	죄를 지은 한 여자	발	앉아 있는 사람들이 죄를 사하시는 것을 보고 의아해함
요 12:1~8	베다니	잔치	나사로 누이 마리아	발	가룟 유다가 비난

여기에서 "왜 4대 복음서의 내용이 다른가?"라는 질문이 생기게 됩니다.

그 외에도 비슷하지만 다른 기록들

향유 사건 이외에도 예수님이 탄생하시던 날, 동방박사 이야기는 마태복음에만 기록되어 있고, 목자들의 이야기는 누가복음에만 기록되어 있습니다. 그리고, 예수님의 족보는 마태복음과 누가복음에만 기록되어 있고, 예수님이 달리신 십자가의 명패도, 4대 복음서가 각각 "이는 유대인의 왕 예수(마 27:37)", "유대인의 왕(막15:26)", "이는 유대인의 왕(눅 23:38)", "나사렛 예수 유대인의 왕(요 19:19)" 등으로 서로 다르게 기록하고 있습니다.

또한, 십자가에서 하신 마지막 말씀 역시 복음서별로 다르게 기록되어 있습니다.
① 마태·마가복음(마 27:46, 막 15:34) : "엘리 엘리 라마 사박다니?"(나의 하나님 어찌하여 나를 버리셨나이까?)
② 누가복음(눅 23:46) : "아버지 내 영혼을 아버지 손에 부탁하나이다"
③ 요한복음(요 19:30) : "다 이루었다"

복음서의 기록이 서로 다른 이유

도널드 기스리, 레이먼드 브라운 같은 신학자들은 이런 현상은 각 복음서의 기록 시기, 기록 목적, 서로 다른 독자층, 목격자 및 자료의 차이 등에 따라 달라진 것으로 보고 있습니다.

그리고, 글리슨 아처, 크리이그 키너와 같은 신학자들은 이런 차이가 도리어 독립적이고 실제적인 목격이 있었다는 증거라고 판단하고 있습니다. 왜냐하면 4명의 증인이 정확히 같은 단어와 표현, 사건 묘사까지 똑같다면, 이것이 바로 서로 공모했거나 누군가가 꾸며 낸 이야기를 베꼈다고 의심할 수 있기 때문이라는 것이 그 이유입니다.

그러다 보니 "성경은 하나님의 감동으로 기록된 것이 아니란 말인가?"라는 새로운 질문이 다시 생기게 됩니다.

> 모든 성경은 하나님의 감동으로 된 것으로 교훈과 책망과 바르게 함과 의로 교육하기에 유익하니 (딤후 3:16)

여기에 대해 성경의 영감은 인간 저자들의 개성, 목적, 스타일등을 부정하지 않고, 오히려 그것을 사용하여,
① 마태는 유대인 독자를 염두에 두고, 메시아로서의 예수님을 강조하도록 하였고,
② 마가는 행동과 사건 중심으로 복음을 기록하며, 예수님의 능력과 사역을 역동적으로 보여 주게 하였고,
③ 누가는 역사적 사실과 정확성을 중요시하여, 세밀하고 체계적으로 복음을 서술하게 하였고,

④ 요한은 예수님의 신성과 영원성을 깊이 있게 드러내며, 믿음의 본질을 강조하도록 하였다는 것입니다.

즉, 각 저자는 단순한 받아 쓰기를 한 것이 아니라, 자신의 특성과 상황 속에서 하나님의 영감을 받아 기록했다는 것입니다

그래서 4대 복음서의 경우 관점, 목적, 독자층 등에 있어 다양성이 존재하면서도, 구원의 진리라는 본질적 메시지는 일관되게 기록되어 있으므로, 성경이 진정한 하나님의 영감 아래 기록된 진정한 계시의 책이라는 점을 오히려 입증하는 근거가 된다는 것입니다.

[표, 4대 복음서별 저자, 기록 시기, 기록 목적, 독자 계층]

구분	저자	기록 시기(기록 순서)		독자층	기록 목적과 특징
마태	사도 마태 (세리 출신)	AD 60~70년경	2	유대인	• 예수가 예언된 메시아임을 강조 → 구약을 가장 많이 인용
마가	마가 (베드로 세사)	AD 55~65년	1	로마의 이방인	• 고난받는 하나님의 종으로서, 예수님의 행동과 능력 중심 → 간결히고 생생하게 기록
누가	누가 (의사)	AD 60~70년경	3	이방인 및 지식층	• 역사적 사실을 중시 ※ 호적(눅2:1), 당시 통치자 (눅3:1) 등 • 만인을 위한 구원 강조 • 사회적 약자에 대한 관심 표명
요한	사도 요한 (어부 출신)	AD 85~95년	4	모든 독자층	• 예수님을 '하나님의 아들', '말씀(로고스)'으로 표현 → 예수님의 신성과 믿음을 통한 생명 강조

이런 이유로 비슷한 내용을 가지고 있는 4대 복음서 모두가 정경이 될 수 있었던 것이 아닌가 조심스럽게 추측해 보기도 합니다.

향유 사건에 대한 다른 접근

다시 향유 사건으로 돌아가면, 향유 사건 이후 마태·마가·요한복음에서는 예수님의 십자가 고난으로 이어지고, 누가복음에서는 예수님의 공생애가 계속해서 이어지고 있습니다.

이로 인해, 도널드 거스리, 크레이그 키너와 같은 신학자들은 마태·마가·요한복음에서는 예수님의 장례를 준비하는 과정으로, 누가복음에서는 죄 많은 여인의 회개와 용서의 과정으로 두 번의 향유 사건이 있었다고 보는 견해도 있습니다.

비싼 향유를 예수님께 부은 것에 대한 사람들의 비난 역시, 마태·마가·요한복음에만 기록되어 있고, 누가복음에는 "예수님이 누구이기에 죄도 사하는가"라고 의아해하는 모습만 기록되어 있다는 것도, 서로 다른 사건이라는 방증이 된다는 것입니다.

하지만 이런 견해는 4대 복음서 모두가 두 번의 사건을 한 번씩 누락하고 있다는 새로운 이슈가 제기될 수 있어 매우 조심스럽게 접근해야 될 것 같습니다.

이렇듯 성경 자체가 기록 목적, 타깃 독자층, 저자의 스타일 등이 반영되어 있는 데다, 하나님이 인간에게 자유의지까지 주셨다 보니, 성경에 대한 자의적 해석도 가능하고, 필요한 부분만 발췌하는 것도 가능한 것 같습니다.

그러다 보니, 민중신학, 보수신학, 생태신학, 여성신학, 원주민신학, 윤리신학, 정치신학, 조직신학, 퀴어신학, 평화신학, 해방신학, 흑인신학 등등 많은 기조의 신학이 등장하였고, 교파와 교단이 나뉘게 되고, 같은 사안에 대해서도 기독교인들 간에도 서로 다른 접근 방법이 생기기도 하고, 자의적 성경 해석으로 인한 이단도 등장하게 되는 것 같습니다.

하나님이 인간에게 자유의지를 주신 것은, 인간 스스로가 하나님을 경배하고, 자발적으로 하나님의 뜻으로 살아가길 바라시고 원하시기 때문이 아닐까 생각해 봅니다. 그리고, 자신의 의견을 자유롭게 표출할 수 있다는 것은 하나님이 주신 축복임에 틀림이 없을 것입니다.

그렇기 때문에 내 뜻과 의지가 아니라, 그 축복을 주신 하나님의 뜻이 무엇인지 먼저 살피고, 그 뜻을 실천하려는 노력이 필요할 것 같습니다.

※ 이슬람에서는 제3대 정통 칼리파였던 우스만 이븐 아판(재위 644년~656년) 시기에, 여러 지역에서 다양하게 전해지던 꾸란(쿠란, 코란)의 기록을 하나로 통일하는 작업이 이루어졌습니다. 이 과정에서 우스만 칼리파는 하니의 공식 판본을 정하고, 다른 기록들은 정리하여 폐기했다고 전

해집니다. 이후 오늘날까지도 아랍어 원문을 담은 이 판본이 꾸란의 정본으로 이어지고 있습니다. 물론 이슬람의 사례라 다소 생소하게 느껴지실 수도 있으시겠지만, 성경과의 비교 차원에서 한 번쯤 참고해 보실 수 있는 부분이라 생각됩니다.

2.
예수님은 아이들의 피를 제물 삼아 태어나셨나?

예수님이 베들레헴에서 태어나시던 때, 주의 사자가 요셉에게 나타나 아기와 그의 어머니를 데리고 애굽으로 피하라는 현몽을 하십니다.

> 그들이 떠난 후에 주의 사자가 요셉에게 현몽하여 이르되 헤롯이 아기를 찾아 죽이려 하니 일어나 아기와 그의 어머니를 데리고 애굽으로 피하여 내가 네게 이르기까지 거기 있으라 하시니 (마 2:13)

요셉이 일어나서 밤에 아기와 그의 어머니를 데리고 애굽으로 떠난 후에, 유대 왕이었던 헤롯은 그 지경 안에 있는 두 살 아래 사내아이들은 다 죽이라고 명합니다.

> 이에 헤롯이 박사들에게 속은 줄 알고 심히 노하여 사람을 보내어 베들레헴과 그 모든 지경 안에 있는 사내아이를 박사들에게 자세히 알아본 그 때를 기준하여 두 살부터 그 아래로 다 죽이니 (마 2:16)

그러다 보니
"예수님은 어린아이들의 피를 제물로 삼아 태어나셨다는 것인가?",
"예수님은 어린아이들의 생명을 담보로 살아나신 것인가?"라는 의문이 생기게 됩니다.

성경 속의 다른 유아 살해 기록

헤롯의 유아 살해 기록은 마태복음에만 기록되어 있고 다른 복음서에는 기록되어 있지 않습니다. 마태가 기록한 복음서는 '예수님이 예언된 메시아'임을 강조하기 위해 구약을 가장 많이 인용했기 때문이리라 추측해 봅니다.

유아 살해와 관련된 구절들은 구약에서도 발견되고 있습니다.

① 바로는 이스라엘 자손들이 많아지고 강해지는 것을 염려하여, 이스라엘 자손의 아들을 모두 죽이라고 명합니다. 그러나, 모세는 그 와중에서 살아남아 이스라엘 백성의 출애굽을 이끌어 내게 됩니다.

> 그러므로 바로가 그의 모든 백성에게 명령하여 이르되 아들이 태어나거든 너희는 그를 나일 강에 던지고 딸이거든 살려두라 하였더라 (출 1:22)
> 그 아기가 자라매 바로의 딸에게로 데려가니 그가 그의 아들이 되니라 그가 그의 이름을 모세라 하여 이르되 이는 내가 그를 물에서 건져내었음이라 하였더라 (출 2:10)

헤롯이 자신의 자리가 뺏기게 될 것을 염려하여, 두 살 미만의 사내아이를 죽이는 상황에서 예수님이 살아남으신 것과 유사점이 보입니다.

② 하나님의 출애굽을 막는 에굽에게 열 번째 재앙으로 '장자의 죽음'을

내리실 때에도, 그 대상이 모든 장자였으므로 유아도 포함되었다고 볼 수 있습니다. 하지만 이 내용은 하나님의 심판이 목적이었으므로, 구원의 소식을 주기 위해 오신 예수님과는 거리가 있어 보입니다.

> 애굽 땅에 있는 모든 처음 난 것은 왕위에 앉아 있는 바로의 장자로부터 맷돌 뒤에 있는 몸종의 장자와 모든 가축의 처음 난 것까지 죽으리니 애굽 온 땅에 전무후무한 큰 부르짖음이 있으리라 (출 11:5~6)

③ 예레미야서에는 "라마에서 슬퍼하며 통곡하는 소리가 들리니 라헬이 그 자식 때문에 애곡하는 것(렘 31:15)"이라는 구절이 있습니다.

예루살렘 북쪽 근교에 위치해 있는 '라마'는 바벨론에게 남유대가 패망한 후, 바벨론으로 포로들이 끌려가기 전에 집결했던 장소입니다. 그리고, '라헬'은 야곱의 아내이자 요셉과 베냐민의 어머니로서, 자손들의 죽음을 슬퍼하는 모든 어머니들을 대표하고 있는 것으로 보입니다.

여기에 대해 여호와 하나님께서는 "울음과 눈물을 멈추라, 그들이 돌아올 것"이라고 말씀하시며, '새 언약'을 약속하고 계십니다. 자연스럽게 예수님의 구원을 위한 사역과 연결될 수 있는 내용입니다.

> 여호와께서 이와 같이 말씀하시니라 네 울음 소리와 네 눈물을 멈추어라… 그들이 그의 대적의 땅에서 돌아오리라 여호와의 말씀이니라 (렘 31:16)

> 여호와의 말씀이니라 보라 날이 이르리니… 새 언약을 맺으리라 (렘 31:31)

구원을 이루기 위해 오신 예수님

바로가 그의 염려로 이스라엘 남자아이들을 죽이라고 했던 것과 마찬가지로, 헤롯은 그의 권력욕으로 두 살 이하의 남자아이들을 죽이라고 한 것으로 볼 수 있습니다.

그리고, 여호와께서 '라헬'의 울음에 눈물을 멈추라고 하시는 것처럼 예수님은 구약의 예언에 따라 구원을 이루기 위해 오셨을 뿐입니다.

마태는 마태복음 2장에서 이 이야기를 기록하면서, 예수님이 구약의 예언을 이루기 위해 오셨다는 것을 강조하고 싶어 했던 것이 아닌가 짐작해 봅니다.

> 이에 선지자 예레미야를 통하여 말씀하신 바 라마에서 슬퍼하며 크게 통곡하는 소리가 들리니 라헬이 그 자식을 위하여 애곡하는 것이라 그가 자식이 없으므로 위로 받기를 거절하였도다 함이 이루어졌느니라 (마 2:17~18)

헤롯이 진짜로 두 살 이하의 남자아이들을 다 죽였는지에 대한 역사적 기록은 없습니다. 다만, 헤롯이 잔혹한 폭군이었으며 자신의 왕권을 유지하기 위해 많은 사람을 죽였다는 기록은 지금도 남아 있습니다.

3.
예수님은 분쟁과 다툼을 위해 이 땅에 오셨는가?

마태복음 10장 34절에는 "검을 주러 왔다"라고 기록되어 있고, 누가복음 12장 51절에는 "분쟁하게 하러 왔다"라고 기록되어 있습니다.

"예수님이 분쟁과 다툼을 위해 이 세상에 오셨는가?"라는 질문이 생기게 됩니다.

예수님의 복음

① 복음(Euangelion)은 정치적 권위에 도전했습니다.
복음은 본래 로마 제국에서 사용된 정치적 용어로 황제의 즉위나 승전을 알리는 "기쁜 소식"을 뜻했습니다. 그런데 초대교회 기독교인들은 그 용어를 예수님의 탄생, 십자가, 부활 등에 적용하면서, "예수 그리스도야말로 진짜 주(Lord)요, 구세주(Savior)다"라고 선포하였습니다. 이것은 당시 로마 세계에서 매우 위험한 정치적 선언으로 볼 수 있는 것이었습니다.

② 복음은 기존 종교 체계의 권위에도 도전했습니다.
예수님은 안식일을 범하고, 자신을 '하나님의 아들'이라 칭하였으며, "성전을 무너뜨리겠다"라고 말씀하셨습니다. 이는 율법, 제사장 권위, 성전

질서를 흔드는 위협으로 보았고, 결과적으로 예수님과 그를 따르던 자들은 이단·신성모독자·반역자로 몰리게 되었습니다.

> 만일 그를 이대로 두면 모든 사람이 그를 믿을 것이요 그리고 로마인들이 와서 우리 땅과 민족을 빼앗아 가리라 하니 (요 11:48)

③ 복음은 인간 중심의 철학과도 충돌했습니다.
로마 철학은 권력, 질서, 명예, 논리 중심이었고, 예수님은 십자가의 약함, 자기 희생, 원수 사랑, 죄인의 용서 등을 강조하셨습니다. 그리고, 십자가는 로마 사회에서 가장 수치스러운 형벌이었기 때문에, 그것을 '구원의 능력'이라는 복음은 비이성적이고 모욕적으로 받아들여지게 되었습니다.

> 우리는 십자가에 못 박힌 그리스도를 전하니 유대인에게는 거리끼는 것이요 이방인에게는 미련한 것이로되 (고전 1:23)

④ 복음은 '모두에게 열려 있다'라는 급진적 선언이었습니다.
복음은 유대인뿐 아니라, 이방인, 노예, 여성, 병자, 어린아이, 죄인들에게도 열려 있었고, 이것은 기존 계층 구조와 차별적 사회 질서에 대한 도전이었습니다. 노예제 사회에서 이런 선언은 폭탄급 메시지였고, 지배층 입장에선 체제 전복의 위협으로 여겨지게 되었습니다.

> 너희는 유대인이나 헬라인이나 종이나 자유인이나 남자나 여자나 다 그리스도 예수 안에서 하나이니라 (갈 3:28)

⑤ **복음은 "회개하라"는 심판적 메시지도 포함하고 있습니다.**

따라서 복음은 단지 '사랑받고 용서받는다'는 긍정적인 메시지가 아니라, 기존 삶의 방식과 사고를 철저히 바꾸라는 요구였습니다. 결과적으로 회개를 거부하거나 불편하게 여긴 사람들에게는 복음은 심판과 불편함의 메시지가 된 것이었습니다.

> 이 때부터 예수께서 비로소 전파하여 이르시되 회개하라 천국이 가까이 왔느니라… (마 4:17)

박해의 역사적 단계

이러한 예수님의 복음은 1세기경에는 유대교 지도자들에 의해 박해를 받게 됩니다. 그리고, 2~3세기경에는 로마제국에 의해 심한 박해를 받게 됩니다.

그런데, 4세기 이후 기독교가 공인되자, 도리어 기독교가 이단·이교도에 대한 박해자로 변모하였고, 중세에는 유대인, 이슬람교도, 마녀, 이교도 등을 박해하였을 뿐만 아니라, 종교개혁 이후에는 가톨릭과 개신교가 서로 박해를 하기도 하였습니다. 그리고, 식민지 시대에는 복음을 명분으로 문화 말살, 강제 개종 사례까지도 존재하게 됩니다.

아이러니하게도 예수님의 복음은 원래는 박해받는 자의 메시지였지만,

역사적으로는 박해하는 자로 변질되는 사례가 된 것입니다.

기독교가 박해자가 된 이유

복음이 원래 가지고 있던 내용은 변함이 없었지만, 그것을 해석하고 적용하는 인간의 욕망과 권력이 왜곡되면서 복음이 무기화된 종교가 된 것입니다.

① 교회가 정치 권력과 결합하면서 복음이 지배 수단으로 변질되기도 하였고,
② 교리가 절대화하면서, '정통' 밖의 사람들이 박해의 대상이 되기도 하였습니다.
③ 복음이라는 이름으로 권력과 통제를 정당화하려는 타락한 욕망을 가진 인간들도 등장하였고,
④ 복음의 사회적 영향력이 커지고 강력해지면서, 통제와 폭력의 수단으로 악용되는 경우도 있었습니다.

이에 대해 보너퍼, 바르트, 몰트만과 같은 기독교 신학자들은 "복음은 불편한 진리다. 그 불편함을 직면하지 않고, 달콤하게 포장하거나 무기로 사용할 때 복음은 더 이상 복음이 아니라 폭력이다"라고 말하기도 했습니다.

결국, 기독교가 박해자가 된 이유는 복음 자체의 문제라기보다는, 인간들

의 욕망이 복음을 권력과 결합시키는 제도를 만들고 그것을 자신들의 욕망에 사용했다는 것입니다.

진정한 예수님의 복음

예수님은 본질적으로 화평의 왕이십니다. 그러나 그분은 거짓된 평화와 위선의 질서를 그대로 두지 않으셨습니다. 예수님은 진리와 거짓, 빛과 어둠을 가르시며, 위선과 억압을 깨뜨리셨습니다. 그 과정에서 분열과 갈등이 생기는 것은 복음이 사람을 도전하게 하고 결단을 요구하기 때문입니다. 이것이 바로 "검을 주러 왔다(마 10:34)", "분쟁하게 하러 왔다(눅 12:51)"라는 말씀의 참된 의미입니다.

하지만 예수님의 목적은 분열 그 자체가 아니라, 거짓된 평화를 무너뜨리고 하나님의 뜻 안에서 참된 화해와 구원을 이루는 데 있습니다. 십자가는 갈등과 박해의 절정이었지만, 그 끝은 부활과 용서, 새 창조의 시작이었습니다.

예수님은 분열을 일으키기 위해 오신 분이 아니라, 진리를 통해 거짓 평화를 깨뜨리고 참 평화를 주시기 위해 오신 분이십니다. 그분은 평화의 파괴자가 아니라, 거짓 평화의 종결자요, 참 평화의 창시자이십니다.

> 그는 우리의 화평이신지라 둘로 하나를 만드사 원수 된 것 곧 중간에 막힌

담을 자기 육체로 허시고 (엡 2:14)

기독교는 예수님의 이 화평을 이 땅에 실현하고 실천하는 종교인 것입니다. 결코 분열과 다툼을 조장하는 종교가 아닙니다. 따라서 자기 욕심을 내려놓고, '예수님의 뜻을 온전히 따르는 삶!', 그것이 참된 기독교인이 취해야 할 태도일 것입니다.

화평하게 하는 자는 복이 있나니 그들이 하나님의 아들이라 일컬음을 받을 것임이요 (마 5:9)

할 수 있거든 너희로서는 모든 사람과 더불어 화목하라 (롬 12:18)

오직 위로부터 난 지혜는 첫째 성결하고 다음에 화평하고 관용하고 양순하며 긍휼과 선한 열매가 가득하고 편견과 거짓이 없나니 화평하게 하는 자들은 화평으로 심어 의의 열매를 거두느니라 (약 3:17~18)

그리스도 예수의 사람들은 육체와 함께 그 정욕과 탐심을 십자가에 못 박았느니라 (갈 5:24)

4.
천국에 가려면 부자가 되지 말라는 것인가?

어떤 사람이 예수님께 어떻게 하면 영생을 얻을 수 있느냐고 묻습니다.

이에 예수님이 "선한 이는 한 분이시고 계명들을 지키라" 말씀하시자, 그 사람이 계명은 지키고 있으니 무엇을 더 해야 하느냐고 다시 묻습니다. 그러자 예수님이 "네게 있는 것을 다 팔아 가난한 자들에게 주라"라고 하셨고, 그가 재물이 많으므로 근심하며 돌아갑니다.

그가 돌아간 뒤에 예수님은 제자들에게 "낙타가 바늘귀로 들어가는 것이 부자가 하나님의 나라에 들어가는 것보다 쉬우니라(마 19:24)"라고 말씀하십니다.

여기에서 "천국에 가려면 부자가 되지 말라는 것인가?", "기독교인이 부를 축적하는 것은 잘못된 일인가?"라는 질문이 생기게 됩니다.

기독교 금욕주의

실제로 금욕주의(Asceticism), 프란치스코 수도회와 같이 청빈을 강조한 수도회, 아미쉬(Amish) 공동체, 퀘이커(Quakers) 교도 등 일부 기독교 종파나 학파·사상에서는 부 자체를 강하게 경계하거나 혐오하기도 합니다.

부에 대한 구약시대의 태도

구약시대에는 부에 대해 대체로 긍정적이었습니다.

'부유함'과 '물질적 번영'은 신앙적 순종의 결과라는 생각이 대체로 강했습니다. 그리고 아브라함·이삭·야곱·요셉·다윗·솔로몬 등 하나님께 순종한 인물들은 부유하고 성공했다고 기록되어 있고, 성경 역시 이를 강조하고 있습니다.

> 네가 네 하나님 여호와의 말씀을 삼가 듣고 내가 오늘 네게 명령하는 그의 모든 명령을 지켜 행하면… 너를 세계 모든 민족 위에 뛰어나게 하실 것이라… 모든 복이 네게 임하며 네게 이르리니… 네가 들어와도 복을 받고 나가도 복을 받을 것이니라… 너를 머리가 되고 꼬리가 되지 않게 하시며 위에만 있고 아래에 있지 않게 하시리니… 좌로나 우로나 치우치지 아니하고 다른 신을 따라 섬기지 아니하면 이와 같으리라 (신 28:1~14)
> 네 재물과 네 소산물의 처음 익은 열매로 여호와를 공경하라 그리하면 네 창고가 가득히 차고 네 포도즙 틀에 새 포도즙이 넘치리라 (잠 3:9~10)

부에 대한 신약시대의 태도

하지만, 예수님은 "가난한 자가 복이 있다"라고 하셨는데 "구약시대의 말씀이 폐기되고 의미가 없어진 것인가?"라는 새로운 질문도 생기게 됩니다.

> 심령이 가난한 자는 복이 있나니 천국이 그들의 것임이요 (마 5:3)
> …너희 가난한 자는 복이 있나니 하나님의 나라가 너희 것임이요 (눅 6:20)

예수님은 산상수훈에서 "가난한 자가 복이 있다"라는 말씀과 함께 마태복음 5장 17절에서 "내가 율법이나 선지자를 폐하러 온 줄로 생각하지 말라 폐하러 온 것이 아니요 완전하게 하려 함이라"라는 말씀도 하셨습니다. 구약성경이 폐기된 것이 아니라, 예수님을 통해 영적 구원의 모습까지 확대되고 완성되었다는 것을 의미합니다.

따라서 "가난한 자가 복이 있다"라는 말씀은, 이미 구약시대부터 있었던 사회적 약자에 대한 하나님의 관심과 위로를 다시 한번 강조하고, 하나님을 향한 겸손과 의지하는 마음에 대한 축복을 의미하는 것으로도 생각해 볼 수 있습니다.

> …그 가난한 형제에게… 필요한 대로 쓸 것을 넉넉히 꾸어주라 (신 15:7~8)
> …곡식을 벨 때에… 나그네와 고아와 과부를 위하여 남겨두라… 감람나무

> 를 떤 후에… 객과 고아와 과부를 위하여 남겨두며 (신 24:19~20)
>
> 가난한 사람을 학대하는 자는 그를 지으신 이를 멸시하는 자요 궁핍한 사람을 불쌍히 여기는 자는 주를 공경하는 자니라 (잠 14:31)

그러므로 '낙타와 바늘귀'는 부 자체에 대한 비판적인 비유라기보다, 예수님께 영생을 얻으려면 어떻게 해야 되냐고 물었던 그 '어떤 사람'이 사회적 약자에 대한 하나님의 관심과 위로를 실천하지 못하고 재물에 집착하고 있는 모습을 비유한 것이라고 보는 것이 타당할 것입니다.

신약성경에서도 부자가 재물을 선한 목적으로 사용하는 것을 권장하고 있고, 삭개오, 바나바, 루디아와 같이 이를 실천한 사람들의 이야기도 나오기 때문입니다.

> 네가 이 세대에서 부한 자들을 명하여 마음을 높이지 말고 정함이 없는 재물에 소망을 두지 말고 오직 우리에게 모든 것을 후히 주사 누리게 하시는 하나님께 두며 선을 행하고 선한 사업을 많이 하고 나누어 주기를 좋아하며 너그러운 자가 되게 하라. 이것이 장래에 자기를 위하여 좋은 터를 쌓아 참된 생명을 취하는 것이니라 (딤전 6:17~19)

그리고 달란트 비유를 통해 주어진 달란트를 남기기 위해 최선을 다할 것을 깨우쳐 주고 계십니다.

> …주인이 이르되 잘하였도다 착하고 충성된 종이 니가 적은 일에 충성하

> 였으매 내가 많은 것을 네게 맡기리니… 무릇 있는 자는 받아 풍족하게 되고 없는 자는 그 있는 것까지 빼앗기리라… 이 무익한 종을… 내쫓으라…
> (마 25:14~30)

콘스탄티누스 대제가 313년 밀라노 칙령으로 기독교를 공인하기 불과 10년 전인 303년에도 디오클레티아누스 황제의 기독교 대박해가 있었습니다. 당시 부와 권력의 최정점이었던 콘스탄티누스 대제가 기독교를 공인하지 않았다면 기독교는 그 후에도 계속 박해를 받았을 것입니다.

부 자체가 목적이 되어서는 안 되고, 하나님보다 더 집착해서도 안 될 것입니다.

하지만 하나님이 주신 달란트를 남기기 위한 최선의 노력은 다해야 할 것입니다. 그것이 하나님께 충성하는 것이기 때문입니다. 그렇게 최선을 다하는 과정에서, 구약에서의 축복과 달란트 비유에서의 칭찬이 실현된다면, 자연스럽게 부가 축적될 수도 있을 것입니다.

그리고, 그것이 하나님의 영광에 활용될 수 있다면 그저 고맙고 감사한 일이 될 것입니다.

5.
가룟 유다는 배신자인가? 아니면 희생양인가?

가룟 유다의 배신이 단순한 배신이 아닌 희생양 또는 신적 계획이라는 논란은 초대교회 때부터 있었던 것으로 보입니다.

오리겐(Origen)은 예수님이 가룟 유다를 신뢰할 만한 자로 여기셨기 때문에 그에게 돈궤를 맡기신 것이고, 그의 배신은 하나님의 섭리 안에서 이루어진 것이지만, "가룟 유다 자신이 자유의지로 악을 선택했다"라는 입장을 보이기도 하였습니다.

유다복음의 발견

이렇듯 유다의 배신이 신적 계획이라는 논의는 중세 시대를 넘어 르네상스와 계몽주의 시대까지 계속되었고, 계몽주의 시대에는 유다가 단순한 배신자가 아니라 예수의 메시아적 역할을 완수하기 위해 필연적 역할을 했다는 견해도 일부 등장하기도 했습니다.

특히 레싱, 헤겔, 슈트라우스, 볼테르, 니체 등의 사상가들은 유다가 예수의 메시아적 사명을 완수하는 데 필수적인 역할을 했을 가능성을 제기하며, 유다의 배신이 단순한 악행이 아니라, 신적 계획(혹은 역사적 필연성)

의 일부일 수 있다는 것을 직·간접적으로 표현하기도 했습니다.

이후 1960~70년대에는 유다를 동정적으로 바라보는 해석도 등장하는데, 이는 1976년 이집트의 한 골동품 시장에서 발견되어, 2006년에 일부 복원, 공개된 영지주의적 성격의 '유다복음'에 의해 다시 한번 부각됩니다.

유다복음에는 '유다의 예수 배반'이 사실은 예수가 인류 구원이라는 지상 과업을 완성하기 위해 유다와 미리 모의한 것으로 쓰여 있어, 유다의 배반이 없었다면 인간들의 구원을 이루려는 하나님의 계획이 완성되지 않았을 것이라는 등 유다의 배반을 합리화하는 주장도 담고 있습니다.

성경 속에서의 가룟 유다

신약성경에는 예수님께서 가룟 유다의 배반을 미리 예언하신 기록들이 여럿 등장합니다.

> 예수께서 이 말씀을 하시고 심령이 괴로워 증언하여 이르시되 내가 진실로 진실로 너희에게 이르노니 너희 중 하나가 나를 팔리라 하시니 (요 13:21)
>
> 형제들아 성령이 다윗의 입을 통하여 예수 잡는 자들의 길잡이가 된 유다를 가리켜 미리 말씀하신 성경이 응하였으니 마땅하도다 (행 1:16)

또한 유다의 배반이 하나님의 계획 안에서 이루어지는 사건처럼 보이는 표현들도 있습니다. 특히 "네가 하는 일을 속히 하라(요 13:27)"라고 하신 말씀은, 일부에서는 유다의 행동을 간접적으로 허용하시거나 지시하신 것으로 해석되기도 합니다. 이러한 부분 때문에 가룟 유다의 배반을 둘러싼 신학적 논쟁과 해석의 차이는 지금까지도 이어지고 있습니다.

더구나 성경에는 예수님의 죽음과 부활이 하나님의 계획 안에서 이루어진 것으로 기술되어 있으므로, 가룟 유다가 예수님을 배반하지 않았다 하더라도 누군가 예수님을 대제사장들과 종교지도자들에게 넘겨 죽임을 당하게 했을 것이라는 추측도 해 볼 수 있습니다.

> 그가 하나님께서 정하신 뜻과 미리 아신 대로 내준 바 되었거늘 너희가 법 없는 자들의 손을 빌려 못 박아 죽였으나 (행 2:23)

그리고 예수님의 십자가 죽음과 부활은 인류의 구원을 위해 반드시 이루어져야 했고, 예수님도 이미 이를 받아들이신 상태였으므로, 유다의 배신이 없어도 되지 않았나라는 추측도 해 볼 수 있을 것입니다.

> 조금 나아가사 얼굴을 땅에 대시고 엎드려 기도하여 이르시되 내 아버지여 만일 할 만하시거든 이 잔을 내게서 지나가게 하옵소서 그러나 나의 원대로 마시옵고 아버지의 원대로 하옵소서 하시고 (마 26:39)

하지만 마태복음 26장 14절에서 16절에 가룟 유다기 대제사장들을 찾아

가서 은 삼십에 예수님을 넘겨줄 것을 약속한 것을 볼 때, 가룟 유다가 예수님을 판 행동은 스스로 한 선택이었고 그에 대한 책임 역시 스스로 감내하겠다는 것으로 볼 수 있습니다.

예수님이 총독 빌라도에게 넘겨질 때 가룟 유다는 은 삼십을 대제사장들과 장로들에게 도로 갖다주면서, "무죄한 피를 팔고 죄를 범하였도다(마 27:3~4절)"라며 뉘우치기는 하지만, 결국 스스로 목을 매달아 죽습니다.

가룟 유다는 용서받을 수 있었을까

그렇다면 만일 가룟 유다가 자살을 하지 않고 진정 어린 회개를 했다면 용서받았을 수 있었을까요? 용서받을 수 있었다라고 믿고 싶습니다.

예수님은 마태복음 18장 22절에서 "일곱 번을 일흔번까지 죄를 용서해 주라"고 하셨고, 누가복음 23장 34절에서는 십자가 위에서 자신을 십자가에 못 박은 자들을 위해 용서를 구하시기도 하신 데다, 기독교인을 박해했던 바울을 사도로 세우시고 복음전파에 사용하셨기 때문입니다.

가룟 유다도 예수님의 제자였기 때문에 예수님을 배신하기 이전부터 예수님의 죽음과 부활, 그리고 회개의 효능에 대해서도 이미 들어 알고 있었을 것으로 짐작됩니다.

> 이때로부터 예수 그리스도께서 자기가 예루살렘에 올라가 장로들과 대제
> 사장들과 서기관들에게 많은 고난을 받고 죽임을 당하고 제삼일에 살아나
> 야 할 것을 제자들에게 비로소 나타내시니 (마 16:21)
> 나는 의인을 부르러 온 것이 아니요 죄인을 불러 회개시키러 왔노라 (눅
> 5:32)
> …나도 너를 정죄하지 아니하노니 가서 다시는 죄를 범하지 말라 하시니
> 라 (요 8:11)

가룟 유다는 왜 자살을 했을까

그런데 왜 가룟 유다는 예수님의 부활을 기다리지 못하고 자살을 선택했을까요?

첫째로는 예수님의 부활을 믿지 못했을 가능성이 있고,
두 번째로는 자신의 죄가 너무 커서 절대 용서받을 수 없다고 판단했을 수도 있습니다.

결국 예수님의 공생애를 같이 보낸 가룟 유다가 예수님의 부활과, 회개를 통한 구원을 믿지 못했다는 것이 가룟 유다에 대한 논란의 시발점이자 종지부가 아닐까 생각됩니다.

가룟 유다가 주는 교훈은 지금까지 어떠한 죄를 지었든, 얼마나 엄중한

죄를 지었든, 예수님의 보혈로 용서받을 수 있다는 믿음으로, 자복하고 회개하면서, 진정한 구원을 위한 노력이 삶 속에서 이루어질 수 있도록 하루하루 최선을 다하며 깨어 있어야 한다는 것이 아닐까 생각됩니다.

6.
방언을 못 하면 신앙심이 낮은 것인가?

방언에 대한 입장은 개신교 교파별로 차이가 있습니다. '성령세례의 확실한 증거'라고 보기도 하고, '선택적 은사'로 보기도 하며, '성화와는 무관'하다는 입장도 있습니다.

'성령세례의 확실한 증거'라는 입장에서는, 방언을 하는 것이 더 높은 신앙을 가지고 있다고 생각하는 사람도 있고, 그러다 보니 SNS 등에서는 방언을 하는 방법을 알려 주는 사람들도 있습니다.

"방언을 못 받으면 성령을 못 받은 것인가?",
"방언을 하는 사람과 못하는 사람이 신앙심에 차이가 있는가?",
"성경에는 방언에 대해 정확히 뭐라고 기록되어 있나?"라는 질문들이 생기게 됩니다.

성경에서의 방언

'방언'이란 단어는 성경에 모두 46회 등장합니다.

구약에는 12회 나오는 데 대부분 다른 언어를 뜻하고 있습니다.

> 그들의 자녀가 아스돗 방언을 절반쯤은 하여도 유다 방언은 못하니 그 하는 말이 각 족속의 방언이므로 (느 13:24)
>
> 이에 엘리아김과 셉나와 요아가 랍사게에게 이르되 우리가 아람 방언을 아오니 청하건대 그 방언으로 당신의 종들에게 말하고 성 위에 있는 백성이 듣는 데에서 우리에게 유다 방언으로 말하지 마소서 하니 (사 36:11)

신약에는 고린도전서 21회, 요한계시록 7회, 사도행전 5회, 마가복음 1회 등 모두 34회가 나오고 있습니다. 신약에도 다른 언어를 표현하기도 하지만, 보통 사람들이 알아듣지 못하는 신비한 언어 형태로, '성령이 주시는 은사의 하나'라는 의미로 사용되고 있습니다.

고린도전서에 '방언'이 집중 언급된 이유

그렇다면 왜 유독 고린도전서에만, 그것도 12장과 14장 사이에만 집중되어 방언이 언급된 이유가 무엇일까라는 질문이 추가로 생기게 됩니다.

고린도전서는 바울이 고린도 교회에 보낸 첫 번째 서신입니다. 서신을 쓰게 된 배경은 "고린도 교회 안에 분쟁이 있다(고전 1:11)"는 것이었습니다. 특히, 고린도전서 12장과 14장에는 방언·예언 등 은사의 유무로 신앙의 우열을 나누고, 이로 인해 분쟁하는 것에 대한 의견들이 기록되어 있습니다.

> 눈이 손더러 내가 너를 쓸 데가 없다 하거나 또한 머리가 발더러 내가 너를

쓸 데가 없다 하지 못하리라 (고전 12:21)

몸 가운데서 분쟁이 없고 오직 여러 지체가 서로 같이 돌보게 하셨느니라 (고전 12:25)

바울은 고린도전서를 통해 은사와 관련되어 다음과 같이 기록하고 있습니다.

① 사람마다 은사가 서로 다르고, 방언은 여러 은사 중의 하나일 뿐이다.

> 어떤 사람에게는 성령으로 말미암아 지혜의 말씀을, 어떤 사람에게는 같은 성령을 따라 지식의 말씀을, 다른 사람에게는 같은 성령으로 믿음을, 어떤 사람에게는 한 성령으로 병 고치는 은사를, 어떤 사람에게는 능력 행함을, 어떤 사람에게는 예언함을, 어떤 사람에게는 영들 분별함을, 다른 사람에게는 각종 방언 말함을, 어떤 사람에게는 방언들 통역함을 주시나니 이 모든 일은 같은 한 성령이 행하사 그의 뜻대로 각 사람에게 나누어 주시는 것이니라 (고전 12:8-11)

② 방언은 통역하는 자가 없으면 사용하지 말고, 개인 기도에 사용하는 것이 좋다.

> 방언을 말하는 자는 사람에게 하지 아니하고 하나님께 하나니 이는 알아듣는 자가 없고 영으로 비밀을 말함이라 (고전 14:2)
>
> 만일 통역하는 자가 없으면 교회에서는 잠잠하고 자기와 하나님께 말할

것이요 (고전 14:28)

③ 방언으로 말하는 것보다, 알아듣는 말을 하는 것이 좋다.

이와 같이 너희도 혀로써 알아 듣기 쉬운 말을 하지 아니하면 그 말하는 것을 어찌 알리요 이는 허공에다 말하는 것이라 (고전 14:9)
그러나 교회에서 내가 남을 가르치기 위하여 깨달은 마음으로 다섯 마디 말을 하는 것이 일만 마디 방언으로 말하는 것보다 나으니라 (고전 14:19)
그러므로 온 교회가 함께 모여 다 방언으로 말하면 알지 못하는 자들이나 믿지 아니하는 자들이 들어와서 너희를 미쳤다 하지 아니하겠느냐 (고전 14:23)

④ 방언은 가르치거나 배울 수 있는 것이 아니라 성령이 행하시는 것이다.

이 모든 일은 같은 한 성령이 행하사 그의 뜻대로 각 사람에게 나누어 주시는 것이니라 (고전 12:11)

⑤ 방언보다 사랑이 더 중요하다.

내가 사람의 방언과 천사의 말을 할지라도 사랑이 없으면 소리 나는 구리와 울리는 꽹과리가 되고 (고전 13:1)
사랑은 언제까지나 떨어지지 아니하되 예언도 폐하고 방언도 그치고 지식도 폐하리라 (고전 13:8)

⑥ 받은 은사로 교만하거나 자랑하지 마라.

> 형제들아 내가 너희를 위하여 이 일에 나와 아볼로를 들어서 본을 보였으니 이는 너희로 하여금 기록된 말씀 밖으로 넘어가지 말라 한 것을 우리에게서 배워 서로 대적하여 교만한 마음을 가지지 말게 하려 함이라 누가 너를 남달리 구별하였느냐 네게 있는 것 중에 받지 아니한 것이 무엇이냐 네가 받았은즉 어찌하여 받지 아니한 것 같이 자랑하느냐 (고전 4:6~7)

⑦ 성령의 열매에는 방언 같은 은사들은 포함되어 있지 않다.

> 오직 성령의 열매는 사랑과 희락과 화평과 오래 참음과 자비와 양선과 충성과 온유와 절제니 이 같은 것을 금지할 법이 없느니라 (갈 5:22~23)

하나님으로부터 은사를 받는다는 것은 축복임에 틀림이 없을 것입니다. 하지만 받은 은사를 자랑하거나, 그로 인해 교만해지거나, 다른 사람에게 은사를 가르치려 하는 것 등에 대해서는 주의가 필요합니다. 그렇게 성경이 가르치고 있기 때문입니다.

그리고 사람마다 받은 은사가 다르므로 방언을 하지 못하는 것에 대해, 신앙이 부족하다거나, 부끄럽다거나 그렇게 생각할 필요도 없습니다.

그저 디모데후서 4장 7절의 "나는 선한 싸움을 싸우고, 나의 달려갈 길을 마치고, 믿음을 지켰으니"라는 말씀처럼 자신의 믿음을 지키는 것이 중요할 것입니다.

7.
기독교는 분쟁과 분란의 종교인가?

신약성경에는 초기 교회 내에서 발생한 분쟁과 갈등 사례들이 여러 군데 등장합니다.

정경에 분쟁과 갈등 사례가 등장하다 보니 "기독교는 분쟁과 분란의 종교인가?"라는 질문이 생기게 됩니다.

신약의 분쟁 사례

신약성경에는 7건가량의 분쟁 사례가 등장합니다.

① **고린도 교회 내부의 분쟁 사례입니다.**
바울·아볼로·게바·그리스도파로 파벌 간 갈등이 생기고, 음행 사건을 방치하기도 하며, 교인 간 소송 사례도 생기고, 성만찬과 관련된 분쟁도 있었고, 받은 은사를 자랑하며 분쟁이 생기기도 했습니다.

> 내 형제들아 글로에의 집 편으로 너희에 대한 말이 내게 들리니 곧 너희 가운데 분쟁이 있다는 것이라 내가 이것을 말하거니와 너희가 각각 이르되 나는 바울에게, 나는 아볼로에게, 나는 게바에게, 나는 그리스도에게 속한

자라 한다는 것이니 (고전 1:11~12)

너희 중에 심지어 음행이 있다 함을 들으니 그런 음행은 이방인 중에서도 없는 것이라 누가 그 아버지의 아내를 취하였다 하는도다. 그리하고도 너희가 오히려 교만하여져서 어찌하여 통한히 여기지 아니하고 그 일 행한 자를 너희 중에서 쫓아내지 아니하였느냐 (고전 5:1~2)

형제가 형제와 더불어 고발할 뿐더러 믿지 아니하는 자들 앞에서 하느냐 (고전 6:6)

먼저 너희가 교회에 모일 때에 너희 중에 분쟁이 있다 함을 듣고 어느 정도 믿거니와 (고전 11:18)

몸 가운데서 분쟁이 없고 오직 여러 지체가 서로 같이 돌보게 하셨느니라 (고전 12:25)

② 바울과 베드로가 충돌하는 사건이 있었습니다.

안디옥 교회에서 베드로가 유대인들 앞에서 이방인들과의 식사를 피하자, 바울이 공개적으로 베드로를 책망한 사건입니다.

게바가 안디옥에 이르렀을 때에 책망 받을 일이 있기로 내가 그를 대면하여 책망하였노라 야고보에게서 온 어떤 이들이 이르기 전에 게바가 이방인과 함께 먹다가 그들이 오매 그가 할례자들을 두려워하여 떠나 물러가매 남은 유대인들도 그와 같이 외식하므로 바나바도 그들의 외식에 유혹되었느니라 그러므로 나는 그들이 복음의 진리를 따라 바르게 행하지 아니함을 보고 모든 자 앞에서 게바에게 이르되 네가 유대인으로서 이방인을 따르고 유대인답게 살지 아니하면서 어찌하여 억지로 이방인을 유대인

답게 살게 하려느냐 하였노라 (갈 2:11~14)

③ 선교여행을 앞두고 바울과 바나바가 갈라서기도 합니다.

> 바나바는 마가라 하는 요한도 데리고 가고자 하나 바울은 밤빌리아에서 자기들을 떠나 함께 일하러 가지 아니한 자를 데리고 가는 것이 옳지 않다 하여 서로 심히 다투어 피차 갈라서니… (행 15:37~39)

④ 율법과 이방인 구원 문제로 예루살렘에서 적지 않은 다툼도 일어나게 됩니다.

> 어떤 사람들이 유대로부터 내려와서 형제들을 가르치되 너희가 모세의 법대로 할례를 받지 아니하면 능히 구원을 받지 못하리라 하니 바울 및 바나바와 그들 사이에 적지 아니한 다툼과 변론이 일어난지라… (행 15:1~2)

⑤ 빌립보 교회에서는 여성 지도자인 유오디아와 순두게간에도 갈등이 발생합니다.

> 내가 유오디아를 권하고 순두게를 권하노니 주 안에서 같은 마음을 품으라…그 외에 나의 동역자들을 도우라 그 이름들이 생명책에 있느니라 (빌 4:2~3)

⑥ 데마는 바울을 떠났고, 바울은 디오드레베를 교회에서 내쫓기도 합니다.

> 데마는 이 세상을 사랑하여 나를 버리고…(딤후 4:10)
>
> …디오드레베가 우리를 맞아들이지 아니하니… 교회에서 내쫓는도다 (요삼 1:9~10)

⑦ 히브리서와 요한일서에도 불특정 다수와의 갈등이 있음을 암시하는 구절들이 있습니다.

> 모이기를 폐하는 어떤 사람들의 습관과 같이 하지 말고 오직 권하여 그 날이 가까움을 볼수록 더욱 그리하자 (히 10:25)
>
> 그들이 우리에게서 나갔으나 우리에게 속하지 아니하였나니 만일 우리에게 속하였더라면 우리와 함께 거하였으려니와 그들이 나간 것은 다 우리에게 속하지 아니함을 나타내려 함이니라 (요일 2:19)

분쟁의 발생 원인

초대교회는 유대교 출신 기독교인, 이방인 출신 기독교인, 헬라 문화권과 유대 문화권, 베드로 중심 공동체와 바울 중심 공동체 등 다양한 배경을 가진 사람들로 구성되어 있어, 초기 교회의 갈등은 신앙의 다양성을 반영한 자연스러운 현상이라고도 볼 수 있습니다.

하지만, 기독교가 '유일한 진리'를 주장하기 때문에, 교리 차이로 인한 갈등이 발생하기 쉽고, 분열이 구조적으로 더 빈번하게 일어나는 종교라는 것 역시 부정하기 어렵습니다. 실제로 바울, 아우구스티누스, 루터, 칼뱅 등은 기독교 신학을 체계화했지만, 그들의 이론은 다른 해석들을 배제하거나 정죄하는 논리를 강화하기도 하였기 때문입니다.

신약성경 속 분쟁의 마무리

여기에서 "신약성경의 분쟁과 분란 사례들은 어떻게 마무리되었을까?"라는 질문이 추가로 생기게 됩니다.

① 고린도 교회는 회개하였고 바울은 그로 인해 기뻐합니다.

> 내가 지금 기뻐함은 너희로 근심하게 한 까닭이 아니요 도리어 너희가 근심함으로 회개함에 이른 까닭이라 너희가 하나님의 뜻대로 근심하게 된 것은 우리에게서 아무 해도 받지 않게 하려 함이라 (고후 7:9)

② 베드로가 후에 바울을 '사랑하는 형제'로 부르는 것으로 보아, 서로 화해한 것으로 보입니다.

> 또 우리 주의 오래 참으심이 구원이 될 줄로 여기라 우리가 사랑하는 형제 바울도 그 받은 지혜대로 너희에게 이같이 썼고 (벧후 3:15)

③ 바울과 바나바의 관계 역시 회복된 것으로 주셨습니다.

두 사람이 갈라서게 된 원인이었던 마가를, 바울이 다시 부르고 유익하다고 칭찬하는 성경 구절이 있기 때문입니다.

> 누가만 나와 함께 있느니라 네가 올 때에 마가를 데리고 오라 그가 나의 일에 유익하니라 (딤후 4:11)

④ 율법과 이방인 구원 문제는 예루살렘 공의회를 통해, 갈등이 합의와 화해로 극복된 사례가 되었습니다.

> 사람을 택하여 우리 주 예수 그리스도의 이름을 위하여 생명을 아끼지 아니하는 자인 우리가 사랑하는 바나바와 바울과 함께 너희에게 보내기를 만장일치로 결정하였노라 (행 15:25)

그 외, 빌립보 교회 내의 유오디아와 순두게의 갈등, 쫓겨난 디오드레베, 히브리서와 요한일서의 불특정 다수와의 갈등 등에 대해서는 성경에 특별한 언급이 없어, 그 결과를 알기 어렵습니다.

분쟁과 분란을 대하는 기독교인의 자세

기독교는 진리, 구원, 교리 등에 대한 강한 확신을 가지고 있습니다. 그러다 보니 포용과 관용의 여지가 다른 종교에 비해 상대적으로 적은 것이 사실이고, 분열의 가능성이 항상 내재되어 있습니다.

그렇기 때문에 더 제대로 잘 믿어야 될 필요성이 있습니다. "나만 맞다"라는 오만이나 독선, "기독교가 태생부터 갈등 구조를 가지고 있다"라는 그릇된 해석, 특히 '선민 주의' 등을 경계해야 됩니다.

예수님의 가르침은 사랑, 용서, 겸손입니다.

그리고, 신약성경의 갈등 사례들을 보더라도, 모든 갈등 기록이 '분열'이 아니라, 공동체를 회복하려는 사도들의 간절한 노력과 권면으로 이어지고 있다는 점도 잊지 말아야 할 것입니다. 따라서, 참된 진리를 추구하면서도 사랑, 자비, 관용, 겸손의 열매를 맺기 위한 노력을 늦춰서는 안 될 것입니다.

> 거짓 선지자들을 삼가라 양의 옷을 입고 너희에게 나아오나 속에는 노략질하는 이리라 그들의 열매로 그들을 알지니 가시나무에서 포도를, 또는 엉겅퀴에서 무화과를 따겠느냐 이와 같이 좋은 나무마다 아름다운 열매를 맺고 못된 나무가 나쁜 열매를 맺나니 좋은 나무가 나쁜 열매를 맺을 수 없고 못된 나무가 아름다운 열매를 맺을 수 없느니라 아름다운 열매를 맺지 아니하는 나무마다 찍혀 불에 던져지느니라 이러므로 그들의 열매로 그들을 알리라 나더러 주여 주여 하는 자마다 다 천국에 들어갈 것이 아니요 다만 하늘에 계신 내 아버지의 뜻대로 행하는 자라야 들어가리라 (마 7:15~21)

8.
기독교는 권세에 복종하는 종교인가?

로마서 13장 1절에는 "각 사람은 위에 있는 권세들에게 복종하라. 권세는 하나님으로부터 나지 않음이 없나니 모든 권세는 다 하나님께서 정하신 바라"라고 기록되어 있습니다.

마틴 루터는 "세속 권력에 복종하라"는 그의 신학적 입장을 바탕으로 독일 농민전쟁(1524~1525)에서 농민들이 아닌 귀족과 통치자들의 편에 섰으며, 그 결과 약 10만여 명의 농민들이 진압 과정에서 희생당하기도 했습니다. 이후 루터의 국가 교회 체제는 독일 내에서 교회와 국가의 밀접한 결합을 강화했고, 1930년대 독일에서는 일부 루터파 교회와 '독일 기독교인 운동(Deutsche Christen)' 같은 교회 단체들이 히틀러 정권에 협력하는 모습을 보였습니다.

우리나라에서도 일제 강점기 신사참배에 대해 일부 목회자와 교회 지도자들이 로마서 13장을 인용하며 "국가 권위에 복종해야 한다"라고 주장하기도 하였고, 군사독재에 대해 일부 대형 교회와 지도자들이 "질서를 위해 권세에 순종해야 한다"라는 명분으로 침묵하기도 하였습니다.

그러다 보니 "기독교는 잘못된 권세에도 복종해야 되는 종교인가?"라는 질문이 생기게 됩니다.

예수님과 권력

예수님은 마태복음 22장 21절에서 "가이사의 것은 가이사에게, 하나님의 것은 하나님께 바치라 하시니"라며 권력의 상대성을 분명히 하셨습니다.

그리고, 당시 유대 사회의 권력 계층이라 할 수 있는 대제사장들과 바리새인들에게도 당당히 맞서셨습니다.

> 예수께서 성전에 들어가사 성전 안에서 매매하는 모든 사람들을 내쫓으시며 돈 바꾸는 사람들의 상과 비둘기 파는 사람들의 의자를 둘러 엎으시고 그들에게 이르시되 기록된 바 내 집은 기도하는 집이라 일컬음을 받으리라 하였거늘 너희는 강도의 소굴을 만드는도다 하시니라 (마 21:12~13) 화 있을진저 외식하는 서기관들과 바리새인들이여… 화 있을진저 눈 먼 인도자여… 어리석은 맹인들이여… 화 있을진저 외식하는 서기관들과 바리새인들이여 맹인된 인도자여… 너희가 선지자를 죽인 자의 자손임을 스스로 증명함이로다 (마 23:13~31)

권력에 맞선 성경 내 사례

예수님 외에도 성경에는 권력과 맞선 사례들이 여러 곳에 기록되어 있습니다.

① 히브리 산파들은 바로의 히브리 남자아이들을 죽이라는 명령을 하나님을 두려워하며 거부하였고, (출 1:17)
② 사드락, 메삭, 아베느고야는 느부갓네살의 금신상에 절하라는 명령을 거부하였습니다. (단 3:14)
③ 베드로는 복음을 전하지 말라는 대제사장들에게 '하나님께 순종하는 게 맞다'라며 항변하기도 하였습니다. (행 5:27~29)

그리고, 성경에는 가난한 자와 함께 하시고 정의와 공의를 강조하는 말씀들도 같이 기록되어 있습니다.

> 선행을 배우며 정의를 구하며 학대 받는 자를 도와 주며 고아를 위하여 신원하며 과부를 위하여 변호하라 하셨느니라 (사 1:17)
> 주의 성령이 내게 임하셨으니 이는 가난한 자에게 복음을 전하게 하시려고 내게 기름을 부으시고 나를 보내사 포로 된 자에게 자유를, 눈 먼 자에게 다시 보게 함을 전파하며 눌린 자를 자유롭게 하고 (눅 4:18)
> 오직 정의를 물 같이, 공의를 마르지 않는 강같이 흐르게 할지어다 (암 5:24)

권세에 복종하라는 이유

그렇다면, "바울이 자신의 임의대로 로마서 13장 1절을 기록했다는 것인가?"라는 새로운 질문이 생기게 됩니다. 바울은 디도서에서도 '권세 잡은 자들에게 복종하라'라고 중복하여 가르치고 있습니다.

> 너는 그들로 하여금 통치자들과 권세 잡은 자들에게 복종하며 순종하며 모든 선한 일 행하기를 준비하게 하며 (딛 3:1)

하지만, 성경에는 바벨론 포로기 당시 이방 정권 아래에서도 그 나라의 평화를 위해 기도하고 그 질서 안에서 살아가라는 권고도 있었고, 베드로도 바울과 유사하게 '인간의 제도', 즉 정부나 제도 질서에 순종할 것을 권면하고 있어, 바울이 '권세에 복종하라'는 말을 임의적으로 기록했다고 보기에는 어려움이 있습니다.

> 너희는 내가 사로잡혀 가게 한 그 성읍의 평안을 구하고 그를 위하여 여호와께 기도하라 이는 그 성읍이 평안함으로 너희도 평안할 것임이라 (렘 29:7)
>
> 인간의 모든 제도를 주를 위하여 순종하되 혹은 위에 있는 왕이나 혹은 그가 악행하는 자를 징벌하고 선행하는 자를 포상하기 위하여 보낸 총독에게 하라 (벧전 2:13~14)

그렇다면, 왜? 언제? 바울이 '권세에 복종'하라는 말을 사용하였는지 그 배경을 살펴볼 필요가 있습니다.

로마서 13장이 쓰인 시기는 AD 56~58년경 바울이 고린도에서 로마로 서신을 보낸 시점으로, 이때 로마 황제는 네로(Nero, 재위: AD 54~68)였습니다. 네로의 기독교 박해가 시작되기 전이었기 때문에 '질서'와 '공공의 안정'에 대한 기대가 있었던 시기였던 것 같습니다.

그러므로, 바울은 성도들에게 불필요한 행동을 해서 박해가 시작되는 일이 없도록 조심하라는 의미로 이 말을 했다고 보는 것이 일반적인 견해입니다. 실제로 성경은 재앙을 보면 피하라고 말하고 있습니다.

> 슬기로운 자는 재앙을 보면 숨어 피하여도 어리석은 자는 나가다가 해를 받느니라 (잠 22:3)
>
> 이 동네에서 너희를 박해하거든 저 동네로 피하라… (마 10:23)

디도서는 AD 63~65년경, 바울이 1차 로마 투옥 이후 풀러나 그레데 섬에 있는 젊은 목회자 디도에게 목회적 조언을 보낸 것이라는 의견과, 바울 사후에 바울의 이름으로 쓰인 목회서신이라는 의견이 있습니다.

당시 크레타 섬(그레데)은 로마 제국의 일부였고, 질서와 복종은 로마의 덕목이자 종교적 긴장을 피하기 위한 수단이기도 하였습니다. 그래서 디도서는 교회 내부의 질서, 가정 윤리, 시민 생활에서의 품위와 본보기 등을 강조하고 있고, 이에 따라 "기독교인이 사회적으로 모범이 되어야 한다"라는 윤리적 권면의 성격을 보이고 있습니다.

디도서 3장 1절의 말씀은 교회가 불필요한 오해나 반감을 사지 않도록 '순종과 선행'으로 하나님을 증거하라는 목회적 배려가 담겨 있다는 것입니다.

따라서, "권세에 복종하라"는 말씀은 복음의 자유와 정의를 위한 전제 조건이지, 어떤 권력에도 무조건 굴복하라는 의미가 아닌 것입니다. 기독교인은 하나님의 공의와 진리에 따라 권세를 분별하고 비판할 책임이 있기 때문입니다.

예수님도 당대 권력자들과 충돌하며 십자가에 달리셨고, "권세에 복종하라"던 바울조차도 불의한 권력에 저항하다가 순교하였습니다.

따라서, '권세에 대한 복종'은 하나님의 절대적인 명령이 아니라, 상황적인 지혜였다는 것이고, 만일 권세가 심각하게 하나님의 뜻을 대적할 때는 복종하지 않는 것도 신앙인의 책임일 수 있음을 성경은 말해 주고 있는 것입니다.

9.
요한계시록은 이단이 생기는 원인인가?

요한계시록은 너무 어렵고 복잡합니다. 종말론도 이야기하다 보니 무섭고 공포스럽기까지 합니다. 그래서 자의적인 해석도 많고, 공포심을 이용하는 경우도 많이 있습니다. 그러다 보니, 여러 이단이 생기는 원인이 되기도 합니다.

"어떻게 이런 경전이 성경에 포함되게 된 거지?",
"예수님 오실 때 144,000명만 천국에 갈 수 있는 거야?",
"잃어버린 10개 지파가 다시 회복된다는 거야?"라는 등의 많은 질문이 생기게 됩니다.

요한계시록의 의의

요한계시록은 사도 요한이 기록한 신약성경의 유일한 예언서로, '하나님의 궁극적인 승리', '새 하늘과 새 땅에 대한 소망', 그리고 '구약과 신약의 예언 성취' 등을 담고 있어 그 중요성이 높다고 볼 수 있습니다.

> 주 예수의 은혜가 모든 자들에게 있을지어다 아멘 (계 22:21)
> 또 내가 새 하늘과 새 땅을 보니 처음 하늘과 처음 땅이 없어졌고 바다도

다시 있지 않더라 (계 21:1)

이외에도 이사야·에스겔·다니엘·스가랴 등의 구약에서의 예언과, 마태복음 24장 등에서 예수님이 말씀하신 심판, 메시아 왕국, 새 예루살렘, 천년왕국, 최후의 승리 등의 마무리가 요한계시록에 기록되어 있습니다.

요한계시록에 대한 접근 방법

가톨릭에서는 요한계시록에 '복이 있으라'는 말이 일곱 번이나 언급[6]되었다는 점에 주목하여, 요한계시록을 '재앙의 책'이 아니라 '행복의 책', '희망의 책'으로 보기도 합니다. 하나님과 맞서 대적하려는 이들에게는 이 책의 내용이 심판처럼 느껴지겠지만 하나님을 충실히 섬기는 이들에게는 이 책이 위로와 축복의 말씀이 된다는 것입니다. 요한계시록이 교회의 최후 승리의 상징과 새하늘과 새땅이라는 희망적 메시지를 신앙 공동체에게 주기 위함입니다.

개신교에서는 사람마다 성경을 자유롭게 해석하려는 경향이 있다 보니, 요한계시록에 대한 개신교의 통일된 해석은 없습니다. 다만, 해석 방식과 관련해서는 크게 미래주의 해석, 역사주의 해석, 상징주의 해석, 과거 주의 해석 등 네 가지가 있습니다.

---

6) 계시록 중 '복'이 들어간 구절 : 계 1:3, 계 14:13, 계 16:15, 계 19:9, 계 20:6, 계 22:7, 계 22:14

[표. 요한계시록에 대한 해석 방식]

해석 방식	내용	주요 특징	분류
미래주의 (Futurist)	계시록은 미래의 내용을 예언한 것으로, 앞으로 실현될 것	• 7년 대환란, 적그리스도, 휴거, 천년왕국 등을 강조 • 계시록을 문자적으로 해석	복음주의 근본주의
과거주의 (Preterist)	계시록 내용의 대부분이 로마제국 시대에 이미 실현됨	• '짐승', '666'은 네로 • '대환란'은 예루살렘 멸망 등 → 계시록 예언이 로마박해로 완성되었다고 해석	자유주의
역사주의 (Historicist)	계시록 내용이 교회 역사와 함께 점진적으로 실현	• 중세 시대의 교황을 적그리스도로 해석하는 등 • 계시록을 역사적 사건과 연결	종교개혁 시대, 현재는 소수의견
상징주의 (Idealist)	실제 사건이 아니라 영적 싸움을 상징적으로 표현	• 상징과 비유 중심 • 계시록 내용이 반복되는 패턴을 가짐	개혁주의

144,000명과 12지파

요한계시록 7장 4절에서 8절에는 이스라엘 12지파에서 각 12,000명씩 모두 144,000명이 인침을 받는 모습이 기록되어 있습니다. 그리고 이를 근거로 일부에서는 인침을 받은 "144,000명만 천국에 간다"라고 주장하기도 합니다.

하지만 성경에는 "저를 믿는 자마다 멸망하지 않고 영생을 얻게 하려 하심(요 3:16)"이라고 명확히 기록하고 있습니다. 그리고, 요한계시록 7장 9

절에도 "아무도 능히 셀 수 없는 큰 무리가 나와"라는 말이 분명히 기록되어 있어, 인침을 받은 144,000명 외에도 셀 수 없는 큰 무리가 같이 구원을 받는다는 것을 알 수 있습니다.

> 이 일 후에 내가 보니 각 나라와 족속과 백성과 방언에서 아무도 능히 셀 수 없는 큰 무리가 나와… 보좌 앞과 어린 양 앞에 서서 (계 7:9)

그리고, 요한계시록 7장에 언급된 12지파[7]는 구약에 있는 전통적 12지파[8]와 달리 '단 지파'가 빠져 있고 요셉의 아들 중 하나인 '므낫세 지파'가 포함되어 있습니다.

따라서, 12지파가 가나안 땅을 배분받았듯이, 세계 여러 곳에 흩어져 있던 성도들을 예수님이 부르신다는 상징적인 표현이 아닐까라는 추측을 조심스럽게 해 보게 됩니다.

> 곧 육신의 자녀가 하나님의 자녀가 아니요 오직 약속의 자녀가 씨로 여기심을 받느니라 (롬 9:8)
> 너희가 다 믿음으로 말미암아 그리스도 예수 안에서 하나님의 아들이 되었으니 누구든지 그리스도와 합하기 위하여 세례를 받은 자는 그리스도로 옷 입었느니라 너희는 유대인이나 헬라인이나 종이나 자유인이나 남자나

---

7) 계시록 : 유다, 르우벤, 갓, 아셀, 납달리, 므낫세, 시므온, 레위, 잇사갈, 스불론, 요셉, 베냐민 (계 7장)
8) 전통적 기준 : 르우벤, 시므온, 레위, 유다, 스불론, 잇사갈, 단, 갓, 아셀, 납달리, 요셉, 베냐민 (상세설명)

여자나 다 그리스도 예수 안에서 하나이니라 너희가 그리스도의 것이면 곧 아브라함의 자손이요 약속대로 유업을 이을 자니라 (갈 3:26~29)

주의가 필요한 요한계시록

요한계시록은 많이 난해합니다. '장님 코끼리 만지기' 되기 십상입니다. 그러다 보니, 극단적·문자적·인위적 해석으로 이단이 발생하는 경우도 많이 있습니다. 이단은 자신만이 요한계시록을 올바르게 해석할 수 있다고 하거나, 종말론을 강조하거나, 자신을 재림 예수·보혜사 성령·두 증인·백마 탄 자 등이라고 주장하는 경우가 많습니다.

그래서 요한계시록은 경계하고 주의하면서 읽어야 합니다. 요한계시록을 기록한 사도 요한도 요한계시록의 말씀에 "절대 더하거나 제하지 마라"고 강조하고 있는 이유도 바로 그것이 아닐까 생각됩니다.

> 내가 이 두루마리의 예언의 말씀을 듣는 모든 사람에게 증언하노니 만일 누구든지 이것들 외에 더하면 하나님이 이 두루마리에 기록된 재앙들을 그에게 더하실 것이요, 만일 누구든지 이 두루마리의 예언의 말씀에서 제하여 버리면 하나님이 이 두루마리에 기록된 생명나무와 및 거룩한 성에 참여함을 제하여 버리시리라 (계 22:18~19)

이러한 이유로 로마서 10장 9절부터 10절에 기록된 "네가 만일 네 입으로 예수를 주로 시인하며 또 하나님께서 그를 죽은 자 가운데서 살리신 것을 네 마음에 믿으면 구원을 받으리라 사람이 마음으로 믿어 의에 이르고 입으로 시인하여 구원에 이르느니라"라는 말씀을 붙잡고, 요한계시록을 구원의 계시로 받아들이는 것도 하나의 방법이 아닐까 생각해 보게 됩니다.

10.
보혜사와 성령은 동일한 존재인가?

보혜사는 대언자, 변호사, 중재자, 협조자, 대변자라는 뜻이며, 그리스어 파라클레토스(παράκλητος, paraklētos)가 한자 보혜사(保惠師, bǎohuìshī)로 의역된 것입니다.

보혜사란 단어는 신약성경 전체에서 요한이 쓴 요한복음과 요한일서에만 모두 5차례 등장[9]하고 있습니다.

예수님은 요한복음 14:16, 14:26, 15:26, 16:7에서, '또 다른 보혜사'를 보내어 제자들과 영원히 함께하게 하시겠다고 약속하시었고, 보혜사는 진리를 가르치고, 예수님의 말씀을 기억나게 하며, 예수님을 증언하시는 분으로 묘사되어 있습니다. 그러므로 예수님은 "내가 떠나는 것이 너희에게 유익하다"라고 말씀하기도 하셨습니다.

요한은 요한일서 2장 1절과 2절에서, "우리가 죄를 범하지 않도록 권면하며, 설령 죄를 범하더라도 하나님 앞에서 우리를 위한 '대언자(보혜사)', 곧 의로우신 예수 그리스도께서 우리 죄를 위한 화목제물이 되셨다"고 증

---

9) 요한복음 14:16, 14:26, 15:26, 16:7에 등장하는 '보혜사'와 요한일서 2:1에 나오는 '대언자'는 모두 동일한 헬라어 단어, παράκλητος (paraklētos)에서 유래한 표현입니다.

언하고 있습니다.

그렇다면 "또 다른 보혜사는 무엇?"이고, "보혜사와 성령은 동일한 존재인가? 아니면 다른 존재인가?"라는 질문이 생기게 됩니다.

보혜사와 예수님, 그리고 성령

요한복음은 예수님의 신성과, 그를 믿음으로 얻는 영원한 생명을 강조하기 때문에, 다른 복음서에 비해 "하나님이 예수님을 보내셨다[10]"라는 표현이 훨씬 더 자주 등장하는데, 이는 요한복음이 독특한 파견 신학(mission theology)[11]을 보여 주는 데 기인합니다.

'보낸다'는 표현은 구약에서는 하나님께서 선지자를 보내시는 행위로, 신약에서는 하나님이 성자 예수 그리스도를, 그리고 성령을 보내시는 행위로 사용되며, 예수님 또한 제자들을 세상으로 보내시며 동일한 구조를 이어 가고 계십니다.

---

10) 하나님이 예수님을 보내셨다는 관련 성경 구절: 요 3:17, 요 5:36, 요 6:38, 요 7:28~29, 요 8:42, 요 10:36, 요 17:18, 요 20:21, 갈 4:4, 롬 8:3, 요일 4:9~10
11) 파견 신학(Missional Theology): 하나님이 구원 계획을 이루어 가시는 방식이 '보냄'이라는 구조를 통해 이루어졌음을 인식하고, 그 구조 속에 삼위일체, 구속사, 교회, 선교의 본질이 연결되어 있음을 보여 주는 신학

따라서 '보낸다'는 단어는 단순한 위치 이동이 아니라, 하나님이 뜻을 따라 사명을 위임하는 거룩한 파견 행위이며, 삼위 하나님의 구속사 안에서 질서와 사명을 나타내는 신적 언어로 이해할 수 있습니다.

요한복음 14:16에서 예수님이 '또 다른 보혜사'를 약속하셨다는 것은, 예수님 자신이 먼저 '보혜사'로서의 사역을 감당하셨음을 전제로 합니다. 실제로 요한일서 2장 1절은 예수 그리스도를 '대언자(보혜사)'로 명시하고 있습니다. 따라서 성령을 '또 다른 보혜사'라 부르신 예수님의 말씀은, 자신이 '첫 번째 보혜사'임을 자칭하신 것으로 이해할 수 있습니다.

따라서, '보혜사'라는 명칭은 특정한 '존재'를 가리키는 고유 이름이라기보다는, 하나님의 뜻을 따라 사람들을 위로하고 가르치며 인도하는 인격적 사역을 수행하는 분에게 적용되는 '역할적 기능'을 상징하는 명칭으로 볼 수 있을 것 같습니다.

예수님의 공생애 동안에는 예수님이 제자 곁에서 진리를 가르치고 보호하셨기에 '보혜사'의 사역을 감당하셨고, 예수님이 승천하신 이후에는 성령께서 '또 다른 보혜사'로서 예수님을 대신하여 믿는 자들 안에 거하시며 동일한 사역을 이어 가고 계신 것입니다.

보혜사가 예수님의 대언자라는 주장

일부 단체에서는 요한복음 14장과 15장에 나오는 '보혜사'를 단순히 성령으로 이해하지 않고, 말세에 예수님의 약속을 받아 파견된 특정 인간을 가리키는 것이라고 주장하고 있습니다. 이들은 "성령이 사람 안에 들어가 역사하신다면, 성령과 함께하는 그 사람 자체가 보혜사가 될 수 있다"라는 식의 논리를 전개하며, 자신들이 '예수님의 대언자'로 선택받은 존재라고 강조하고 있습니다.

특히, 이런 주장 속에서 보혜사는 말세에 등장하여 예수님의 새 언약을 가르치고, 요한계시록의 예언을 해석하며, 144,000명의 구원받을 무리를 인도하는 특별한 지도자로 해석하기도 합니다. 하지만 이러한 주장은 성경적으로는 전혀 근거가 없습니다.

왜냐하면 성경은 보혜사를 삼위일체 하나님의 제3위이신 성령 하나님으로 명확히 가리키고 있기 때문입니다. 요한복음 14장 26절에 "보혜사 곧 아버지께서 내 이름으로 보내실 성령"이라고 정확히 기록되어 있으며, 이는 성령이 인격적인 하나님이시며, 믿는 자 안에 내주하셔서 예수님의 말씀을 가르치고 생각나게 하시는 분이라는 것을 말해 주고 있습니다.

그렇다면 "예수님도 보혜사라는 표현(요한일서 2:1)은 성령 보혜사와 상충되는 것일까요?"

결코 그렇지 않습니다. '보혜사'는 앞에서도 언급했던 것처럼, 도우시고, 위로하시고, 가르치시는 인격적 사역을 수행하는 존재에게 주어지는 '역할명(Title)'이기 때문입니다.

예수님의 공생애 동안, 그분은 제자들과 함께 거하시며 진리를 가르치고 보호하셨습니다. 이후 예수님이 승천하신 후에는, 성령이 '또 다른 보혜사'로서 동일한 사역을 제자들 안에서 계속해 나가고 계시는 것입니다.

따라서 보혜사를 '예수님의 대언자로서 말세에 등장하는 인간 인물'로 해석하는 것은 성경 본문과 삼위일체 교리에 모두 어긋나는 주장인 것입니다. 보혜사는 곧 성령 하나님이시며, 예수님께서 승천하신 후에도 믿는 자들과 함께 하시기 위해 보내신 인격적인 하나님의 현존이신 것입니다.

그리고, 다시 말씀드리지만 요한계시록은 참으로 난해합니다. 그러다 보니 '장님 코끼리 만지기' 되기가 쉽고, 극단적·문자적·인위적 해석으로 이단이 발생하는 경우도 허다합니다.

이단은 자신만이 요한계시록을 올바르게 해석할 수 있다고 하거나, 종말론을 강조하거나, 자신을 재림 예수·보혜사·두 증인·백마 탄 자 등이라고 주장하는 경우가 많습니다.

늘 깨어 기도하며, 진리를 가르치시고, 예수님의 말씀을 기억나게 하시며, 예수님을 증언하시는 보혜사 성령님의 역사를 늘 붙잡아야 하겠습니다.

11.
니골라당이 왜 생기게 되었는가?

교회 안을 돌아보다 보면, 직분이 높거나 오래 다닌 분들 중에도 교회를 다니지 않는 사람보다 더 이기적이고, 더 오만해 보이는 분들이 가끔 계십니다. 그분들은 '구원의 확신'을 가지고 있다고 말씀하시지만, 말과 행동에서는 예수님의 사랑과 자비, 희생의 모습이 잘 드러나지 않기도 하고, 오히려 남을 정죄하고, 자기 의로 다른 사람을 판단하려는 태도를 보이기도 하십니다.

혹시 이런 태도가 '니골라당'으로 이어지는 것은 아닐까 하는 우려가 생기기도 합니다. 요한계시록 2장에 등장하는 '니골라당'에 대해 예수님은 "그들의 행위를 나도 미워하노라"라고 말씀하고 계십니다.

"삶은 따르지 않으면서도, 구원의 확신을 가지는 사람들은 왜 생겨나는 것일까?",
"기독교의 믿음으로 의롭게 된다는 이신칭의의 교리가 오용되고 있는 것은 아닐까?"라는 질문들을 해 보게 됩니다.

오용된 구원과 복음

니골라당은 "하나님의 은혜를 받았으니 이제는 자유다"라는 주장을 가지고 음행과 우상 숭배까지도 허용했습니다. 이것은 믿음의 자유를 죄짓는 자유로 오용한 것이며, 성경은 이것을 단호히 "미워하노라(계 2:6)"라고 말씀하고 계십니다. 즉, 믿음만 있고 변화 없는 삶은 진짜 믿음이 아니라는 것이 성경의 입장인 것입니다.

결국 문제는 기독교 교리 자체에 있는 것이 아니라, 그 교리를 잘못 이해하고 오용하는 인간의 교만과 왜곡에 있습니다. 교리의 본래 의미는 "믿음으로 의롭다 하되, 그 믿음은 반드시 삶으로 드러난다"라는 것인데, 이것이 "믿기만 하면 아무렇게나 살아도 된다"라는 식으로 변질될 때 니골라당 같은 현상이 생긴다는 것입니다.

'믿기만 하면 구원'이라는 교리가 "한 번 기도하고 확신했으니 난 끝났어"라는 신앙적 나태로 변질되기도 하고, 성경은 믿음과 회개를 같이 가르치는데, 믿음만 강조하고 회개와 성화를 무시하는 경우에 발생하기도 합니다.

그리고, 지식만 있고 삶이 없는 신앙은, 신앙이 관념화되고 교리 시험에 합격하듯 믿음을 이해하는 데 그치게도 할 수 있습니다.

성경도 이런 문제를 예언하고 "주여 주여 하는 자가 아니라 아버지의 뜻대로 행하는 자라야 들어가리라(마 7:21)", "그들이 행위로는 부인하니 가

중한 자, 복종하지 아니하는 자, 선한 일을 버리는 자니라(딛 1:16)", "행함이 없는 믿음은 죽은 것(약 2:17)"이라고 경고하고 있습니다.

바울도 믿음은 행동으로 나타나야 한다고 가르쳤으며, 죄를 계속 지어도 괜찮다는 주장을 비판했습니다. 마틴 루터 역시 "진짜 믿음은 결코 혼자 있지 않다. 반드시 선한 행위와 함께 간다"라고 강조한 바 있습니다.

결국 기독교 교리 때문이 아니라, 하나님 앞에서의 자기 성찰을 거부하고, 신앙을 자기만족의 도구로 전락시킨 인간의 죄성 때문에 '니골라당'이 생기게 된 것입니다.

회개가 면죄부?

어떤 이들은 다른 사람에게 상처를 주거나 죄를 지은 후에도, "어차피 인간은 죄인이니까, 나중에 회개하면 되지"라고 가볍게 여기는 경향이 있습니다. 회개를 하나님의 은혜에 대한 진실한 반응이 아니라, 일종의 면죄부나, 죄를 지은 후 행하는 하나의 정리 수단처럼 사용하는 것입니다.

이처럼 죄에 대해 진지하게 싸우지 않고, 반복적인 죄를 가볍게 넘기려는 태도는 성경이 경고한 니골라당의 모습과 유사한 '영적 왜곡'이라 볼 수 있습니다.

회개를 일종의 면죄부처럼 여기는 태도에 대해 성경은 "은혜를 방탕한 것으로 바꾸는 자들(유 1:4)", "은혜를 더하게 하려고 죄에 거하겠느냐(롬 6:1)", "속이지 말라, 하나님은 업신여김을 받지 아니하시나니(갈 6:7)"라고 말씀하시면서 강하게 경고하고 계십니다.

회개의 본래 의미는 단순히 '용서를 비는 것'이 아니라, '생각과 삶의 방향이 근본적으로 바뀌는 것'을 의미합니다. 그러므로, 진정한 회개는 단순한 후회나 감정이 아니라, 죄를 미워하고, 끊어 내려고 결단하며, 다시는 반복하지 않으려는 실질적 변화의 시작 등을 의미하는 것입니다.

그런데 어떤 분들은 '눈물 몇 방울 흘리면 끝나는 것'처럼 가볍게 여기기도 합니다. 이것이 바로 진짜 교리의 오용으로 볼 수 있습니다. 성경은 용서를 약속하면서도, 죄에 대해 싸우지 않는 자들은 참된 믿음이 아니라고 말하고 있습니다.

> 죄를 짓는 자마다 불법을 행하나니 죄는 불법이라 (요일 3:4)
> 하나님께로부터 난 자마다 죄를 짓지 아니하나니 이는 하나님의 씨가 그의 속에 거함이요 그도 범죄하지 못하는 것은 하나님께로부터 났음이라 (요일 3:9)

회개란 죄를 용인하는 도구가 아니라, 죄를 미워하고 끊으려는 싸움의 시작인 것입니다.

구원의 지속성?

성경은 구원이 단순한 과거 사건으로 끝나는 것이 아니라, 지속적으로 믿음 안에 거하고 성령의 열매로 나타나야 한다고 강조합니다.

그렇기 때문에 성경에서는 "자신을 시험하라(고후 13:5)", "두렵고 떨림으로 너희 구원을 이루라(빌 2:12)", "믿음에 거하고(골 1:23)"라는 말로 늘 깨어 있으라고 권면하고 있습니다.

믿음의 결과로 구원받은 사람은 끝까지 믿음을 지키게 됩니다. 그러나 믿음을 버리는 사람은 애초에 진짜 구원받은 것이 아닐 수도 있습니다. 구원은 보장받으려는 대상이 아니라, 매일 감격하며 살아 내야 할 관계이기 때문입니다.

하나님은 우리를 단순히 '살려만 주시는 분'이 아니라, '함께 거룩하게 살아가자고 부르시는 분'이십니다.

혹시 내 안에도 '니골라당'과 닮은 모습이 자라고 있지는 않은지, 복음의 본래 뜻을 내가 바르게 이해하고 살아가고 있는지, 겸손히 돌아보며 함께 믿음의 길을 걸어가기를 소망합니다.

12.
기독교는 고난과 고통의 종교인가?

예수님의 공생애는 가난한 자들, 병든 자들, 소외된 자들과 함께 하시는 삶이었고, 십자가라는 극한의 고통으로 마무리를 하고 계십니다. 그렇기 때문에 예수님의 삶 자체가 고난의 길이었다고 볼 수 있을 것 같습니다. 그리고, 성경은 기독교인들이 겪을 수 있는 고난에 대해서 말씀하고 계십니다.

> 생명으로 인도하는 문은 좁고 길이 협착하여 찾는 자가 적음이라 (마 7:14)
>
> 이에 예수께서 제자들에게 이르시되 누구든지 나를 따라오려거든 자기를 부인하고 자기 십자가를 지고 나를 따를 것이니라 (마 16:24)
>
> 무릇 그리스도 예수 안에서 경건하게 살고자 하는 자는 박해를 받으리라 (딤후 3:12)

바울 역시 "내가 그리스도와 그 부활의 권능과 그 고난에 참여함을 알고자 하여 그의 죽으심을 본받아(빌 3:10)"라고 말했고, 독일 신학자 디트리히 본회퍼는 『옥중서간』(Widerstand und Ergebung)에서 "고난 당하시는 하나님만이 우리를 도우실 수 있다"라고 말하기도 하였습니다.

그러다 보니, 실제로 기독교 수도원의 고행 전통이 존재하기도 하였습니다. 안토니우스 대성인(St. Anthony the Great)은 이집트 사막에서 금욕 생활을 하였고, 시리아의 시메온(Simeon Stylites)은 수십 년간 기둥 위에서 고행하였고, 베네딕트회, 카르투시오회, 트라피스트회 등은 절제와 금욕, 침묵의 삶을 실천하였습니다.

그렇다면 "기독교는 고난과 고통의 종교인가?", "기독교인은 행복해지면 안 되는가?"라는 질문이 생기게 됩니다.

성경과 고난

성경은 고난을 '좋아하라'거나 '고행하라'고 가르치지 않고 있습니다. 그리고, '고난을 의무'로 강요하지도 않고 있습니다.

바울은 당시 교회에 스며들었던 금욕주의적 경건주의, 고행주의를 비판하였습니다.

> 이런 것들은 자의적 숭배와 겸손과 몸을 괴롭게 하는 데는 지혜 있는 모양이나 오직 육체 따르는 것을 금하는 데는 조금도 유익이 없느니라 (골 2:23)

도리어, 하나님은 그의 백성이 평안하고 복되기를 원하고 계십니다.

> 네가 네 하나님 여호와의 말씀을 청종하면 이 모든 복이 네게 임하며 네게 이르리니 (신 28:2)
>
> 여호와를 경외하며 그의 길을 걷는 자마다 복이 있도다 (시 128:1)
>
> 사람마다 먹고 마시는 것과 수고함으로 낙을 누리는 그것이 하나님의 선물인 줄도 또한 알았도다 (전 3:13)
>
> …내가 온 것은 양으로 생명을 얻게 하고 더 풍성히 얻게 하려는 것이라 (요 10:10)

그러나, 사람이 살면서 늘 행복하기만 하고 좋은 일만 있을 수는 없을 것입니다. 고난이나 고통은 언제든지 생길 수 있기 때문입니다. 그러나, 기독교는 고난이나 고통을 미화하거나 찬양하지 않고 있습니다. 도리어 고난은 피할 수 있다면 피해야 한다고 가르치고 있습니다.

> 슬기로운 자는 재앙을 보면 숨어 피하여도 어리석은 자는 나가다가 해를 받느니라 (잠 22:3)

예수님도 "이 잔을 내게 지나가게 하옵소서(마 26:39)"라고 기도하기도 하셨고, 바울도 유대인들로부터 죽임을 당할 위기에 처했을 때 바구니를 타고 도망가기도 하였으며(행 9:25), 로마 시민권을 이용해 불법적인 매질을 피하기도 하였습니다(행22~23장).

부활의 기쁨과 환희

하지만 기독교에 있어 가장 중요한 것은, 예수님이 받으셨던 고난과 고통이, 예수님의 부활을 통해 기쁨과 환희로 바뀌었다는 것입니다.

> 내가 진실로 진실로 너희에게 이르노니 너희는 곡하고 애통하겠으나 세상은 기뻐하리라 너희는 근심하겠으나 너희 근심이 도리어 기쁨이 되리라 (요 16:20)
> 이 말씀을 하시고 손과 옆구리를 보이시니 제자들이 주를 보고 기뻐하더라 (요 20:20)
> 예수를 너희가 보지 못하였으나 사랑하는도다 이제도 보지 못하나 믿고 말할 수 없는 영광스러운 즐거움으로 기뻐하니 (벧전 1:8)
> 우리 주 예수 그리스도로 말미암아 우리에게 승리를 주시는 하나님께 감사하노니 (고전 15:57)

따라서, 기독교인들은 고난에 묶여 있는 사람들이 아니라, 고난을 넘어선 소망을 가진 사람들인 것입니다. 더 나아가 고난 속에서도 그리스도의 부활과 회복의 약속을 붙드는 사람들인 것입니다.

> 다만 이뿐 아니라 우리가 환난 중에도 즐거워하나니 이는 환난은 인내를, 인내는 연단을, 연단은 소망을 이루는 줄 앎이로다 (롬 5:3~4)

그렇기 때문에 고난에 처했을 때 수동적으로 버티는 것이 아니라, 적극적인 믿음으로 맞서 싸워야 하는 것입니다.

> 악에게 지지 말고 선으로 악을 이기라. (롬 12:21)
>
> 이러므로 우리에게 구름 같이 둘러싼 허다한 증인들이 있으니 모든 무거운 것과 얽매이기 쉬운 죄를 벗어 버리고 인내로써 우리 앞에 당한 경주를 하며 믿음의 주요 또 온전하게 하시는 이인 예수를 바라보자 그는 그 앞에 있는 기쁨을 위하여 십자가를 참으사 부끄러움을 개의치 아니하시더니 하나님 보좌 우편에 앉으셨느니라 (히 12:1~2)

고난에 처했을 때

고난에 처했을 때 목사님들은 기도로 하나님께 부르짖고, 고난의 의미를 묻고, 공동체와 함께하며, 말씀을 붙들고, 소망을 바라보라고 가르쳐 주십니다.

> 의인이 부르짖으매 여호와께서 들으시고 그들의 모든 환난에서 건지셨도다 (시 34:17)
>
> 이 말씀은 나의 고난 중에 위로라 주의 말씀이 나를 살리셨기 때문이니이다 (시 119:50)
>
> 고난 당한 것이 내게 유익이라 이로 말미암아 내가 주의 율례들을 배우게 되었나이다 (시 119:71)
>
> 너희가 짐을 서로 지라 그리하여 그리스도의 법을 성취하라 (갈 6:2)

> 생각하건대 현재의 고난은 장차 우리에게 나타날 영광과 비교할 수 없도다 (롬 8:18)

그런데, 아무런 노력 없이 "목사님 말씀대로만 하면 되는 것인가?"라는 질문이 생기게 됩니다.

여기에 대해 성경은 목사님의 말씀에 더해 기도와 믿음을 바탕으로, 인간의 책임과 노력을 병행해야 한다고 가르치고 계십니다.

① 하나님은 "네 손으로 하는 일"에 복을 주신다고 하셨습니다.

> 여호와께서 너를 위하여 하늘의 아름다운 보고를 여시사 네 땅에 때를 따라 비를 내리시고 네 손으로 하는 모든 일에 복을 주시리니… (신 28:12)

② 진짜 믿음은 가만히 기다리는 것이 아니라, 하나님이 길을 열어 주실 것을 믿고, 행동으로 실천하는 믿음입니다.

> 이와 같이 행함이 없는 믿음은 그 자체가 죽은 것이라 (약 2:17)

③ 예수님 역시 중요한 순간마다 기도하셨고, 결단과 행동으로 옮기셨고, 소극적 인내를 넘어서, 적극적으로 구하고, 찾고, 행동하라고 명령하고 계십니다.

> 구하라 그리하면 너희에게 주실 것이요 찾으라 그리하면 찾아낼 것이요 문을 두드리라 그리하면 너희에게 열릴 것이니 (마 7:7)

기독교는 고난만 말하는 종교가 아닙니다. 오히려 성경은 기쁨과 평안을 하나님이 주시는 선물로 강조하고 있습니다. 그리고, 고난이 닥쳐왔을 때, 그 고난을 극복하고 이겨 낼 수 있는 혜안뿐만 아니라, 고난 속에서도 기쁨과 평안을 유지할 수 있는 신비도 알려 주고 계십니다.

평안할 때 감사하며 살아가십시오. 고난이 올 때 낙심하지 말고 하나님을 더 깊이 만날 기회로 삼으십시오. 모두 다 하나님 안에서의 삶입니다.

13.
신약성경에 '없음'으로 된 구절은 누가 지운 것인가?

개역개정 성경을 읽다 보면 '없음'으로 표시된 구절들이 있습니다.

"성경은 하나님의 말씀이라고 하면서 구절 자체가 없다는 게 말이 되나?", "인위적으로 누군가 없애 버렸다면 더 큰 문제 아닌가?"라는 질문들이 생기게 됩니다.

'없음'이 없는 킹제임스 성경

개역개정 성경에는 모두 15개[12] 구절이 '없음'으로 표시되어 있습니다. 그런데 킹 제임스 성경에는 해당 구절들이 모두 존재하고 있습니다.

예를 들어 마태복음 17장 21절은 개역개정에는 "(없음)"으로 기록되어 있지만, 킹제임스 성경에는 "그러나 이런 종류는 기도와 금식 외에는 나가지 않는다.[13]"라고 기록되어 있습니다.

---

12) 개역개정 '없음' 구절 : 마 17:21, 마 18:11, 마 23:14, 막 9:44, 막 9:46, 막 11:26, 막 15:28, 눅 17:36, 눅 23:17, 행 8:37, 행 15:34, 행 24:7, 행 28:29, 롬 16:24, 고후 13:14

13) 『킹제임스 성경』(KJV Standard 1769)을 참고하여 필자가 자의적으로 번역한 것입니다.

이러한 상황이다 보니 개역개정 성경이 "성경을 왜곡했다", "중요한 내용을 누락했다"라는 논란이 생기게 되었고, 더 나아가 킹 제임스 성경(KJV, King James Version)만이 옳은 성경이라고 주장하는 '킹 제임스 성경 유일주의(우월주의)'까지 발생하게 되었습니다.

구약성경의 경전화 과정

구약성경은 대략 BC 1400년에서 BC 400년경 사이에 기록되었고, 이후 BC 3세기경 이집트 알렉산드리아에서 헬라어로 번역되었습니다. 이 헬라어 번역본을 '70인역(Septuagint, LXX)'이라 부릅니다. 그리고 AD 90년경 유대교 지도자들이 얌니아(Jamnia) 회의를 통해 공식적인 히브리 성경(Tanakh)의 경전을 확정하게 됩니다.

유대교의 타나크와 개신교의 공인된 구약성경은 히브리어 원본이 있는 경우에 한해 경전으로 인정해서, 경전을 나누는 분류 등 몇몇 부분을 제외하고는 내용이 거의 일치합니다. 다만, 가톨릭에서는 히브리어 원본은 없지만, 칠십인역에 있는 외경 7권을 포함시키다 보니, 구약성경은 개신교 39권, 가톨릭·동방정교회 46권으로 차이가 있습니다.

이런 과정을 겪다 보니 구약성경은 신약성경과 같은 논란이 상대적으로 적습니다.

신약성경의 발전 과정

신약성경은 AD 50~100년경 예수님의 제자들과 사도들에 의해 기록되었고, 2~3세기 공인화 과정을 거쳐, 393년 히포 공의회와 397년 카르타고 공의회에서 신약 27권을 공식 정경으로 확정하였습니다.

하지만, 신약성경은 헬라어 신약·시내산 사본(Codex Sinaiticus)·바티칸 사본(Codex Vaticanus)·알렉산드리아 사본(Codex Alexandrinus)·비잔틴 다수 사본(Majority Text)·텍스투스 레셉투스(TR, Textus Receptus) 등등 여러 판본이 존재하고, 발견 시기도 다르다 보니 어떤 것이 맞는 것인가 하는 문제들이 발생하게 됩니다.

가톨릭은 히에로니무스의 라틴어 성경인 불가타(Vulgata)를 406년 완성한 이후, 천년 넘게 사용하였고, 1546년 트리엔트 공의회에서 불가타를 공인 성경으로 다시 한번 확인하였습니다. 그리고, 종교개혁 전까지는 성경을 다른 언어로 번역하는 것을 금지하였습니다.

실제로, 킹 제임스 성경 영어판의 70% 가량을 번역했던, 영국의 종교인 윌리엄 틴들은 성경을 번역한 죄로 체포되었고, 1536년 이단으로 몰려 화형을 당하기도 합니다.

이에 영국의 제임스 1세가 윌리엄 틴들의 유업을 이어받아, 자신이 임명한 학자들에게 성경의 번역을 지시하였습니다. 학자들은 에라스무스에 의하여 번역된 텍스투스 리셉투스(TR, 공인본문)와 헬라어 번역 사본을 기반으로 번역 작업을 하였고, 이들에 의해 1611년 번역이 완료된 성경이 바로 킹 제임스 성경인 것입니다.

개정개역 성경

우리나라 개정개역 신약성경은 NA27(Nestle-Aland 27판)과 UBS 제4판을 기준으로 작성되었습니다. NA와 UBS는 우리나라뿐만 아니라, 가톨릭을 포함한 전 세계 대부분 나라의 신약성경에 사용되고 있습니다.

NA(Nestle-Aland)는 헬라어 신약성경(Novum Testamentum Graece)으로, 독일 성서공회에서 편찬하며, 수천 개의 사본(필사본, 초기 번역본, 교부 인용 등)을 비교하여 원문과 대조하면서, 초기의 신약 원문에 가까운 헬라어 본문을 재구성하는 것을 목적으로 하고 있습니다. 에버하르트 네스틀레(Eberhard Nestle)가 원문 신약성서의 비평본 초판을 1898년에 발행한 이래 2012년까지 모두 28판(NA28)이 발행되었습니다.

UBS(United Bible Societies Greek New Testament)는 세계 성서공회와 독일 뮌스터(Münster) 연구소가 공동 편찬하며, 어떤 사본을 사용하여 번역해야 할지에 대한 기준을 제시하고 있습니다. 1966년에 UBS 제1판이 발간되었고, 2014년 5판이 발간되었습니다.

'장'과 '절'의 유래

개역개정 신약성경의 '(없음)'이 왜 '(없음)'이 되었는지를 알려면, 먼저 '장'·'절' 체계를 이해할 필요가 있습니다.

'장'은 1200년대 캔터베리 대주교였던 스티브 랭톤(Stephen Langton)이 라틴어 성경인 불가타에 처음 사용하였고, '절'은 프랑스의 인쇄업자였던 로버트 에스티엔(Robert Estienne)이 1551년 헬라어 신약과 불가타 성경에 처음으로 사용하였습니다.

'장'·'절' 체계가 처음으로 적용된 것이 가톨릭 성경이고, 킹 제임스 성경 역시 같은 체계를 사용하다 보니, 지금 전 세계의 모든 성경은 같은 '장'과 '절' 체계를 사용하고 있습니다.

'없음'이 생긴 이유

1611년 킹 제임스 성경이 번역된 이후에도, 신약성경의 여러 사본들이 추가로 발견되게 됩니다. NA와 UBS는 이렇게 추가로 발견된 사본들에 대해서는 검증 절차를 거쳐, 새로운 판본에 반영을 하게 됩니다.

이런 과정에서 원본에는 없었지만, 후대의 누군가가 이해를 돕기 위해 성경의 내용을 보완했거나, 자신의 생각을 추가한 경우가 킹 제임스 성경에서 발견될 수 있습니다. 이럴 경우에는 보완되었거나 추가되었던 부분을 삭제하는 경우도 발생하게 되는 데, 이때 '장'·'절' 체계까지 수정할 수는 없다 보니, 몇몇 구절이 '(없음)'으로 표시되게 되었다는 것입니다.

킹 제임스 성경은 오랜 전통과 정형화된 번역 방식으로 영어권 교회에서 널리 사용되어 왔고, 안정감과 문학적 깊이를 지닌 번역입니다. 그리고 개역개정은 현대 사본학을 반영한 NA·UBS 비평본문을 바탕으로, 보다 원문에 가까운 번역을 지향한다는 장점이 있습니다.

대부분의 주류 교회들은 다양한 번역의 공존을 인정하고 존중하는 태도를 취하고 있으나, 어떤 분들은 KJV 이외의 성경을 이단적이라 비난하거나, 현대 비평 본문에 사용된 사본의 정합성과 신뢰성에 문제를 제기하기도 합니다.

물론 발전을 위한 건강한 토론과 정반합(正反合)을 찾아가는 모습은 바람직할 것입니다. 하지만 '나만 맞고 다른 사람은 틀리다'라는 태도는 예수님 보시기에 분명히 아름다운 모습은 아닐 것입니다.

14.
예수님은 무슨 율법을 어떻게 완성하셨다는 건가?

예수님은 마태복음 5장 17절에서 "내가 율법이나 선지자를 폐하러 온 줄로 생각하지 말라 폐하러 온 것이 아니요 완전하게 하려 함이라"라고 말씀하고 계십니다.

여기에서 "예수님은 무슨 율법을 어떻게 완성하셨다는 건가?"라는 질문이 생기게 됩니다.

성경의 율법

율법은 '모세의 율법' 또는 '모세의 토라'로 불리기도 하는데, 구약성경에서 15회, 신약성경에서 8회 언급되고 있습니다.

중세 유대교 철학자인 마이모니데스(Maimomides)는 유대인이 지켜야 할 율법의 개수를 613개로 명시하고 있는데, 이 '613 계명'은 "하라"라는 긍정적 계명 248개, "하지 말라"는 부정적 계명 365개로 구성되어 있습니다.

613 계명

613 계명은 다시 법의 내용에 따라 시민법 250여 개, 의식법 200여 개, 도덕법 100여 개, 기타 규범 50여 개 등으로 다시 분류될 수 있습니다.

① 시민법은 고대 이스라엘 공동체에서 토지 분배, 빚 탕감, 형벌 규정 등 사회적 법규를,
② 의식법은 번제, 속죄제, 유월절, 음식 규정 등 성전, 제사, 절기, 정결 규례 등 하나님께 드리는 예배 방식을 포함하고 있습니다.
③ 도덕법은 십계명, 살인 및 간음 금지, 이웃 사랑 등 인간의 윤리적 기준과 도덕성과 관련된 내용을,
④ 기타 규범은 이방인 관련, 종교적·도덕적 복합 계명 등과 같이 도덕법, 시민법, 의식법에 명확히 속하지 않거나, 복합적 성격을 가지는 규범들입니다.

신약시대의 시민법

시민법은 현대 기독교 사회에는 적용이 어려워 시대적으로 사용할 수 없게 됩니다.

신약시대의 의식법

의식법은 예수님이 오심으로 인해서 완성되거나 폐지됩니다.

① '완성'되었다는 것은 '목적이 달성'되었다는 의미로 볼 수 있습니다.

(a) 예수님의 십자가 희생으로 더 이상 동물 희생 제사가 필요 없어지게 되었습니다.

> 이는 황소와 염소의 피가 능히 죄를 없이 하지 못함이라 (히 10:4)
> 오직 그리스도는 죄를 위하여 한 영원한 제사를 드리시고 하나님 우편에 앉으사 (히 10:12)
> 이것들을 사하셨은즉 다시 죄를 위하여 제사 드릴 것이 없느니라 (히 10:18)

(b) 속죄일, 제물 등과 같은 율법의 속죄 방식이 예수님의 대속 죽음으로 완성되었습니다.

> 이 예수를 하나님이 그의 피로써 믿음으로 말미암는 화목제물로 세우셨으니 이는 하나님께서 길이 참으시는 중에 전에 지은 죄를 간과하심으로 자기의 의로우심을 나타내려 하심이니 곧 이 때에 자기의 의로우심을 나타내사 자기도 의로우시며 또한 예수 믿는 자를 의롭다 하려 하심이라 (롬 3:25~26)

(c) 유월절, 무교절 등과 같이 예수님의 예표였던 절기들은 더 이상 지키지 않아도 되게 되었습니다.

> 너희는 누룩 없는 자인데 새 덩어리가 되기 위하여 묵은 누룩을 내버리라 우리의 유월절 양 곧 그리스도께서 희생되셨느니라 (고전 5:7)
>
> 그러므로 먹고 마시는 것과 절기나 초하루나 안식일을 이유로 누구든지 너희를 비판하지 못하게 하라 이것들은 장래 일의 그림자이나 몸은 그리스도의 것이니라 (골 2:16~17)
>
> 율법은 장차 올 좋은 일의 그림자일 뿐이요 참 형상이 아니므로 해마다 늘 드리는 같은 제사로는 나아오는 자들을 언제나 온전하게 할 수 없느니라 (히 10:1)

② '폐지'되었다는 것은 '더 이상 필요 없다'는 의미입니다.

(a) 부정/정결 개념(생리, 문둥병, 시체 접촉 등)은 더 이상 구속력이 없어지게 되었습니다.

> 한 나병환자가 나아와 절하며 이르되 주여 원하시면 저를 깨끗하게 하실 수 있나이다 하거늘 예수께서 손을 내밀어 그에게 대시며 이르시되 내가 원하노니 깨끗함을 받으라 하시니 즉시 그의 나병이 깨끗하여진지라 (마 8:2~3)

(b) 부정한 음식에 대한 금지 규정도 폐지되었습니다.

이는 마음으로 들어가지 아니하고 배로 들어가 뒤로 나감이라 이러므로 모든 음식물을 깨끗하다 하시니라 (막 7:19)

베드로가 이르되 주여 그럴 수 없나이다 속되고 깨끗하지 아니한 것을 내가 결코 먹지 아니하였나이다 한대 또 두 번째 소리가 있으되 하나님께서 깨끗하게 하신 것을 네가 속되다 하지 말라 하더라 (행 10:14~15)

만일 음식으로 말미암아 네 형제가 근심하게 되면 이는 네가 사랑으로 행하지 아니함이라 그리스도께서 대신하여 죽으신 형제를 네 음식으로 망하게 하지 말라 (롬 14:15)

(c) 육체적 할례가 더 이상 구원의 조건이 아니게 되었습니다.

또한 본래 무할례자가 율법을 온전히 지키면 율법 조문과 할례를 가지고 율법을 범하는 너를 정죄하지 아니하겠느냐. 무릇 표면적 유대인이 유대인이 아니요 표면적 육신의 할례가 할례가 아니니라 (롬 2:27~28)

그리스도 예수 안에서는 할례나 무할례나 효력이 없으되 사랑으로써 역사하는 믿음뿐이니라 (갈 5:6)

신약시대의 도덕법

도덕법은 현재에도 지속되어 유지되고 있습니다.

이르되 어느 계명이오니이까. 예수께서 이르시되 살인하지 말라, 간음하지 말라, 도둑질하지 말라, 거짓 증언 하지 말라, 네 부모를 공경하라, 네 이웃을 네 자신과 같이 사랑하라 하신 것이니라 (마 19:18~19)

선생님 율법 중에서 어느 계명이 크니이까 예수께서 이르시되 네 마음을 다하고 목숨을 다하고 뜻을 다하여 주 너의 하나님을 사랑하라 하셨으니 이것이 크고 첫째 되는 계명이요, 둘째도 그와 같으니 네 이웃을 네 자신 같이 사랑하라 하셨으니 이 두 계명이 온 율법과 선지자의 강령이니라 (마 22:36~40)

그리고 예수님께서 형식적인 율법에서 벗어나 한 차원 더 높은 수준을 요구하시면서, 더 강화되기도 하였습니다.

① 살인 → 분노, 욕설까지 금지

옛 사람에게 말한 바 살인하지 말라 누구든지 살인하면 심판을 받게 되리라… 형제에게 노하는 자마다 심판을 받게 되고 형제를 대하여 라가라 하는 자는 공회에 잡혀가게 되고 미련한 놈이라 하는 자는 지옥 불에 들어가게 되리라 (마 5:21~22)

② 간음 → 음욕의 시선까지 금지

또 간음하지 말라 하였다는 것을 너희가 들었으나, 나는 너희에게 이르노니 음욕을 품고 여자를 보는 자마다 마음에 이미 간음하였느니라 (마 5:27~28)

③ 이혼 허용 → 원칙적 금지

또 일렀으되 누구든지 아내를 버리려거든 이혼 증서를 줄 것이라 하였으나 나는 너희에게 이르노니 누구든지 음행한 이유 없이 아내를 버리면 이는 그로 간음하게 함이요 또 누구든지 버림받은 여자에게 장가드는 자도 간음함이니라 (마 5:31~32)

④ 서원과 맹세 → 아예 맹세하지 마라

또 옛 사람에게 말한 바 헛 맹세를 하지 말고 네 맹세한 것을 주께 지키라 하였다는 것을 너희가 들었으나, 나는 너희에게 이르노니 도무지 맹세하지 말지니 하늘로도 하지 말라… 오직 너희 말은 옳다 옳다, 아니라 아니라 하라 이에서 지나는 것은 악으로부터 나느니라 (마 5:33~37)

⑤ 보복법 → 오히려 용서와 양보

눈은 눈으로, 이는 이로, 손은 손으로, 발은 발로 (출 21:24)
나는 너희에게 이르노니 악한 자를 대적하지 말라 누구든지 네 오른편 뺨을 치거든 왼편도 돌려 대며 (마 5:39)

⑥ 이웃 사랑 → 원수 사랑

또 네 이웃을 사랑하고 네 원수를 미워하라 하였다는 것을 너희가 들었으

> 나 나는 너희에게 이르노니 너희 원수를 사랑하며 너희를 박해하는 자를 위하여 기도하라 (마 5:43~44)

예수님이 오심으로 인해서 과거의 예언들이 완성되었거나, 더 이상 필요 없어진 율법들은 폐지되었고, 예수님은 형식적인 율법이 아닌 진정과 사랑이 포함된 한 단계 더 높아진 수준의 율법을 말씀하셨습니다.

이것이 진정한 의미로 율법을 '완성'하셨다고 볼 수 있는 근거일 것입니다. 그러므로, 기독교인들은 유대교의 율법이 아닌 '그리스도의 법'에 따라 살아가야 할 것입니다.

> 온 율법은 네 이웃 사랑하기를 네 자신 같이 하라 하신 한 말씀에서 이루어졌나니 (갈 5:14)
> 너희가 만일 성경에 기록된 대로 네 이웃 사랑하기를 네 몸과 같이 하라 하신 최고의 법을 지키면 잘하는 것이거니와, 만일 너희가 사람을 차별하여 대하면 죄를 짓는 것이니 율법이 너희를 범법자로 정죄하리라 (약 2:8~9)

3부

문득 떠오르는 질문들

"믿음은 질문과 흔들림을 지나
다시 일어서는 과정이다."

1.
왜 죄를 짓고도 벌받지 않는 사람들이 있나?

성경에도 거짓과 속임수를 행한 사례가 여러 차례 등장합니다. 그런데 거짓과 속임수를 행하고도 복을 받고 잘 사는 경우도 있고, 아무런 징벌도 없었던 것처럼 보이는 경우도 있습니다.

공의로우신 하나님이 "왜 죄를 짓고도 벌을 받지 않는 사람들을 그냥 두시는가?"라는 질문이 생기게 됩니다.

> 오직 만군의 여호와는 정의로우시므로 높임을 받으시며 거룩하신 하나님은 공의로우시므로 거룩하다 일컬음을 받으시리니 (사 5:16)

성경 속의 거짓과 속임수

거짓과 속임수, 기만 등의 사례는 정확하지는 않지만 대략 구약에서는 28건, 신약에서는 13건 등 모두 41건 가량이 성경에 기록되어 있습니다. 이 중, 징벌을 받았거나 징벌이 예언된 사례 22건, 전략적이거나 의도적으로 사용된 경우 11건, 당사자가 회개한 경우 4건, 그리고, 사소하거나 의미가 없어 그냥 넘어간 건이 4건 정도 되는 것으로 보입니다.

결국 벌을 받아야 될 사안에 대해서는, 회개를 하지 않았다면 거의 대부분 징벌을 받았다는 것으로 볼 수 있습니다.

성경 속 속임수의 몇 가지 사례

41건 중 거짓과 속임수, 기만의 몇 가지 사례를 살펴보면,

① 야곱은 이삭과 에서를 속여 에서를 대신해 이삭으로부터 장자의 축복을 훔쳐 냈습니다.

> 야곱이 아버지에게 대답하되 나는 아버지의 맏아들 에서로소이다… 내게 축복하소서 (창 27:19)

② 야곱의 두 아들 시므온과 레위는 할례를 받으면 하나의 민족이 될 수 있다고 하몰을 속여, 세겜 족속으로 하여금 할례를 받게 하고, 그들이 통증으로 아파할 때 기습 공격을 하여 모든 남자를 죽이고 맙니다.

> 제삼일에 아직 그들이 아파할 때에 야곱의 두 아들 디나의 오라버니 시므온과 레위가 각기 칼을 가지고 가서 몰래 그 성읍을 기습하여 그 모든 남자를 죽이고 (창 34:25)

③ 베드로는 예수님이 잡혀가신 날 밤에, 베드로가 예수님과 함께 있었다

고 말하는 사람들에게 세 번이나 예수님을 모른다고 부인하였습니다.

④ 그리고, 아나니아와 삽비라가 소유를 판 돈의 일부를 숨기고 나머지를 전부라고 속이기도 합니다.

> 아나니아라 하는 사람이 그의 아내 삽비라와 더불어 소유를 팔아 그 값에서 얼마를 감추매 그 아내도 알더라… (행 5:1~2)

하나님의 처분

이런 거짓과 속임수에 대해 공의로운 하나님 어떻게 하셨을까요?

① 야곱은 많은 어려움과 시련을 겪게 됩니다.

> 내가 이 이십 년을 외삼촌과 함께 하였거니와… 내가 이와 같이 낮에는 더위와 밤에는 추위를 무릅쓰고 눈 붙일 겨를도 없이 지냈나이다 (창 31:38~40)

② 야곱의 두 아들 시므온과 레위는 야곱의 저주를 받게 됩니다.

> 시므온과 레위는 형제요 그들의 칼은 폭력의 도구로다… 그 노여움이 혹독하니 저주를 받을 것이요… 이스라엘 중에서 흩으리로다 (창 49:5~7)

③ 베드로는 죄를 깨닫는 순간 바로 통곡하고 회개합니다.

> 밖에 나가서 심히 통곡하니라 (눅 22:62)

④ 아나니아와 삽비라는 바로 죽임을 당하게 됩니다.

> 베드로가 이르되 아나니아야 어찌하여… 네가 성령을 속이고 땅 값 얼마를 감추었느냐… 아나니아가 이 말을 듣고 엎드러져 혼이 떠나니… (행 5:3~5)
>
> 곧 그가 베드로의 발 앞에 엎드러져 혼이 떠나는지라… 그의 남편 곁에 장사하니 (행 5:10)

처분이 서로 다른 이유

그런데 사례별로 처벌의 시기와 방법, 결과 등에 차이가 있습니다.

아나니아나 삽비라와 같이 즉각적이고 직접적인 처벌이 있는가 하면, 시므온과 레위와 같이 점진적이고 간접적인 처벌도 있었습니다. 야곱처럼 장기간의 연단과 회개를 통해 사용하시기도 하고, 베드로처럼 회개 후에 바로 크게 사용하기도 하셨습니다.

여기에서 "처벌의 시기와 방법, 결과 등에 대한 차이는 어디에서 오는가?"

라는 새로운 질문이 생기게 됩니다. 땅을 팔아 헌금을 내었던 아나니아와 삽비라에 대한 즉각적인 심판은 다른 사례들에 비해 너무 빠르고 심하다는 생각이 들기 때문입니다.

아나니아와 삽비라의 경우는 초대교회 공동체가 거짓과 위선으로 무너지지 않도록, 초기에 죄의 심각성을 경고하고 교회를 보호하기 위해 신속하고 엄중한 처벌이 필요했다는 견해도 있습니다.

> 온 교회와 이 일을 듣는 사람들이 다 크게 두려워하니라 (행 5:11)

하지만, 그보다는 그들이 죄를 인정하지 않고 회개를 하지 않았다는 것이 가장 결정적 이유가 될 수 있을 것 같습니다. 왜냐하면 베드로가 아나니아에게는 "땅값 얼마를 감추었느냐"라는 질문을 하였고, 삽비라에게는 "그 땅 판 값이 이것뿐이냐"라는 질문을 했었기 때문입니다.

> 베드로가 이르되 아나니아야 어찌하여 사탄이 네 마음에 가득하여 네가 성령을 속이고 땅 값 얼마를 감추었느냐 (행 5:3)
> 베드로가 이르되 그 땅 판 값이 이것뿐이냐 내게 말하라 하니 이르되 예 이것뿐이라 하더라 (행 5:8)

결국 두 사람 모두 회개할 수 있는 기회가 있었지만, 끝까지 그 기회를 외면하고 아나니아는 침묵으로, 삽비라는 거짓으로 그 기회를 놓쳐 버렸다는 것으로 볼 수 있습니다.

은혜의 하나님

하나님은 절대 죄를 묵인하거나 불의하게 넘어가지 않으시지만, 동시에 하나님은 죄인을 끝까지 사랑하시고 회개할 기회를 주시므로, 죄를 깨달았을 때 즉각 회개하고 하나님께 방향성을 잡아가려는 노력이 필요합니다.

하나님은 공의의 하나님이시기도 하지만 은혜의 하나님이시기도 하기 때문입니다.

> 여호와께서 그의 앞으로 지나시며 선포하시되 여호와라 여호와라 자비롭고 은혜롭고 노하기를 더디하고 인자와 진실이 많은 하나님이라 (출 34:6)
> 내 영혼아 여호와를 송축하며 그의 모든 은택을 잊지 말지어다. 그가 네 모든 죄악을 사하시며 네 모든 병을 고치시며 (시 103:2~3)

야곱은 얍복강에서 밤새도록 절박하게 울부짖었고,

> 그가 이르되 날이 새려하니 나로 가게 하라 야곱이 이르되 당신이 내게 축복하지 아니하면 가게 하지 아니하겠나이다 (창 32:26)

레위 지파는 이스라엘 민족이 광야에서 송아지 우상을 만들었을 때 하나님 편에 서서 믿음과 헌신을 보였습니다.

> 이에 모세가 진 문에 서서 이르되 누구든지 여호와의 편에 있는 자는 내게

> 로 나아오라 하매 레위 자손이 다 모여 그에게로 가는지라 (출 32:26)

그리고 베드로는 통곡하며 회개하였습니다.

> 이에 베드로가 예수의 말씀에 닭 울기 전에 네가 세 번 나를 부인하리라 하심이 생각나서 밖에 나가서 심히 통곡하니라 (마 26:75)

이러한 결과 야곱은 이스라엘이라는 이름을 얻으며 믿음의 조상 중 한 명이 되었고, 레위 지파는 제사장과 성전 봉사자로, 베드로는 교회의 지도자로 크게 쓰임을 받게 됩니다.

한편, 레위와 함께 야곱의 저주를 받았던 시므온 지파는 흩어져 유다 지파로 흡수된 것으로 추정되고 있습니다.

> 시므온의 아들들은… 형제에게는 자녀가 몇이 못되니 그들의 온 종족이 유다 자손처럼 번성하지 못하였더라 (대상 4:24~27)

하나님의 공의는 죄에 대한 처벌이 늦어져 처벌이 없는 것처럼 보일 수는 있어도 그에 따른 처벌은 반드시 있습니다.

> 주의 약속은 어떤 이들이 더디다고 생각하는 것 같이 더딘 것이 아니라 오직 주께서는 너희를 대하여 오래 참으사 아무도 멸망하지 아니하고 다 회개하기에 이르기를 원하시느니라 (벧후 3:9)

그리고, 사람이 살면서 죄를 짓지 않고 사는 것은 현실적으로 어렵습니다. 그러므로, 내가 잘못을 했다는 것을 알게 되었을 때 신속하게 회개하고, 용서를 구하는 것이 무엇보다도 중요할 것입니다.

> 만일 우리가 우리 죄를 자백하면 그는 미쁘시고 의로우사 우리 죄를 사하시며 우리를 모든 불의에서 깨끗하게 하실 것이요 (요일 1:9)

[참고, 구약의 거짓, 속임수, 기만 등의 사례]

1. 성경 최초의 속임수, 뱀이 하와에게 한 선악과를 먹어도 죽지 않을 것이라고 한 것이다. (창 3:3~4)
→ 징벌, 배로 다니고, 평생 흙을 먹게 됨 (창 3:14)

2. 가인은 아벨을 죽이고 "내가 아우를 지키는 자이니까"라고 항변한다. (창 4:8~13)
→ 징벌, 가인은 땅에서 피하여 유리하는 자가 됨 (창 4:12)

3. 아브라함은 아내를 누이라고 속인다. (창 12:10~20, 창 20:1~18)
→ 징벌 없음

4. 사라는 하나님이 자녀를 주겠다고 하자 속으로 웃고, 웃지 않았다고 거짓말을 했다. (창 18:12~15)

→ 징벌 없음

5. 이삭 역시 아브라함처럼 리브가를 누이라고 속인다. (창 26:6-11)
→ 징벌 없음

6. 야곱은 이삭과 에서를 속여 에서를 대신해 이삭으로부터 장자의 축복을 훔쳐 냈다. (창 27장)
→ 징벌, 회개, 회복의 수순을 밟음

7. 야곱이 라헬과 결혼하려 7년을 일했지만, 라반은 야곱을 속이고 레아를 먼저 준다. (창 29:21~25)
→ 징벌, 야곱의 분노와 하나님의 간섭

8. 라헬은 아버지 라반의 드라빔(우상)을 훔치고 숨긴다. (창 31:19, 34~35)
→ 징벌 없음

9. 디나의 오빠들인 시므온, 레위는 세겜 사람들에게 할례를 요구하고 기습 학살한다. (창 34장)
→ 징벌, 야곱의 저주, 지파 분산

10. 요셉의 형들은 요셉을 팔고 그의 옷에 염소 피를 묻혀 아버지에게 보여 주며, 들짐승에 찢겨 죽었다고 거짓말을 한다. (창 37:31~35)

→ 징벌, 야곱의 깊은 슬픔, 죄책감에 시달림 (창 42:21), 이후 회개와 화해

11. 요셉은 형들을 시험하며 정체를 숨긴다. (창 42장~45장)
→ 전략적 또는 의도적

12. 애굽의 산파들은 "히브리 여인들이 벌써 낳았다"라고 거짓을 말한다. (출 1:15~21)
→ 전략적 또는 의도적

13. 모세의 모친은 모세를 숨기고 바구니에 띄우고 친어머니가 아닌 것처럼 한다 (출 2:1~4)
→ 전략적 또는 의도적

14. 아론과 이스라엘 백성은 금송아지를 만들고 "이것이 너희 신"이라 자기 기만을 한다. (출 32:1-6)
→ 징벌, 모세가 만든 송아지를 가져다가 불살라 부수어 가루를 만들어 물에 뿌려 마시게 함

15. 기생 라합이 여호수아의 정탐꾼을 숨겨주고 모른다고 한다. (수 2:4~5)
→ 전략적 또는 의도적

16. 기브온 사람들은 가나안 사람임을 숨기고 평화조약 체결한다. (수 9장)

→ 전략적 또는 의도적

17. 기드온이 하나님의 지시를 받아 전략적으로 적을 기만한다. (삿 7장)
→ 전략적 또는 의도적

18. 들릴라는 블레셋 사람들과 결탁해 삼손의 힘의 비밀을 알아내려 거짓말과 유혹을 한다. (삿 16장)
→ 징벌, 멸망

19. 하나님께서 아말렉을 진멸하라고 명령했지만 사울은 좋은 것들을 남기고, 사무엘에게 "하나님의 명령을 지켰다"라고 거짓말을 한다. (삼상 15:13~24)
→ 징벌, 왕권 박탈

20. 하나님이 사무엘이 다윗에게 기름을 붓기 위해, 사무엘에게 여호와께 제사를 드리러 왔다 하라며, 사울을 속이라고 하신다. (삼상 16:1~5)
→ 전략적 또는 의도적, 부분 진실

21. 다윗이 사울을 피해 도망가며 미친 척을 한다. (삼상 21:10~15)
→ 전략적 또는 의도적

22. 다윗은 밧세바 사건의 은폐를 위해 우리야를 죽게 한다. (삼하 11장)
→ 징벌, 회개, 회복의 수순을 밟음

23. 압살롬은 형제를 죽이고 백성을 속여 반역을 하고, 아버지의 후궁들을 범한다. (삼하 13장~16장)
→ 징벌, 머리카락이 나무에 걸려 죽음

24. 아합 왕이 여호사밧과의 동맹 전쟁에서 자신을 속이고 변장한다. (왕상 22장)
→ 징벌, 죽임을 당함

25. 엘리사의 종 게하시는 병이 나은 나아만에게 선물을 요구하고, 받은 후 숨긴다. (왕하 5:20~27)
→ 징벌, 게하시가 나아만이 걸렸던 나병에 걸림

26. 아람 군대가 엘리사를 잡으러 오자, 엘리사는 하나님께 그들의 눈을 멀게 해달라고 기도한다. (왕하 6:18~20)
→ 전략적 또는 의도적

27. 여러 선지자들이 '여호와의 말씀'이라며 거짓 예언을 한다. (렘 14:14, 23장 외)
→ 징벌, 죽음에 이름

28. 시드기야 왕은 예레미야에게 왕이 명령한 대로 대답하여 고관들을 속이게 한다. (렘 38:24~27)
→ 전략적 또는 의도적

[참고, 신약의 거짓, 속임수, 기만 등의 사례]

1. 헤롯왕은 자신도 인사를 가겠다며, 박사들에게 예수를 찾으면 자신에게 알리라며 속인다. (마 2:8)
→ 징벌, 벌레에 먹혀 죽음 (행 12:23)

2. 사탄이 광야에서 예수님을 시험하며, 성경을 교묘히 왜곡하여 속인다. (마 4:1~11)
→ 심판을 예고, 쫓겨날 것을 예고 (계 12:9)

3. 바리새인들은 예수님을 책잡기 위해 질문으로 함정을 판다. (마 22:15~22)
→ 심판을 예고, 예수님이 '화 있을 진저'란 말씀을 7번 하심 (마 23장)

4. 가룟 유다는 예수님을 팔기 위해 입맞춤으로 속인다. (마 26:47~49)
→ 징벌, 자살로 마무리

5. 대제사장들은 예수님을 죽이기 위해 거짓 증인을 세운다. (마 26:59~61)
→ 심판을 예고, 화가 있을 것, 예루살렘 성전 파괴, 하나님의 나라 박탈 등을 예언

6. 베드로는 예수님을 세 번 부인한다. (마 26:69~75)

→ 즉각적인 회개, 회복

7. 거짓 증인들이 대제사장들을 위해 허위 증언을 한다. (막 14:56)
→ 심판을 예고, 거짓 증언자는 증언으로 피해를 본 자와 동일하게 처벌 (신 19:16~21), 영적 처벌 (마 23:35)

8. 예수님이 형제들에게 명절에 올라가지 않으신다고 하고, 나중에 은밀히 올라가셨다. (요 7:6~10)
→ 전략적 또는 의도적

9. 아나니아와 삽비라는 헌금액을 속여 성령을 속인다. (행 5:1-11)
→ 징벌, 즉시 사망

10. 시몬이 돈으로 사도들과 같이 안수로 성령을 주는 권능을 받으려 한다. (행 8:18-24)
→ 징벌, 베드로의 강력한 저주와 사역 배제 선언

11. 마술사 엘루마는 총독을 속여, 총독으로 믿지 못하게 힘쓴다. (행 13:6~11)
→ 징벌, 눈이 보이지 않게 됨

12. 거짓 사도들이 속이는 일꾼이고 자기를 그리스도의 사도로 가장하는 자들이라 속인다. (행 13:6~11)

→ 징벌, 바울이 그들을 사탄의 종, 의의 일꾼으로 가장한 자들로 봄

13. 말세에 적그리스도와 거짓 선지자들이 사람들을 미혹한다. (마 24:24, 계 13장)
→ 심판을 예고, 산 채로 유황불 붙는 못에 던져질 것 (계 19:20)

2.
왜 하나님은 고통받는 의인의 기도에 침묵하시는가?

엔도 슈사쿠의 1966년 소설 『침묵』을 원작으로, 마틴 스코세이지가 감독을 하여 2016년에 개봉한 〈사일런스〉는 일본의 가톨릭 탄압 속에서 고뇌하는 예수회 선교사들의 종교적 성찰을 그린 영화입니다.

굳이 이 영화가 아니더라도, "교회는 순교자의 피 위에 세워졌다"라는 터툴리안(Tertullian, 2-3세기 초)의 말처럼, 하나님의 임재나 응답이 없는 가운데 죽어간 순교자들이 존재했고, 지금도 기독교인이란 이름으로 탄압과 박해를 받는 사람들이 존재하고 있습니다.

그러다 보니 "왜 하나님은 고통받는 의인의 기도에 침묵하시는가?", "하나님의 침묵은 진짜 '부재'인가, 아니면 '다른 방식의 임재'인가?"라는 질문이 생기게 됩니다.

침묵하시는 하나님

하나님의 침묵은 성경 전체에 걸쳐 자주 등장하고 있습니다.

욥도 "내가 주께 부르짖으나 주께서 대답하시 아니 하시오니 내가 섰사오나 주께서 나를 돌아보지 아니하시나이다(욥 30:20)"라고 탄식하고 있고, 다윗도 "내 하나님이여 내 하나님이여 어찌 나를 버리셨나이까 어찌 나를 멀리하여 돕지 아니 하시오며 내 신음 소리를 듣지 아니하시나이까(시 22:1)"라며 하나님께 질문을 하고 있습니다. 심지어 예수님도 십자가에서 "나의 하나님, 나의 하나님, 어찌하여 나를 버리셨나이까(마 27:46)"라며 절규하시기도 하셨습니다.

침묵에 대한 하나님의 가르침

이런 하나님의 침묵에 대해 성경은 "인내하며 참고 기다리라, 때가 곧 온다"라고 가르치고 있습니다.

> 여호와 앞에 잠잠하고 참고 기다리라 자기 길이 형통하며 악한 꾀를 이루는 자 때문에 불평하지 말지어다 (시 37:7)
> 이 묵시는 정한 때가 있나니 그 종말이 속히 이르겠고 결코 거짓되지 아니하리라 비록 더딜지라도 기다리라 지체되지 않고 반드시 응하리라 (합 2:3)
> 만일 우리가 보지 못하는 것을 바라면 참음으로 기다릴지니라 (롬 8:25)
> 우리가 선을 행하되 낙심하지 말지니 포기하지 아니하면 때가 이르매 거두리라 (갈 6:9)

인간적인 절규

그럼 "도대체 언제까지 어떻게 참고 기다리란 것이냐?"라는 질문이 새롭게 생기게 됩니다.

이에 대해 성경은 '하나님의 때가 이를 때까지', '감사와 기도로 선을 행하며 믿음으로 현실을 살아가며 기다리라'라고 가르치고 있습니다.

> 하나님이 모든 것을 지으시되 때를 따라 아름답게 하셨고 또 사람들에게는 영원을 사모하는 마음을 주셨느니라 그러나 하나님이 하시는 일의 시종을 사람으로 측량할 수 없게 하셨도다 (전 3:11)
> 아무것도 염려하지 말고 다만 모든 일에 기도와 간구로, 너희 구할 것을 감사함으로 하나님께 아뢰라 그리하면 모든 지각에 뛰어난 하나님의 평강이 그리스도 예수 안에서 너희 마음과 생각을 지키시리라 (빌 4:6~7)
> 우리가 선을 행하되 낙심하지 말지니 포기하지 아니하면 때가 이르매 거두리라 (갈 6:9)
> 믿음은 바라는 것들의 실상이요 보이지 않는 것들의 증거니 (히 11:1)

하지만, 지금 상황이 "죽도록 힘들다"라는 말로밖에 표현할 수 없다면, "때가 이르면 아름답게 하실 것이다"와 같은 말은 너무 멀게 느껴지고, "인내하라"는 말도 아프게 들리고, "기도하라", "기다리라"는 말은 비현실적인 위로처럼 들릴 수 있습니다.

그러다 보니 실제로 성경에도 하나님께 따지고, 울고, 외치고, 심지어 원망하는 기록들이 남아 있습니다.

> 어찌하여 내가 태에서 죽어 나오지 아니하였던가 어찌하여 내 어머니가 해산할 때에 내가 숨지지 아니하였던가 (욥 3:11)
> 내가 탄식함으로 피곤하여 밤마다 눈물로 내 침상을 띄우며 내 요를 적시나이다 (시 6:6)
> 주께서 내 심령이 평강에서 멀리 떠나게 하시니 내가 복을 내어버렸음이여 스스로 이르기를 나의 힘과 여호와께 대한 내 소망이 끊어졌다 하였도다 (애 3:17~18)

고통받는 인간과 하나님

성경에는 기도조차 할 힘이 없는 사람들을 위해, 그리고 말 못 하고 울고 있는 사람들을 위해, 지금도 조용히 곁에 계시며 함께 울고 계시는 하나님의 모습도 같이 기록되어 있습니다.

> 네가 물 가운데로 지날 때에 내가 너와 함께 할 것이라⋯ (사 43:2)
> 의인이 부르짖으매 여호와께서 들으시고 그들의 모든 환난에서 건지셨도다 (시 34:17)
> 이와 같이 성령도 우리의 연약함을 도우시나니 우리는 마땅히 기도할 바를 알지 못하나 오직 성령이 말할 수 없는 탄식으로 우리를 위하여 친히 간

구하시느니라 (롬 8:26)

그리고, 예수님도 십자가 위에서 고통을 함께 받으셨습니다.

> …모든 일에 우리와 똑같이 시험을 받으신 이로되 죄는 없으시니라 (히 4:15)

하나님의 오묘하심

하나님을 인간 이성으로 완전히 이해할 수 있다고 여기는 것 자체가 때로는 교만이며, 신성모독적 태도일 수 있습니다. 파스칼은 『팡세』에서 "하나님은 그를 찾는 자에게만 발견되도록 자신을 숨기신다"고 말하며, '신앙은 이성의 결과가 아니라, 초월자 앞에 서는 믿음의 응답'임을 강조하기도 했습니다.

그리고, 성경은 하나님의 오묘하심을 인간이 함부로 가늠할 수 없다고 기록하고 있습니다.

> 이는 내 생각이 너희의 생각과 다르며 내 길은 너희의 길과 다름이니라 여호와의 말씀이니라 이는 하늘이 땅보다 높음같이 내 길은 너희의 길보다 높으며 내 생각은 너희의 생각보다 높음이니라 (사 55:8~9)

침묵 속에 역사하시는 하나님

영화 〈사일런스〉에서 로드리게스 신부는 고문당하는 신자들을 보며, 하나님의 침묵에 절망하며 절규합니다. 비록 각색된 극본이기는 하지만, 고문을 멈추기 위해 성화를 밟는 '후미에'를 하려는 로드리게스 신부의 귀에, 그의 고통을 알고 계시고, 그와 함께 고통을 받고 계시다는 예수님의 음성이 들리는 것 같습니다.

침묵은 부재가 아니라 동행의 방식으로 예수님은 말없이 고통의 현장에 계셨고, 로드리게스의 무너짐 속에서도 함께하셨다는 것입니다.

욥은 모든 것을 잃었다가 되찾은 사람이 됩니다. "이제는 눈으로 주를 뵈온다(욥 42:5)"라는 고백을 하게 되고, 이전보다 갑절의 축복을 받게 됩니다.

> 욥이 그의 친구들을 위하여 기도할 때 여호와께서 욥의 곤경을 돌이키시고 여호와께서 욥에게 이전 모든 소유보다 갑절이나 주신지라 (욥 42:10)

다윗은 추방 받고 쫓기던 자에서 이스라엘의 왕이 됩니다. 그리고 노년에는 하나님을 경배합니다.

> 내 평생에 선하심과 인자하심이 반드시 나를 따르리니 내가 여호와의 집에 영원히 살리로다 (시 23:6)

예수님은 죽음을 이기시고 부활하셨고, 모든 인류에게 부활과 영생이라는 믿음을 허락하시었습니다.

> 예수께서 이르시되 나는 부활이요 생명이니 나를 믿는 자는 죽어도 살겠고 무릇 살아서 나를 믿는 자는 영원히 죽지 아니하리니 이것을 네가 믿느냐 (요 11:25~26)

하나님의 시간

욥과 다윗은 울며 탄식하며 쓰러지면서도 하나님께 등을 돌리지 않았고, 하나님은 그들의 솔직한 기도를 축복의 자리로 이끄셨습니다.

모두 고난이 없었다면 하나님의 깊은 은혜를 경험하지 못했을 것이므로, 고난은 형벌이 아니라 변화의 용광로였고, 그 끝에서 신앙과 존재가 새로워지게 되었습니다.

그리고 예수님의 죽음과 부활은 우리 인간들에게 지금이 끝이 아니라 새로운 세계가 있다는 확신과 믿음을 주고 있습니다.

하나님의 시간은 결코 늦지 않습니다. 더디게 느껴져도, 그분의 응답은 언제나 완벽한 때에 도착합니다. 그러므로 기다림은 믿음의 또 다른 이름인 것입니다.

3.
하나님의 뜻이 무엇입니까?

예수님도 겟세마네 동산에서 이렇게 기도하셨습니다. "나의 원대로 마시옵고 아버지의 원대로 하옵소서(마 26:39)"

오늘날 많은 기독교인들도 하나님의 뜻을 구하며 살아갑니다. 그러나 실제로 하나님의 뜻을 분별하는 일은 생각보다 쉽지 않습니다. 많은 신앙인들이 평생 붙잡고 씨름하는 주제 중 하나입니다.

그래서 우리는 매일 삶의 크고 작은 순간마다 이렇게 묻습니다.
"하나님의 뜻이 무엇입니까?"

분명히 드러난 하나님의 뜻

감사하게도, 하나님은 우리에게 이미 분명히 알려 주신 뜻이 있습니다. 이 부분은 더 알아내려고 애쓸 필요 없이, 순종하고 실천하면 되는 영역입니다.

① **구원받고 거룩하게 사는 것**

> 하나님의 뜻은 이것이니 너희의 거룩함이라 곧 음란을 버리고 (살전 4:3)

② 감사하며 사는 것

> 범사에 감사하라 이것이 그리스도 예수 안에서 너희를 향하신 하나님의 뜻이니라 (살전 5:18)

③ 선행과 사랑 실천

> 곧 선행으로 어리석은 사람들의 무식한 말을 막으시는 것이라 (벧전 2:15)

④ 예수 그리스도를 믿는 것

> 내 아버지의 뜻은 아들을 보고 믿는 자마다 영생을 얻는 이것이니 마지막 날에 내가 이를 다시 살리리라 하시니라 (요 6:40)

이런 부분은 모든 신앙인이 반드시 붙잡아야 할, 하나님의 분명한 뜻입니다.

여전히 어려운 하나님의 뜻

하지만 삶의 수많은 선택과 고민은 성경에 명확히 기록되어 있지 않습니다. 진로, 결혼, 고난, 실패, 관계 문제… 우리는 여전히 '하나님의 뜻'을 찾느라 씨름합니다. 성경 속 믿음의 사람들도 마찬가지였습니다.

① 욥은 의로운 삶을 살았음에도 모든 것을 잃고 "내가 어찌하여 태어났는가?(욥 3장)"라고 절규했습니다.

② 다윗은 기름 부음을 받고도 도망자의 삶을 살며 "여호와여, 나를 영원히 잊으시나이까?(시 13:1)"라고 고백했습니다.

③ 야곱은 장자의 축복을 가로챘으나, 고난과 방황 속에서 결국 얍복 강가에서 하나님과 씨름합니다(창 32:26).

④ 요셉은 어릴 적 하나님의 꿈을 꾸었지만, 고난과 감옥의 시간을 지나야 했습니다.

⑤ 하박국은 더 악한 바벨론을 통해 이스라엘을 심판하시겠다는 말씀에 혼란스러워했지만, 결국 "의인은 믿음으로 살리라(합 2:4)"는 하나님의 뜻을 붙듭니다.

⑥ 예레미야는 자신이 조롱거리와 치욕, 모욕의 대상이 된 현실을 탄식했으나(렘 20:7~9), 결국 그는 흔들림 없이 하나님의 진리를 선포한 선지자로 남았습니다.

⑦ 요나는 악명 높은 니느웨로 가라는 하나님의 뜻을 거부하고 도망쳤으나, 결국 순종하게 됩니다.

⑧ 예수님의 제자들은 예수님의 부활 후에도 "이스라엘을 회복하실 때가 이때입니까?(행 1:6)"라고 물으며, 십자가의 고난을 이해하지 못했지만, 결국 복음의 증인으로 쓰임받았습니다.

믿음의 사람들도 하나님의 뜻을 온전히 이해하지 못했습니다. 그러나 시간이 흐르고, 하나님의 인도하심과 성령의 도우심 속에 부분적으로나마 깨닫고 순종하게 되었습니다.

하나님의 뜻: 인간의 관점과 하나님의 관점

사람들은 흔히 '성공, 부귀, 편안함'을 좋은 것이라 여기고, '고난, 실패, 죽음'을 나쁜 것으로 규정합니다. 그러나 하나님의 뜻은 우리의 기준을 넘어섭니다. 하나님은 고난을 통해 성장과 성숙을 이루시고, 때로는 인간의 실패조차도 선으로 사용하십니다. 욥의 고백은 이를 잘 보여 줍니다.

> 무지한 말로 이치를 가리는 자가 누구니이까 나는 깨닫지도 못한 일을 말하였고 스스로 알 수도 없고 헤아리기도 어려운 일을 말하였나이다 (욥 42:3)

요셉, 다윗, 욥, 야곱의 경우는 '좋은 결말'처럼 보이지만, 예레미야는 민족의 멸망을 보았고, 요나는 불만을 품었으며, 사도들은 대부분 순교의 길을 걸었습니다.

그러나 결과를 넘어, 그들의 삶은 하나님의 뜻을 이루는 도구로 사용되었고, 그 과정 속에서 하나님을 더 깊이 알아 갔다는 사실이 중요합니다.

하나님의 뜻을 구하는 바른 태도

"하나님의 뜻이면 결과가 무조건 좋아야 한다"라는 단순 공식은 내려놓고, 결과보다 하나님을 신뢰하는 믿음을 훈련해야 한다는 교훈을 얻을 수 있습니다. 그리고 모든 과정 속에서 하나님을 더 알아 가려는 노력이 필요합니다.

때로는 죽을 때까지도 하나님의 뜻을 완전히 알지 못할 수도 있을 것 같습니다. 그러나 완전한 이해보다 더 본질적인 것은, 이해하지 못해도 하나님을 신뢰하는 것이 아닐까 생각됩니다.

예수님조차도 아버지의 뜻 앞에서 고뇌하며 기도하셨고, 그 뜻은 십자가의 죽음이었습니다. 세상적 기준으로 보면 비극이었지만, 부활과 구속을 통해 하나님의 크신 뜻이 이루어졌습니다.

이해보다 신뢰

하나님의 뜻은
① 부분적으로는 성경을 통해 분명히 알 수 있고,
② 삶의 선택 속에서는 기도와 분별을 통해 조금씩 발견되며,
③ 섭리적 차원에서는 인간의 이성을 넘어선 신비로 남을 수도 있습니다.

그래서 우리는 하나님의 뜻을 더 깊이 알아가기 위해 성경을 읽고, 기도하고, 묵상하는 일을 멈추지 말아야 합니다. 그것이 하나님의 뜻을 깨달아 가는 가장 기본이자 가장 확실한 길입니다.

분명한 것은, 이해보다 신뢰가 먼저라는 사실입니다. 믿음으로 하나님의 뜻을 구하며, 때로는 알지 못해도 순종하며 걸어가는 것, 그것이 진정한 신앙의 여정이 아닐까라고 생각해 봅니다.

4.
구약시대에는 '천국'이 없나요?

'천국'이라는 단어는 성경에 38회 등장하는데, 그중 37회가 마태복음에, 1회가 디모데후서에 기록되어 있습니다. 모두 신약성경에만 나오는 표현입니다. 또한 '하나님의 나라'라는 표현은 신약성경에 58회 등장하는데, 누가복음 27회, 마가복음 12회 등의 순서로 나타납니다.

이 둘은 표현은 다르지만, 본질적으로 하나님이 다스리시는 나라를 의미하며, 특별히 마태복음에서는 유대인들의 종교적 관습에 따라 '하나님의 나라' 대신 '하늘의 나라(천국)'라는 표현을 사용한 것으로 보는 견해가 많습니다.

그렇다면 이런 질문이 자연스럽게 생깁니다.
"구약시대 사람들은 죽으면 어떻게 되었는가?",
"왜 천국의 개념이 신약에만 뚜렷하게 등장하는가?",
"기독교의 사후 세계관이 시대에 따라 바뀐 것인가?"

구약성경이 말하는 사후세계

구약을 살펴보면, 당시에는 사람이 죽으면 어둡고 그림자 같은 죽음의 세계인 '스올'로 간다고 표현되었습니다. 이는 의인이든 악인이든 모두가 가는 죽음의 장소로, 구체적인 천국이나 지옥의 개념으로는 발전되지는 않았습니다. 다만, 의인의 소망이나 악인의 심판에 대한 암시적 표현은 일부 등장합니다.

> …내가 슬퍼하며 스올로 내려가 아들에게로 가리라 하고 그의 아버지가 그를 위하여 울었더라 (창 37:35)
>
> 산 자들은 죽을 줄을 알되 죽은 자들은 아무것도 모르며 그들이 다시는 상을 받지 못하는 것은 그들의 이름이 잊어버린 바 됨이니라 (전 9:5)
>
> 네 손이 일을 얻는 대로 힘을 다하여 할지어다 네가 장차 들어갈 스올에는 일도 없고 계획도 없고 지식도 없고 지혜도 없음이니라 (전 9:10)

신약시대의 사후세계

신약에 이르러 천국뿐 아니라 지옥의 개념도 훨씬 더 구체적으로 나타납니다. 헬라어 원문 기준으로, 신약성경에는 '지옥'을 나타내는 단어는 '하데스', '게헨나', '타르타로스' 등 세 가지가 사용됩니다.

① 하데스(Hades): 구약의 '스올'과 유사한 개념으로, 죽은 자들이 가는 장소입니다. (마 11:23, 눅 16:23)

② 게헨나(Gehenna): 예루살렘 외곽 '힌놈의 골짜기'에서 유래한 표현으로, 불타는 고통과 영원한 형벌을 상징합니다. (마 5:22, 마 10:28)

③ 타르타로스(Tartaros): 타락한 천사들이 갇혀 있는 심판의 장소를 가리킵니다. (벧후 2:4)

영어 킹제임스성경(KJV)에서는 모두 'hell'로 번역되지만, 개역개정 성경에서는 '하데스'는 주로 '음부', '게헨나'는 '지옥'으로 구분하여 번역됩니다.

신약에서 나타나는 천국과 지옥, 부활과 심판의 개념은 다니엘서와 에스겔서 등 구약의 후기 문서에 그 뿌리를 두고 있다고 볼 수 있습니다.

> …하늘의 하나님이 한 나라를 세우시니 이것은 영원히 망하지도 아니할 것이요… 모든 나라를 쳐서 멸망시키고 영원히 설 것이라 (단 2:44)
> 그 무덤이 구덩이 깊은 곳에 만들어졌고 그 무리가 그 무덤 사방에 있음이여 그들은 다 죽임을 당하여 칼에 엎드러진 자 곧 생존하는 사람들의 세상에서 사람을 두렵게 하던 자로다 (겔 32:23)
> 땅의 티끌 가운데에서 자는 자 중에서 많은 사람이 깨어나 영생을 받는 자도 있겠고 수치를 당하여서 영원히 부끄러움을 당할 자도 있을 것이며 (단 12:2)

다니엘서와 에스겔서가 바빌론 포로기(B.C. 6세기경)에 기록된 것을 고려할 때, 일부 학자들은 당시 바빌론 지역에서 확장 중이던 조로아스터교의 교리, 즉 천국과 지옥, 부활과 최후의 심판 등의 개념이 유대교와 기독교, 이슬람교에 일정 부분 영향을 미쳤을 가능성을 제기하며 연구해 오고 있습니다.

그러나 기독교 신학은 이를 단순한 차용으로 보지 않습니다. 오히려 하나님께서 구속사의 흐름 속에서 계시를 점진적으로 드러내시고 구체화하셨다고 이해합니다.

> 의인의 길은 돋는 햇살 같아서 크게 빛나 한낮의 광명에 이르거니와 (잠 4:18)
> 우리는 부분적으로 알고 부분적으로 예언하니, 온전한 것이 올 때에는 부분적으로 하던 것이 폐하리라 (고전 13:9~10)
> 옛적에 선지자들을 통하여 여러 부분과 여러 모양으로 우리 조상들에게 말씀하신 하나님이 이 모든 날 마지막에는 아들을 통하여 우리에게 말씀하셨으니 이 아들을 만유의 상속자로 세우시고 또 그로 말미암아 모든 세계를 지으셨느니라 (히 1:1~2)

메시아에 대한 예언, 이방인을 향한 구원의 선포, 부활과 영생의 소망 등 기독교의 핵심 메시지는 바로 이처럼 하나님의 섭리 속에서 점진적으로 구체화되고 완성되어 간 것입니다.

물론, 포이어바흐, 프로이트, 니체 등과 같이 "신이 인간을 만든 것이 아니라, 인간이 신을 만들었다"고 주장하는 철학자들도 있습니다. 반면에, 기독교 신앙은 "신은 인간이 만든 개념이 아니라, 인간은 신에 의해 창조되었으며, 인간은 하나님의 계시를 점진적으로 더 깊이 이해해 가고 있을 뿐이다"라고 고백합니다.

궁극적인 진리는 하나님께 있으며, 인간은 하나님이 주신 자유의지로 그 진리를 받아들이거나 거부할 수 있습니다.

한 가지 분명한 것은, 설령 어떤 이들이 신을 인간의 필요에 의해 만들어 낸 것이라 주장한다 해도, 결국 그 말조차 인간이 본능적으로 '신이 필요한 존재'임을 고백하는 셈이 아닐까요? 저 역시 그 사실을 부인할 수 없는 연약한 인간 중 하나입니다. 그래서 저는 여전히 하나님을 필요로 합니다.

[참고, 하나님의 계시가 점진적으로 발전된 사례]

구분	내용
메시아 예언	① 내가 네 몸에서 날 네 씨를 네 뒤에 세워 그의 나라를 견고하게 할 것 (삼하 7:12) ② 처녀가 잉태하여 아들을 낳을 것이요 그의 이름을 임마누엘이라 하리라 (사 7:14) ③ 베들레헴 에브라다야 너는 유다 족속 중에 작을지라도 이스라엘을 다스릴 자가 네게서 내게로 나올 것이라 (미 5:2) → 다윗의 후손, 처녀 잉태, 베들레헴 탄생 등을 점진적이고 단계적으로 계시
이방인 구원	① 땅의 모든 족속이 너로 말미암아 복을 얻을 것 (창 12:3) ② 너는 일어나 저 큰 성읍 니느웨로 가서 그것을 향하여 외치라 (욘 1:2) ③ 오직 성령이 너희에게 임하시면 너희가 권능을 받고 예루살렘과 온 유대와 사마리아와 땅 끝까지 이르러 내 증인이 되리라 하시니라 (행 1:8) → 모든 민족에서 니느웨, 예루살렘·온 유대·사마리아·땅끝으로 구체화

5.
안식일이 토요일 아니었나? 왜 일요일이 주일이지?

창세기 2장 2절에는 "하나님이 그가 하시던 일을 일곱째 날에 마치시니 그가 하시던 모든 일을 그치고 일곱째 날에 안식하시니라"라고 기록되어 있습니다. 그리고, 출애굽기 20장 8절에서도 "안식일을 기억하여 거룩하게 지키라"라고 명령하고 계십니다.

이 말씀에 따라 유대인들은 지금도 금요일 해 질 때부터 토요일 해 질 때까지를 안식일로 지키고 있습니다. 또한 제칠일안식일예수재림교(재림교회)에서는 오늘날에도 토요일을 안식일로 지켜야 한다고 주장합니다.

"왜 기독교에서는 일요일을 주일로 삼고 이날 예배를 드리지?"라는 질문이 생기게 됩니다.

일요일이 주일이 된 이유

① **일요일은 예수님이 부활하신 날입니다.**
초대교회는 예수님의 부활을 기념하여 안식 후 첫날, 즉 일요일을 '주의 날(The Lord's Day)'로 삼았습니다.

> 안식일이 다 지나고 안식 후 첫날이 되려는 새벽에 막달라 마리아와 다른 마리아가 무덤을 보려고 갔더니 (마 28:1)

② 일요일은 오순절 성령의 강림이 있었던 날입니다.

> 오순절 날이 이미 이르매 그들이 다같이 한 곳에 모였더니 (행 2:1)
> 그들이 다 성령의 충만함을 받고 성령이 말하게 하심을 따라 다른 언어들로 말하기를 시작하니라 (행 2:4)

구약의 규례에 따르면, 오순절은 유월절 이후 '안식일 다음 날(일요일)'부터 50일째 되는 날로 계산합니다.

> 안식일 이튿날 곧 너희가 요제로 곡식단을 가져온 날부터 세어서 일곱 안식일의 수효를 채우고, 일곱 안식일 이튿날까지 합하여 오십 일을 계수하여 새 소제를 여호와께 드리되 (레 23:15~16)

즉, 오순절 역시 일요일이었던 것입니다. 이날 성령이 강림하시며 교회가 본격적으로 시작되었습니다.

③ 일요일은 초대교회가 예배와 교제를 나눈 날입니다.
사도행전과, 고린도전서에 관련 기록이 있습니다.

> 그 주간의 첫날에 우리가 떡을 떼려 하여 모였더니 바울이 이튿날 떠나고

> 자 하여 그들에게 강론할새 말을 밤중까지 계속하매 (행 20:7)
>
> 매주 첫날에 너희 각 사람이 수입에 따라 모아 두어서 내가 갈 때에 연보를 하지 않게 하라 (고전 16:2)

또한, 요한계시록에서는 사도 요한이 '주의 날'에 성령의 감동을 받았다고 기록합니다.

> 주의 날에 내가 성령에 감동되어 내 뒤에서 나는 나팔 소리 같은 큰 음성을 들으니 (계 1:10)

초대교회는 주님의 부활과 성령 강림을 기념하며 자연스럽게 '주의 날'인 일요일을 예배와 교제의 날로 삼게 되었습니다.

④ 로마 황제와 공의회의 역사적 흐름도 영향을 주었습니다.
321년, 로마 황제 콘스탄티누스는 태양의 날(Sunday)에 법정 업무를 금지하는 칙령을 발표했습니다. 이는 주일을 공적인 휴일로 정착시키는 계기가 되었습니다.

364년, 라오디케아 공의회에서는 "기독교인은 유대인의 안식일을 지키지 말고, 주님의 날(The Lord's Day)을 거룩하게 지켜야 한다"라는 규정을 채택했습니다. 이러한 역사적 흐름 속에서 주일을 '새 창조의 첫날'로 기념하는 전통이 교회 안에 자리 잡았습니다.

⑤ **주일은 단순히 '안식일의 대체'가 아닙니다.**

많은 신학자들은 주일을 유대교의 안식일을 폐지하거나 대체한 날로 보지 않습니다. 오히려 주일은 예수님의 부활을 기념하며, '새 창조의 첫날', '구속의 완성을 기억하는 날'로서 새로운 의미를 가진 날로 해석합니다.

구약의 안식일이 창조의 완성을 기념하는 날이었다면, 신약의 주일은 구원의 완성을 기념하는 날인 것입니다.

6.
로마의 태양절이 왜 크리스마스가 된 거야?

예수님의 탄생 시기를 둘러싼 논의는 오랜 시간 이어져 왔습니다.

누가복음 2장 8절을 보면 "그 지역에 목자들이 밤에 밖에서 자기 양 떼를 지키더니"라고 기록되어 있습니다. 이 구절을 근거로 많은 사람들은 예수님의 실제 탄생 시기를 추정해 왔습니다. 이스라엘의 겨울은 기온이 낮고 비가 자주 오기 때문에, 일반적으로 양 떼를 들판에 내놓기 어려운 시기입니다. 따라서 일부에서는 예수님의 탄생이 봄이나 가을에 이뤄졌을 가능성이 있다고 해석하기도 합니다.

12월 25일에 대한 의문

12월 25일은 고대 로마 제국에서 '무적의 태양(솔 인빅투스, Sol Invictus)'의 탄생을 기념하는 축제일로 지켜졌습니다. 이날은 동지 무렵으로, 낮이 다시 길어지기 시작하는 시점이자 새로운 빛의 탄생을 상징했습니다.

이런 역사적 배경을 아는 사람들 사이에서는 다음과 같은 의문이 제기됩니다.
"로마의 태양신 축일이 왜 예수님의 탄생일과 겹치게 되었을까?"

"솔 인빅투스의 탄생일을 예수님의 탄생일로 삼은 것이 신성모독이나 우상 숭배로 연결될 소지는 없을까?"

크리스마스의 역사적 배경

현재 12월 25일을 예수님의 탄생일로 지키는 전통은, 354년 로마의 리베리오 주교가 이날을 예수님의 탄생일로 공식 선포한 것에서 시작됩니다. 이 결정에는 여러 가지 신학적, 역사적, 문화적 이유가 복합적으로 작용했습니다.

① 예수님은 세상의 '참 빛'으로 오셨다는 신학적 상징을 강조

참 빛 곧 세상에 와서 각 사람에게 비추는 빛이 있었나니 (요 1:9)

② 로마의 기존 축제를 기독교적으로 재해석, 복음 전파와 신앙교육 등에 활용

③ 초기 교부들의 전승에 따른 신학적 계산

초기 교부 성 히폴리투스 등은 예수님의 수태일(잉태일)을 3월 25일로 보았습니다. 이는 유대 전통과 초기 교회에서 세상 창조의 시작, 예수님의 수태, 십자가 죽음과 구속의 완성을 같은 날로 보는 신학적 상징성과 연결됩니다. 이로부터 정확히 9개월 후인 12월 25일을 예수님의 출생일로 보는 전통도 여기에서 유래했습니다.

솔 인빅투스 축일과의 관계

12월 25일이 로마의 솔 인빅투스 축일과 겹친 것은 역사적 사실입니다. 그러나 교회는 이를 단순히 이교의 축제를 흡수하거나 모방한 것이 아니라, '빛의 탄생'이라는 상징을 기독교적으로 새롭게 해석하고 선포하는 신학적 의도를 담았습니다.

초기 교부 아우구스티누스는 "우리는 태양의 탄생을 기념하는 것이 아니라, 그 태양을 만드신 분의 탄생을 기념한다"라고 말했습니다. 그리고, 예수 그리스도는 '참된 태양'이시며, 그 빛은 모든 사람을 비춘다는 신학적 해석도 등장합니다.

현재의 일부 목회자들은 태양절로 불리던 날이 예수님의 탄생일로 재해석됨으로써, 어둠과 우상의 날이 참 빛의 날로 바뀌었다는 신앙적 고백을 전하기도 합니다.

크리스마스에 대한 다양한 시각

그러나 모든 이들이 이 전통을 긍정적으로 보는 것은 아닙니다. 일부에서는 '태양신 숭배의 흔적을 그대로 받아들여 축제화한 것은 교회의 타락'이라는 비판적 견해를 제시하기도 합니다.

실제로 현대의 크리스마스는 술 파티, 문란한 행동, 과도한 상업주의, 선물과 쇼핑, 장식에 집중된 문화 등으로 인해, 본래의 의미가 퇴색되고 있다는 지적이 나옵니다.

이런 이유로 일부 지역과 종파에서는 12월 25일을 이교의 흔적으로 보고 인정하지 않거나, 1월 6일 '주현절(예수님의 공적 나타나심 기념일)'을 더 강조하기도 합니다.

크리스마스의 바른 회복이 필요하다

오늘날의 크리스마스는 본래의 정신, 즉 예수님의 겸손한 탄생과 희생적 삶을 기념하는 날로 회복될 필요가 있습니다.

이런 흐름 속에서, 대림절(Advent)을 통해 '오실 예수님'을 기다리는 영적 훈련과 참된 크리스마스의 의미를 회복하려는 움직임도 일어나고 있습니다. 또한, 선물보다 예수님, 파티보다 말씀, 장식보다 나눔을 강조하는 공동체들도 늘어나고 있습니다. 이들은 기부, 금식, 이웃 섬김을 통해 세속화된 크리스마스를 신앙의 자리로 다시 세우려 노력하고 있습니다.

크리스마스는 단순한 축제가 아니라, 어두운 세상에 오신 '참 빛'이신 예수 그리스도를 기념하는 날입니다. 우리 모두가 세상의 문화에 휩쓸리기보다, 겸손과 사랑, 구속과 구원의 복음의 빛을 삶 속에서 실천하는 크리스마스를 회복해야 할 때입니다.

7.
예수님이 탄생하신 해가 AD 1년이 아니야?

성경에는 예수님의 탄생 시기에 대한 이야기들이 여러 군데 등장합니다.

① '동방의 별'이 등장한 시기

> 유대인의 왕으로 나신 이가 어디 계시냐 우리가 동방에서 그의 별을 보고 그에게 경배하러 왔노라 하니 (마 2:2)

② 헤롯왕이 다스리던 시기

> 이에 헤롯이 박사들에게 속은 줄 알고 심히 노하여 사람을 보내어… (마 2:16)

③ 가이사 아구스도가 호적하라 한 시기

> 그 때에 가이사 아구스도가 영을 내려 천하로 다 호적하라 하였으니 (눅 2:1)

④ 목자들이 밤에 밖에서 양 떼를 지키던 때

> 그 지역에 목자들이 밤에 밖에서 자기 양 떼를 지키더니 (눅 2:8)

베들레헴의 별

'동방의 별'은 후대에 '베들레헴의 별'로 널리 알려지게 됩니다. 17세기 독일의 천문학자 요하네스 케플러는 이를 800년 주기로 목성과 토성이 분점에 대해 같은 위치에 놓이는 현상과 연관된 것으로 주장하였고, 이를 근거로 예수님의 탄생 시기를 기원전 7년으로 추측하였습니다.

역사적인 사실

역사가 요세푸스에 따르면 헤롯은 기원전 4년에 사망합니다. 따라서 예수님은 그 이전에 탄생하신 것으로 추정할 수 있습니다.

누가복음에 언급되어 있는 인구 조사는 기원전 4년 경에 이루어졌다는 견해와 기원후 6년 경에 이루어졌다는 견해가 상존하고 있습니다. 로마 제국의 초대 황제 아우구스투스의 명에 따라 팔레스타인 지방에서 인구 조사가 실시되었으며, 당시 시리아 지방의 총독은 퀴리니우스(퀴리뇨, Quirinius)였다는 기록이 있습니다.

1764년에 로마에서 발견된 비문을 근거로, 퀴리니우스가 기원전 4년경 총독이었을 가능성을 제시하는 견해도 있으며, 이를 토대로 예수님의 탄생을 기원전 4년경으로 추정하는 의견이 있습니다.

이와 같이 성경과 역사적인 사실에 비추어 볼 때, 어떤 경우에도 예수님은 AD 1년에 태어나지 않으셨습니다.

"예수님이 탄생하신 해가 AD 1년이 아니야?"라는 질문이 생기게 됩니다.

AD의 유래

AD는 라틴어 'Anno Domini'의 약자로, '주님의 해에', 즉 예수 그리스도께서 태어나신 해를 기준으로 한 연도를 의미합니다. BC는 'Before Christ', 즉 '그리스도 이전'을 뜻하고 있습니다.

이는 AD 525년, 수도사였던 디오니시우스 엑시구스(Dionysius Exiguus)가 부활절 날짜를 계산하던 중, 기존의 연대 체계 대신 예수님의 탄생을 기준으로 한 새로운 연대 체계를 제안하면서 시작되었습니다.

제안을 하게 된 이유는 당시 사용되고 있던 연호가 Anno Diocletiani 241년(즉, 디오클레티아누스 즉위 241년 후)이었는데, 디오클레티아누스가 기독교 박해를 극심하게 자행했던 황제였기 때문에, 디오니시우스는 그의 이름을 쓰는 것에 거부감을 가지게 되었기 때문입니다.

디오니시우스는 예수님의 탄생이 로마 건국 753년경(Ab Urbe Condita, AUC 753년), 즉 자신이 계산한 AD 1년에 해당한다고 설정하였습니다.

하지만, 그 과정에서 헤롯 대왕의 사망 시기 등 역사적 기록을 정확하게 반영하지 못하였고, 그 결과 예수님의 실제 탄생 시기보다 4~6년 늦게 계산된 것으로 추정됩니다.

또한, 디오니시우스가 사용했던 당시 로마 숫자 체계에는 '0'이라는 개념이 없었기 때문에, 연도 계산상 'BC 1년' 다음에 바로 'AD 1년'이 이어지는 구조가 되었습니다. 수학적 계산 오류나 시간 차이의 발생도 있었을 것입니다.

그리고, 디오니시우스는 연대를 '기독교를 박해했던 황제의 즉위 기점'에서, '예수님의 탄생을 기점으로 잡아야 한다'는 신학적 확신과 의도에서 시작하다 보니, 역사적 정밀성보다는, 기독교 중심의 시간 체계를 정립하려는 신앙적·상징적 목적에 더 가까웠을 수도 있었을 것입니다.

디오니시우스의 체계는 처음에는 널리 퍼지지 않았지만, 8세기경 영국의 학자 '베다(Bede)'가 자신의 역사서에서 사용하면서 확산되기 시작하였고, 이후 중세 유럽 교회와 행정 문서에서 서서히 채택되어, 서구 기독교 세계의 표준 연대 체계가 되었습니다.

그리고, 교황 그레고리우스 13세가 1582년 그레고리력을 제정하면서 'AD' 시스템이 오늘날 달력 체계와 결합하게 된 것입니다.

결국 중요한 것은 연도의 정확한 숫자가 아니라, 인류의 역사가 예수 그리스도의 탄생을 중심으로 새롭게 나뉘고, 그분을 통해 인류의 역사가 '구속의 역사'로 전환되었다는 신앙적 고백입니다.

8.
하나님은 이스마엘과의 약속을 지키셨나?

이스마엘은 아브라함과 사라의 여종인 애굽인 하갈이 낳은 아들입니다. 하나님은 하갈에게, 이스마엘을 통해 큰 민족을 이루어질 것이라고 약속하셨습니다.

> 이스마엘에 대하여는 내가 네 말을 들었나니 내가 그에게 복을 주어 그를 매우 크게 생육하고 번성하게 할지라 그가 열두 두령을 낳으리니 내가 그를 큰 나라가 되게 하려니와 (창 17:20)

자연스럽게 다음과 같은 질문이 생기게 됩니다.
"하나님은 과연 이 약속을 지키셨는가?",
"이스마엘의 후손들은 어떤 민족을 이루었는가?",
"이스라엘 민족과 어떤 관계를 맺었는가?",
"이스마엘과 그의 후손들은 하나님을 믿고 순종하고 있는가?"

성경의 기록

성경에는 이스마엘의 후손이 열두 족속을 이루어 살았다는 기록 이후, 이스마엘과 그 직계 후손에 대한 구체적인 내용은 많지 않습니다.

> 이들은 이스마엘의 아들들이요 그 촌과 부락대로 된 이름이며 그 족속대
> 로는 열두 지도자들이었더라 이스마엘은 향년이 백삼십칠 세에 기운이 다
> 하여 죽어 자기 백성에게로 돌아갔고 (창 25:16~17)

이후 성경에서는 주로 이삭을 통한 하나님의 구속 역사가 집중적으로 전개됩니다.

이슬람의 전승

한편, 이슬람 전통에서는 이스마엘을 매우 중요하게 여깁니다. 이슬람의 경전인 꾸란(코란)에 따르면, 이스마엘은 아브라함과 함께 카바(Kaaba)를 재건한 인물로 전해지며, 무함마드가 이스마엘의 후손이라는 주장에 근거해, 이스마엘을 아랍인과 무슬림들의 조상으로 여깁니다.

> ※ 주의할 점: 이는 이슬람의 신앙 해석에 기반한 전승이며, 성경과는 구분되는 내용입니다.

꾸란에도 아브라함과 이스마엘이 함께 했다는 기록이 있습니다.

> 이브라힘(아브라함)과 이스마일이 그 집(카바)의 기초를 세우며… 기도했습니다… 우리의 자손이 당신께 복종하게 하시고… 그들 가운데 한 사자를 보내시어 당신의 말씀을 전하고… 성서와 지혜를 가르치며, 그들을 정

결하게 해 주십시오⋯ (꾸란 2:127~129, 의역)

이스라엘과 주변 부족과의 관계

고대 이스라엘 시대부터 이스라엘과 주변의 아람, 에돔, 모압, 암몬 등 여러 부족들은 교류와 충돌을 반복해 왔습니다. 예를 들어 아람 족속을 보면, 이삭의 아내 리브가가 아람 족속 출신이지만, 다윗·솔로몬 시대에는 아람과 전쟁을 벌이기도 합니다. 이처럼 고대부터 이스라엘과 주변 부족들은 혈연적 연결과 갈등을 동시에 겪어 왔습니다.

> 이삭은 사십 세에 리브가를 맞이하여 아내를 삼았으니 리브가는 밧단 아람의 아람 족속 중 브두엘의 딸이요 아람 족속 중 라반의 누이였더라 (창 25:20)
> 아람 사람이 이스라엘 앞에서 도망한지라 다윗이 아람 병거 칠천 대의 군사와 보병 사만 명을 죽이고 또 군대 지휘관 소박을 죽이매 (대상 19:18)

팔레스타인 지역 통치의 역사

남유다(이스라엘)가 BC 586년 바빌론에 의해 멸망한 이후, 팔레스타인 지역은 페르시아, 헬레니즘 제국, 로마 제국 등의 지배를 받았습니다. AD 636년 야르무크 전투에서 동로마 제국이 이슬람군에 패하면서 이후 약

1,300년 동안 이슬람 세력의 통치가 이어졌고, 1917년 제1차 세계대전 중, 영국이 이 지역을 점령하고 위임통치를 시작했습니다.

이스라엘과 아랍 국가 간의 갈등

오늘날 이스라엘과 아랍 국가들 간의 갈등은, 제1차 세계대전 당시 영국이 펼친 삼중외교가 발단이 되었고, 1948년 이스라엘의 건국을 계기로 본격화되었습니다.

▶ 참고: 영국의 삼중외교
∨ 1915년 후세인-맥마흔 협정: 아랍 독립국가 건설을 약속하며 오스만 제국에 대한 아랍 반란을 유도
∨ 1916년 사이크스-피코 협정: 전쟁 후 오스만 제국 영토를 영국과 프랑스가 분할하기로 비밀 합의
∨ 1917년 벨푸어 선언: 유대 민족 국가 건설을 지지한다는 입장 공식 발표

이로 인해 중동 지역의 정치적 혼란과 갈등이 심화되었고, 이스라엘과 아랍 국가 간의 긴장은 지금까지도 이어지고 있습니다.

이슬람교의 현황

현재 이슬람교는 약 19억 명의 신자를 보유한 세계적인 종교로, 기독교, 불교, 힌두교와 함께 세계 4대 종교 중 하나로 꼽힙니다. 이슬람교는 알라의 자비를 강조하는 한편, 율법과 인간의 행위를 매우 중시하며, 무함마드를 최후의 예언자로 믿습니다. 그리고 예수님을 위대한 예언자로는 인정하지만, 그분의 신성과 대속 사역은 부정합니다. 이 점에서 기독교와 이슬람은 분명히 구별됩니다.

이스마엘에 대한 하나님의 약속은 성경을 통해 분명히 선포되었으며, 그 후손들이 실제로 큰 민족을 이루었음은 역사적으로도 확인할 수 있습니다.

그러나 그들이 하나님의 구속 역사에 적극적으로 순종했는지 여부는 별개의 문제이며, 성경은 이삭의 후손을 통한 하나님의 구속 계획에 초점을 맞추고 있습니다.

우리는 성경의 시각에 근거해 역사를 바라보되, 이슬람이나 중동 정세를 객관적으로 이해하고, 동시에 복음의 관점에서 모든 민족이 참된 구원자 예수 그리스도를 알 수 있도록 기도해야 할 것입니다.

9.
하나님은 이삭과의 약속을 지키셨나?

하나님은 아브라함의 아들 이삭에게 분명한 축복의 약속을 주셨습니다.

> 여호와께서 이삭에게 나타나 이르시되 애굽으로 내려가지 말고 내가 네게 지시하는 땅에 거주하라 이 땅에 거류하면 내가 너와 함께 있어 네게 복을 주고 내가 이 모든 땅을 너와 네 자손에게 주리라 내가 네 아버지 아브라함에게 맹세한 것을 이루어 네 자손을 하늘의 별과 같이 번성하게 하며 이 모든 땅을 네 자손에게 주리니 네 자손으로 말미암아 천하 만민이 복을 받으리라 (창 26:2~4)

하지만 역사를 돌아보면 의문이 생길 수 있습니다.
"과연 이삭의 후손, 즉 이스라엘 민족은 하나님이 약속하신 그 복을 충분히 누려 왔는가?"

이삭의 후손, 이스라엘의 역사

이스라엘은 BC 722년 북이스라엘이 아시리아에 의해 멸망하고, BC 586년 남유다가 바빌론에 의해 멸망한 이후, 오랜 세월 동안 국가적 주권을 상실하고 디아스포라(흩어진 민족)로 살아가야 했습니다.

특히 북이스라엘의 10지파는 아시리아에 포로로 끌려간 뒤 흩어졌고, 역사 속에서 실체를 잃은 상태로 여겨집니다. 현재 유대인으로 남아 있는 것은 주로 레위, 유다, 베냐민 지파의 후손들입니다.

이후에도 이스라엘은 두 차례의 성전 파괴(바빌론, 로마), 강제 이주, 중세와 근현대 유럽에서의 지속적 박해를 겪었고, 오늘날에도 이스라엘 밖에 거주하는 유대인의 수가 상당합니다. 이런 역사 속에서 "하나님이 이삭과 그의 후손에게 하신 축복이 정말 실현된 것인가?"라는 질문이 제기됩니다.

다양한 해석과 견해

이에 대해 유대인 사회와 기독교 내에서도 다양한 해석이 존재합니다.

① 하나님이 이스마엘과 이삭에게 하신 축복의 결이 다르다는 견해
이스마엘에게는 주로 육적인 번영을 약속하셨고, 이삭을 통해서는 영적인 언약, 즉 구원의 계획을 이루셨다는 주장입니다. 하지만, 이삭의 풍성한 재물과 솔로몬 시대의 부귀영화를 보면, 영·육을 구분하기보다는 둘 다 포함된 축복으로 보는 것이 더 타당할 것입니다.

② 이삭의 후손이 죄로 인해 하나님의 축복을 스스로 걷어찼다는 견해
신명기 28장에는 하나님께 순종할 때 축복이 임할 것이라고 기록되어 있

습니다.

> 네가 네 하나님 여호와의 말씀을 삼가 듣고… 그의 모든 명령을 지켜 행하면… 모든 복이 네게 임하며… 좌로나 우로나 치우치지 아니하고 다른 신을 따라 섬기지 아니하면 이와 같으리라 (신 28:1~14)

반면 불순종하면 저주가 임할 것을 경고하고 있습니다.

> 네가 만일 네 하나님 여호와의 말씀을 순종하지 아니하여… 그의 모든 명령과 규례를 지켜 행하지 아니하면 이 모든 저주가 네게 임하며 네게 이를 것이니… 네가 들어와도 저주를 받고 나가도 저주를 받으리라 (신 28:15~19)

결국, 과거 이스라엘 민족이 우상숭배, 율법 위반, 이민족과의 혼인 등 하나님이 금하신 죄를 범하였고, 그로 인해 하나님의 심판을 받은 결과가 역사의 굴곡으로 이어졌다는 견해입니다.

③ 예수님을 통해 하나님의 축복이 이미 실현되었다는 견해

이삭의 후손인 예수님께서 오셔서 율법을 완성하시고, 모든 민족에게 구원의 문을 여셨기에, 이삭을 통한 영적 축복은 전 세계로 확장되었다는 해석입니다.

> 내가 율법이나 선지자를 폐하러 온 줄로 생각하지 말라 폐하러 온 것이 아

니요 완전하게 하려 함이라 (마 5:17)

이는 그리스도 예수 안에서 아브라함의 복이 이방인에게 미치게 하고 또 우리로 하여금 믿음으로 말미암아 성령의 약속을 받게 하려 함이라 (갈 3:14)

현재 기독교는 세계 인구의 약 30%가 믿는 최대 종교가 되었고, 기독교 가치관을 기반으로 성장한 서구권 국가들도 눈에 띄는 발전을 이뤘습니다. 이를 하나님의 약속 성취로 보는 시각도 있습니다.

④ 하나님의 축복은 여전히 진행 중이라는 견해

1948년 이스라엘의 독립을 하나님의 은혜이자 민족적 승리로 받아들이는 유대인들도 많습니다. 유대교 전통에서는 고난을 정결하게 하는 불에 비유하기도 하며, 일부 해석에서는 이를 하나님의 시험이나 신앙의 연단으로 받아들이기도 합니다. 또한 반유대주의와 홀로코스트는 인간의 악함과 역사적 비극으로 해석되고는 합니다.

중요한 것은, 유대인들은 오늘날에도 민족 정체성을 지키며, 경제·정치·군사 등 여러 분야에서 세계적 영향력을 행사하고 있다는 사실입니다.

기독교의 관점과 감사

기독교는 예수님을 통해, 유대인의 엄격한 율법을 넘어 모든 사람에게 참된 믿음으로 구원의 길이 열렸다고 믿습니다. 이는 하나님의 영원한 언약이 예수 그리스도 안에서 완성되고, 이방인에게까지 확장된 결과입니다. 그것이 바로, 하나님이 이삭에게 주신 '천하 만민이 복을 받으리라'는 약속의 깊은 의미라 할 수 있습니다.

하나님의 약속은 역사 속에서 계속 진행되고 있으며, 그 실현 방식과 해석에 있어, 인간의 신앙, 순종, 역사적 상황에 따라 다양한 모습으로 드러나고 있습니다.

우리는 성경을 바탕으로 역사를 바로 바라보되, 하나님께서 결국 모든 약속을 이루실 것을 믿으며 감사와 겸손함으로 살아가야 할 것입니다.

10.
유대교, 기독교, 이슬람… 같은 하나님을 믿는 것일까?

유대교, 기독교, 이슬람은 모두 아브라함을 신앙의 조상으로 인정하는 유일신 종교입니다. 각 종교는 아브라함이 참 하나님과 교제했다고 믿으며, 모두 아브라함을 믿음의 조상으로 존경하며, 하나님을 창조주시요, 유일하신 분으로 믿고 있습니다.

그러다 보니 "유대교, 기독교, 이슬람… 모두 '아브라함의 하나님'을 고백하고는 있는데, 같은 하나님을 믿는 것일까?"라는 질문이 생기게 됩니다.

같은 출발점, 다른 계시

칼 바르트, 존 스토트, 크레이그 블롬버그와 같은 신학자들은, 인류가 동일한 신을 향한 갈망에서 출발할 수는 있으나, 계시를 이해하고 수용하는 방식이 다르기 때문에, 결국 하나님에 대한 신앙 고백도 본질적으로 달라질 수 있다고 보았습니다.

유대교에서는 "하나님은 이삭과 야곱을 통해 선택된 민족과 언약을 맺은 분"으로, 이슬람교에서는 "하나님은 이스마엘을 통해서 계시를 이어 가셨고, 무함마드를 통해 마지막 계시를 완성하셨다"라고 이야기하고 있습니다

다. "누가 언약의 정통 계승자인가?"를 두고 유대교와 이슬람은 신학적으로 분리된 것으로 보입니다.

> …나는 네 조상의 하나님이니, 아브라함의 하나님, 이삭의 하나님, 야곱의 하나님이라… (출 3:6)

> 이브라힘(아브라함)과 이스마일이 그 집(카바)의 기초를 세우며… (꾸란 2:127, 의역)

기독교는 예수님을 하나님의 계시 그 자체로 보며, 삼위일체 하나님을 믿고 있습니다.

> 하나님이 세상을 이처럼 사랑하사 독생자를 주셨으니 이는 그를 믿는 자마다 멸망하지 않고 영생을 얻게 하려 하심이라 (요 3:16)
> 예수께서 이르시되 빌립아 내가 이렇게 오래 너희와 함께 있으되 네가 나를 알지 못하느냐 나를 본 자는 아버지를 보았거늘 어찌하여 아버지를 보이라 하느냐 (요 14:9)

유대교와 이슬람은 삼위일체 교리를 유일신 사상에 어긋나는 것으로 보며, 하나님의 본성에 대한 기독교의 해석을 받아들이지 않고 있습니다.

반면 존 파이퍼와 C. S. 루이스는, 예수님을 단순히 선한 인물이나 예언자로 보는 입장은 예수님의 자기 주장[14]과 충돌하기 때문에 논리적 모순이라고 보았습니다.

유대교가 이해하는 예수님

유대교는 모세의 율법인 토라가 하나님과의 언약의 핵심이라 믿고 있습니다. 그런데, 예수님은 율법을 폐하려 온 것이 아니라 완성하려 하셨지만(마 5:17), 유대교 지도자들은 율법에 대한 예수님의 권위 있는 재해석을 신성모독으로 간주하고 있습니다.

> 유대인들이 이로 말미암아 더욱 예수를 죽이고자 하니 이는 안식일을 범할 뿐만 아니라 하나님을 자기의 친 아버지라 하여 자기를 하나님과 동등으로 삼으심이러라 (요 5:18)

유대인들이 기대했던 메시아는 정치적 해방자, 다윗의 왕국을 회복할 지상의 왕이었습니다. 그러나 예수님은 로마 제국에 의해 십자가에 처형되어 저주받은 자로 간주되었고, 부활을 믿지 않는 유대교 관점에서는, 예수님은 진정한 메시아가 아니라 거짓된 '자칭 메시아'였을 뿐이었습니다.

---

14) 예수님은 자신을 "하나님의 아들(요 10:36)", "죄를 용서할 권세가 있는 분(막 2:5~7)", "세상의 심판주(마 25:31-32)", "부활이요 생명(요 11:25)"이라고 말씀하셨습니다.

> 그 시체를 나무 위에 밤새도록 두지 말고 그날에 장사하여 네 하나님 여호와께서 네게 기업으로 주시는 땅을 더럽히지 말라 나무에 달린 자는 하나님께 저주를 받았음이니라[15] (신 21:23)

그리고, 유대교는 엄격한 유일신 사상을 고수하고 있는데, 예수님이 자신을 하나님이라 주장하거나 하나님의 아들이라 부르는 것을 심각한 신성모독으로 간주되었고, 그래서 유대교 전통에서는 예수님을 신성모독의 죄를 범한 인물로 보고, 메시아로서의 자격이 없다고 판단해 오고 있습니다.

> 이스라엘아 들으라 우리 하나님 여호와는 오직 유일한 여호와이시니 (신 6:4)

한편, 초대교회는 거의 유대인 신자들로 구성되어 있었고, 유대인 그리스도인들은 예수를 믿으면서도 율법과 절기를 지키는 '메시아닉 유대인(Messianic Jews)'이 공동체로 살고 있었습니다.

그러나, ① 유대교 지도자들에 의한 조직적인 배척, ② AD 70년 예루살렘 성전 파괴 이후, 유대교 재편 시 유대교에서 분리되면서 기독교가 유대교

---

15) 신명기 21장 23절을 유대교는 문자 그대로 저주의 구절로 받아들이는 반면, 기독교는 이 구절을 구속사적 관점으로 해석하여, 메시아라는 증거로 받아들였습니다.
 "그리스도께서 우리를 위하여 저주를 받은 바 되사 율법의 저주에서 우리를 속량하셨으니 기록된 바 나무에 달린 자마다 저주 아래에 있는 자라 하였음이라 이는 그리스도 예수 안에서 아브라함의 복이 이방인에게 미치게 하고 또 우리로 하여금 믿음으로 말미암아 성령의 약속을 받게 하려 함이라 (갈 3:13~14)"

안에서 '이단' 혹은 '배교자'로 간주되었고, ③ 바울의 선교를 통해 기독교가 비유대인 중심으로 확장되면서, 기독교가 비유대적 종교로 인식되기 시작하였습니다. ④ 여기에 중세 기독교 세계에서 유대인들은 예수님 죽음의 책임자로 오해받으며, 박해를 당했고, 이러한 역사적 상황 속에서 유대인들에게 예수님을 믿는다는 것은 곧 민족과 전통을 배신하는 행위로 여겨졌습니다.

이슬람이 이해하는 예수님

타우히드(Tawḥīd)는 이슬람교에서 가장 중요한 개념으로 신은 하나이며 일체임을 나타내는 것으로, 이슬람의 가장 핵심 교리인 '알라 외에는 신이 없다(La ilaha illallah)'라는 것입니다.

이슬람은 예수님을 이사(عيسى)라는 이름의 위대한 예언자로 인정하고 있습니다. 그리고, 예수님은 하나님의 말씀(칼리마), 즉 하나님의 능력으로는 잉태되었지만, 절대로 신이 아니고, 하나님의 아들이라는 개념에 대해서는 철저히 거부하고 있습니다.

이슬람의 전통적 해석에 따르면 예수님이 죽지 않았고, 다른 사람이 대신 예수님처럼 죽었고, 예수님은 하늘로 살아 올라갔다고 믿고 있습니다. 그리고, 이슬람에 따르면, 예수님은 종말의 날에 재림하여 적그리스도(알 마시 앗 닷잘)를 제거하고, 예수님의 신성 주상, 십자가 죽음 등과 같은 기독교의 잘못된 교리를 바로잡고 무슬림으로 활동할 것이라 믿고 있습니다.

결론적으로 이슬람에서는 예수님은 이슬람에서 위대한 예언자이자 재림할 인물이지만, 하나님의 아들이 아니며, 십자가와 부활도 없었고, 구속자도 아니라는 입장입니다.

기독교가 고백하는 예수님

기독교는 예수님이 십자가에서 우리를 위해 대신 죽으셨고, 예수님의 피로 우리를 죄와 죽음에서 해방시켜 주신다는 대속(代贖)과 구속(救贖)의 약속이 있는 종교입니다. 모든 인간은 죄 가운데 있으며, 자신의 노력으로는 구원에 이를 수 없기에, 예수님이 십자가를 통해 죄를 대신 짊어지고 죽으셨고, 부활로 죄와 죽음을 이기셨다는 것입니다.

기독교는 예수님이 유일한 길이라 주장하고 있습니다. 하지만 그것은 배타성 때문이 아니라, '하나님이 인간에게 다가오신 유일한 자기 계시'이자, '죄와 죽음을 해결한 유일한 사건'이 예수님 안에 있기 때문이라 믿고 있기 때문입니다.

유대교, 기독교, 이슬람

아브라함의 하나님은 한 분이셨습니다. 그러나 세 종교는 각자 그 하나님을 다르게 받아들였고, 다른 계시로 고착시켰습니다. 하나님에 대한 이해가 달라진 것입니다.

① 아브라함의 하나님을,
② 기독교는 예수님이 오셔서 삼위일체 하나님으로 드러나셨고, 예수님 안에서 계시가 완성되었다고 고백하고,
③ 이슬람은 기독교가 계시를 변질시켰다고 보고, 무함마드를 통해 원래의 유일신 신관을 회복했다고 주장합니다.

기독교적 신앙 고백 관점

예수님은 유대교의 경계성과 행위 중심 구원관을 넘어서, 모든 민족에게 은혜로 구원의 문을 여셨으며, 이슬람이 강조하는 행위와 하나님의 뜻에 대한 전적인 순복 중심의 구원관과는 다른 방식으로, 대속과 확신에 기초한 복음의 길을 여셨다고 기독교는 믿고 있습니다. 즉, 진리는 한 분 하나님께 있으며, 그 하나님은 예수님 안에서 온전히 드러나셨다는 것이 기독교인의 고백인 것입니다.

하나님이 인간에게 주신 사유의지로 인해, 사람들은 자신들이 생각하는

신의 모습을 만들어 가고 있는 것인지도 모르겠습니다.

그렇기 때문에 인간의 욕심과 탐심이 하나님의 뜻으로 포장되는 경우도 있을 수 있습니다.

그러므로 우리가 믿고 따르는 하나님이 과연 성경이 증언하는 참 하나님인지, 우리의 생각과 행위가 진정으로 하나님의 뜻에 부합하는지 끊임없이 돌아보아야 할 것입니다. 하나님의 뜻을 분별하고 그분의 진리에 따라 살아가는 것이야말로 참된 신앙인의 길이기 때문입니다.

그리고, 삼위일체 교리는 초대교회가 성경의 계시에 기초해, 다양한 주장과 이단적 혼란을 분별하기 위해 공의회를 통해 신앙의 본질을 분명히 고백한 교리입니다.

11.
가톨릭과 개신교는 같은 기독교가 아닌가?

가톨릭과 개신교는 복음의 핵심인 예수 그리스도의 십자가와 부활, 그리고 삼위일체 하나님을 고백한다는 점에서 같은 뿌리의 신앙 공동체입니다.

그러나 신학적 강조점과 실천 양식의 차이로 인해, 서로를 바라보는 시선은 여전히 갈라져 있으며, "가톨릭과 개신교는 같은 기독교가 아닌가?"라는 질문이 자연스럽게 제기됩니다.

가톨릭이 보는 개신교

제2차 바티칸 공의회(1962~65) 이후 가톨릭은 개신교를 '분리된 형제(separated brethren)'로 부르며, '같은 세례와 복음, 삼위일체 하나님을 고백하는 공동체'로 인정을 하지만, 일부 근본주의 성향의 개신교에서 주장하는 '로마 가톨릭은 우상숭배'로 보거나 '교황이 적그리스도'라는 주장에 대해서는 경계하거나 피곤함을 느끼기도 합니다.

그리고, 성경 중심, 열정적인 신앙 실천, 사회적 활동의 다양성 등을 개신교의 강점으로 인정하기도 합니다.

반면에 교회의 분열과 분파, 목회자 중심 구조와 권위주의, 물질주의적 성공 신학, 일부 혐오적 설교 등에 대해서는 우려를 하고 있습니다.

개신교가 보는 가톨릭

한국 개신교는 교파 및 교단 성향에 따라 상이한 입장을 보이고 있습니다.

① 근본주의적 보수교단에서는 가톨릭을 우상숭배와 혼합주의 종교로 간주하며, 구원관에 있어서도 회의적 입장을 보이고 있고

② 보수 복음주의 교단에서는 가톨릭을 신학적으로는 다르지만, 믿음의 형제로서 대화 가능성은 인정하고 있습니다.

③ 에큐메니컬 지향 교단에서는 가톨릭을 그리스도의 몸 된 교회로 인정하고 협력과 일치를 추구하고 있습니다.

일반 평신도 사이에도 "가톨릭은 기독교가 아니야"라는 인식이 여전히 존재하기도 하지만, 최근에는 "그래도 예수님을 믿는 같은 종교야"라는 수용적인 태도도 부분적으로 늘어나고 있습니다.

하지만, 일부 개신교 신자들 사이에서는 마리아 공경이나 성상·성화 사용이 우상숭배와 유사하다고 인식하는 경우도 있고, 교황 중심의 구조가

때로는 사람을 지나치게 높이는 모습으로 비춰지기도 합니다.

그리고, 미사의 경우에도, 가톨릭은 그리스도의 희생이 "현재에도 실제로 우리 안에 이루어진다"라고 고백하지만, 개신교 일부에서는 이를 '반복적인 제사'로 오해하거나, '구속의 완성에 대한 혼란'으로 받아들이는 경우도 있습니다.

다만, 사회봉사, 생명운동, 환경·가난한 이웃에 대한 책임감 등은 본받을 점으로 평가하며, 절제된 예배와 엄숙한 전통 등에 대해서는 존중하는 시각도 일부 있습니다.

초기 기독교의 성장 과정

복음이 로마 제국으로 확산되면서, 당시 대중의 문화와 감성을 고려해 12월 25일이 태양신 축제일에서 크리스마스로 바뀐 것처럼, 원활한 복음 전파를 위한 현지 문화의 수용과정에서, 성모 마리아와 성인 공경, 성상과 성화같은 시각적·중보적 요소들이 부각된 것으로 보입니다.

이에 대해 가톨릭은 제2차 니케아 공의회(787)에서 하나님께만 숭배(latreia)하고, 성모와 성인에게는 공경(dulia/hyperdulia)이라는 교리적 구분을 내세웠고, 종교개혁 이후에는 그 구분을 더욱 명확하게 설명하고 실천지침으로 강조해 왔습니다.

그러나, 이러한 교리가 실제 신앙생활 현장에서는 충분히 이해되거나 실천되지 못했던 사례들도 있었고, 이로 인해 마틴 루터, 장 칼뱅과 같은 종교 개혁자들은 복음과 성경 중심의 신앙 회복을 외치게 됩니다.

오늘날의 가톨릭과 개신교

오늘날 가톨릭 교회는 성상과 성화를 '경배의 대상'이 아닌 '신앙 묵상의 도구'로 사용하며, 성인과 성모 마리아에게 드리는 기도는 하나님께 직접 기도하는 대신, 그분들의 중보를 요청하는 간청으로 이해하고 있습니다.

그러나 개신교 일부에서는 이러한 실천들이 실제 신앙생활에서 우상숭배와 유사하게 비칠 수 있다고 우려하며, 예수 그리스도의 유일한 중보자 되심을 지켜야 된다고 믿고 있습니다.

하지만, 흥미롭게도 개신교 내부에서도 목회자 신격화, 웅장하고 화려한 교회, 외형 중심의 예배 문화, 십자가와 이미지의 오용 등 종교개혁이 비판하던 요소들이 새로운 형태로 반복되고 있는 모습을 보이고 있습니다.

개신교 평신도는 어떻게 해야 할까요?

이러한 현실 속에서 개신교 평신도는 어떻게 생각하고 판단하는 것이 좋을까요?

① 말씀에 뿌리내리기

교회의 외형이나 특정 인물에 의존하기보다, 성경을 직접 읽고, 기도하며, 하나님의 말씀 안에서 하나님과 인격적으로 교제하는 훈련을 해야 합니다.

> 그러므로 예수께서 자기를 믿은 유대인들에게 이르시되 너희가 내 말에 거하면 참으로 내 제자가 되고 (요 8:31)

② 그리스도의 유일한 중보성 확신

인간의 구원과 중보는 오직 예수 그리스도를 통해 완성되며, 그 외에 어떤 성인이나 목회자도 우리의 신앙의 중재자나 그 대상이 될 수 없습니다.

> 하나님은 한 분이시요 또 하나님과 사람 사이에 중보자도 한 분이시니 곧 사람이신 그리스도 예수라 (딤전 2:5)

③ 교회의 전통은 분별하며 존중하되, 절대화하지 말 것

전통은 신앙의 유산은 될 수 있으나, 말씀 위에 놓이거나 하나님과의 직접적 관계를 대신해서는 안 될 것입니다.

④ 성도 개인으로서 하나님 앞에 바로 서기

웅장하고 화려한 교회, 인기 있는 목사, 화려한 예배가 신앙의 본질을 대신하게 되지 않도록 깨어 있어야 하며, 자신의 신앙이 외부 구조가 아닌 내면의 진실함 위에 서 있음을 항상 점검해야 합니다.

⑤ 타 교파와의 열린 태도

비판보다는 이해와 복음 안에서의 연합 가능성을 고민하며, 다름 속에서도 같은 하나님을 고백하는 형제자매로서 "그들도 다 하나가 되게 하소서"라는 예수님의 기도를 마음에 품고 살아가야 합니다.

> 아버지여, 아버지께서 내 안에, 내가 아버지 안에 있는 것 같이 그들도 다 하나가 되어 우리 안에 있게 하사 세상으로 아버지께서 나를 보내신 것을 믿게 하옵소서 (요 17:21)

가톨릭과 개신교는 복음의 핵심인 예수 그리스도의 십자가와 부활, 그리고 삼위일체 하나님을 고백한다는 기준에서, 같은 뿌리의 신앙을 고백하는 공동체입니다. 물론, 그 신앙을 실천하고 해석하는 방식에서는 분명한 차이도 존재합니다.

중요한 것은, 어느 교파에 속하든지 개인이 하나님 앞에서 말씀에 뿌리내린 신앙을 갖고, 하나님 나라와 복음을 위해 겸손히 살아가는 것입니다.

이것이 바로 교회가 진정으로 하나 될 수 있는 길이며, 평신도 한 사람 한 사람을 통해 하나님께서 이 시대에 이루시고자 하는 참된 개혁의 시작점일 것입니다.

12.
적으로 만난 기독교인! 하나님은 누구를 구원하시나?

북군의 에이브러햄 링컨 대통령과 남군의 로버트 E. 리 장군은 모두 깊은 신앙심을 가진 인물로, 각자 자신이 믿는 정의와 하나님의 뜻을 위해 기도하였습니다. 이렇게 두 사람 모두 하나님의 뜻을 구했지만, 서로 반대편에서 싸우고 있었다는 점은 전쟁과 신앙의 복잡한 관계를 잘 보여 줍니다.

그리고, 제1차 세계 대전이 한창이던 1914년 12월 24일과 25일 사이에 벨기에 플랑드르 지역에서는, 독일군과 영국군이 참호에서 나와 함께 찬송가를 부르고, 담배·음식·기념품을 나누며, 심지어 축구 경기도 하며, 크리스마스를 함께 기념하였다는 기록도 있습니다.

"기독교인들 간의 전쟁! 이것은 과연 하나님의 뜻인가?",
"적으로 만난 기독교인! 하나님은 누구를 구원하시나?"라는 질문이 생기게 됩니다.

전쟁에 대한 생각은 구약과 신약 시대가 서로 다르게 기록되어 있습니다.

구약성경에서의 전쟁

구약성경에는 약 100건 내외의 전쟁, 전투, 무력 충돌 사건이 기록되어 있습니다.

출애굽기, 민수기, 신명기, 여호수아 등에 나오는 여호수아의 가나안 정복 전쟁, 사사기 6장에서 8장까지에 기록되어 있는 기드온의 미디안 전쟁, 그리고 사무엘하 5장에서 10장에 기록된 다윗의 초기 정복 전쟁들과 같이, 하나님의 지시 아래 진행된 것으로 해석되는 전쟁들이 있는가 하면,

가나안 정탐 후 아말렉과의 무단 전투(민 14:39~45), 하나님께 불순종한 사울의 아말렉 전쟁처럼(삼상 15장) 인간의 판단과 불순종 속에 일어난 전쟁들도 있었습니다.

그리고 이스라엘이 하나님께 반복적으로 불순종하고 우상숭배를 행한 결과, 북이스라엘은 아수르(아시리아)에, 남유다는 바벨론에 의해 멸망당하기도 하였습니다.

이후에는 성경에 이스라엘의 본격적인 국가 전쟁 기록은 더 이상 등장하지 않으며, 물리적인 전쟁보다는 회복과 신앙 개혁, 영적 전투에 대한 내용이 중심을 이루게 됩니다.

신약성경에서의 전쟁

예수님은 칼을 버리라고 하셨고(마 26:52), 원수를 사랑하라고 하셨습니다(마 5:44). 그리고, 갈라디아서 3장 28절에서는 "너희는… 다 그리스도 예수 안에서 하나"라고 기록되어 있어, 그리스도인들 간에 서로 죽이고 미워하는 전쟁은 복음의 본질과 충돌하고 있습니다.

역사 속에서의 기독교인 간의 전쟁

예수님의 가르침에도 불구하고 전쟁은 끊이지 않고 계속되고 있고, 기독교인들 간의 전쟁도 반복되고 있습니다.

십자군 전쟁에서 동방 정교회와 로마 가톨릭 사이의 충돌, 종교개혁 이후의 30년 전쟁, 미국 남북전쟁, 제1차·제2차 세계대전, 그리고 최근의 러시아와 우크라이나 전쟁까지 참호 양쪽에서 모두 '주님의 기도'를 외치는 기독교인 병사들이 있었거나, 지금도 있습니다.

기독교인 간 전쟁이 발생하는 이유

하지만 이런 전쟁들은 국가권력과의 결탁, 신의 이름 오용, 교리 갈등, 제국주의, 구약시대 선생의 잘못된 적용 등에 의해 일어난 것이지, 결코 하나님의 명령에 따른 것이 아니라는 것입니다.

① 국가권력과 결탁하면서 복음이 변질

초대교회는 로마제국의 박해를 받던 비폭력 공동체였으나, 313년 콘스탄틴 황제가 밀라노 칙령으로 기독교를 공인한 이후, 기독교는 국가 종교화되며 권력과 결합하게 되었고, '십자가'는 더 이상 고난과 희생의 상징이 아니라, 국가의 전쟁 깃발 위로 올라가게 됩니다.

② '하나님의 이름으로' 싸우면 모든 것이 정당화된다는 믿음

중세 시대의 십자군은 "성지를 회복하라!", "이 전쟁은 거룩하다!"라며 전쟁을 정당화하였고, 종교개혁 이후의 30년 전쟁에서는 가톨릭과 개신교가 서로를 이단이라 부르며 서로를 학살하였습니다.

그리고, 현대에서도 종종 '하나님의 뜻'이라는 명분 아래 싸움을 하고 있습니다. 문제는 이것이 진짜 '하나님의 뜻'이 아니라, '사람의 뜻을 하나님의 뜻으로 위장'하고 있다는 것입니다. 이것은 하나님의 이름으로 폭력을 정당화하는 것으로, 신성 모독이 될 수도 있습니다.

③ 기독교 내부의 분열과 이단 논쟁

교리나 종파 간 차이로 '다른 기독교인'을 적으로 간주하기도 하였습니다. 중세의 이단 심문, 개신교 종파 간 충돌, 청교도들 간 내전 등 종종 진리를 수호한다는 명분으로 박해가 일어나기도 했습니다. 예수님의 정신은 "진리는 사랑 안에서 말하라"였지만, 현실은 종종 '사랑 없이 진리만 앞세우는 폭력'이 되었고, 지금도 다른 형태로 계속되고 있습니다.

④ 기독교의 정치화·제국화

유럽 제국주의 국가들은 기독교를 민족주의와 제국주의의 논리로 오용하였고, '기독교 문명화'라는 명분 아래 복음과 함께 폭력을 수출했습니다. 아메리카, 아프리카, 아시아 곳곳에 '십자가'와 '총검'이 함께 나아갔으며, 예수님의 뜻과는 무관하게 수많은 이들이 죽임을 당하기도 했습니다.

⑤ 예수의 가르침보다 구약의 전쟁을 모범 삼는 해석

여호수아와 같은 구약 시대의 전쟁을 현대의 영적 혹은 물리적 싸움에 그대로 적용하려는 시도에서 비롯된 것입니다.

그러나 물리적 차원에서의 여호수아의 전쟁은 고대 근동에서 정복과 전쟁이 일반적이던 시대적 상황 속에서만 이해되어야 하며, 이를 근거로 오늘날의 전쟁이나 폭력을 정당화해서는 안 될 것입니다.

정당한 전쟁 이론(Just War)

"그렇다면 기독교 국가는 절대 전쟁을 하면 안 된다는 것인가?"라는 새로운 질문이 생기게 됩니다.

이에 대해 아우구스티누스는 "전쟁은 평화를 얻기 위한 도구일 뿐, 그 사체가 목적이 되어서는 안 된다"라고 말하며, 정당한 전쟁에 대한 개념을 처음 언급했습니다. 그리고, 토마스 아퀴나스는 아우구스티누스의 사상을 계승하여, '정당한 권위', '정의로운 원인', '올바른 의도' 등 세 가지 조건을 '정당한 전쟁의 조건'으로 제시하였습니다.

오늘날 국제 사회에서는 한 국가가 공격을 받았을 때 자위권을 행사하거나, 국제 연합이 승인한 군사적 대응을 정당한 전쟁의 범주로 보는 경우가 많습니다.

전쟁을 대하는 기독교인의 태도

예수님이 "칼을 버리라(마 26:52)"라고 하셨으니, 원수를 사랑하라는 예수님의 가르침을 문자적으로 따르며 양심적 평화주의(Christian Pacifism)를 실천하여, "하나님의 뜻에 따라 총을 잡지 않겠다"라고 생각할 수도 있습니다.

그리고, 평화를 지키고 유지하기 위한 자위권 확보, 정당한 전쟁론(Just War Theory), 로마서 13장에서 말하는 국가 권위에 대한 복종 등을 근거로 "총을 잡겠다"라고 생각하는 사람들도 있습니다.

예수님의 가르침은 명백히 비폭력, 자기희생, 원수 사랑입니다. 그러나, 성경 전체, 특히 구약과 로마서 13장을 보면, 하나님은 죄악을 억제하고 질서를 유지하기 위해 국가나 무력 수단을 사용하신 예들이 분명히 있습니다. 따라서 약자를 보호하거나, 침략을 막고, 정의를 지키기 위한 전쟁과, 그에 대한 대비는 성경적으로도 정당하다고 볼 수 있습니다.

> 그는 하나님의 사역자가 되어 네게 선을 베푸는 자니라 그러나 네가 악을 행하거든 두려워하라 그가 공연히 칼을 가지지 아니하였으니 곧 하나님의 사역자가 되어 악을 행하는 자에게 진노하심을 따라 보응하는 자니라 (롬 13:4)

하지만 어떤 경우에도 전쟁은 마지막 수단이자 제한된 방식으로만 이해되어야 하며, 예수님의 십자가 정신을 훼손해서는 안 될 것입니다. 하나님은 우리에게 단순한 '명령 복종'이 아니라, "십자가를 지고 따르라", "사람의 뜻이 아니라 하나님의 뜻을 구하라"라는 도전을 주셨기 때문입니다.

기독교인 간의 전쟁에서 하나님은 누구를 구원하시나

하나님은 어느 인간 편이 아니라 오직 하나님 자신의 뜻과 정의의 편이십니다.

> 여호수아가 여리고에 가까이 이르렀을 때에 눈을 들어 본즉 한 사람이 칼을 빼어 손에 들고 마주 서 있는지라 여호수아가 나아가서 그에게 묻되 너는 우리를 위하느냐 우리의 적들을 위하느냐 하니 그가 이르되 아니라 나

는 여호와의 군대 대장으로 지금 왔느니라 하는지라… (수 5:13~14)

그리고 예수님을 믿고 하나님의 뜻에 따라 살려는 모든 이들을 구원하십니다. 하나님은 인간의 분열 구조 안에서 편을 들어주시지 않고, 인간이 하나님의 뜻에 순종하는지 만을 판단하고 계시다는 것입니다.

나더러 주여 주여 하는 자마다 다 천국에 들어갈 것이 아니요 다만 하늘에 계신 내 아버지의 뜻대로 행하는 자라야 들어가리라 (마 7:21)

양쪽 모두 하나님을 믿는다고 고백해도, 각자의 신앙은 부분적이고 유한한 이해를 바탕으로 하기 때문에, 구원은 전장에서의 진영이 아니라 하나님 앞에서의 태도와 회개, 믿음에 달려 있습니다.

영국의 기독교 변증가이자 제2차 세계대전 당시 BBC 방송을 통해 많은 이들에게 복음의 메시지를 전했던 C.S. 루이스(Clive Staples Lewis)는, 전쟁과 고난이 인간 내면을 돌아보고 참된 신앙을 성찰하는 기회가 될 수 있다고 보았습니다. 그는 특히 사람들이 자신의 욕망을 하나님의 뜻으로 착각하지 않도록 주의해야 하며, 하나님의 뜻에 순종하며 살고 있는지를 끊임없이 점검해야 한다고 강조했습니다.

독일의 신학자이자 루터교 목사로, 나치에 저항하다 순교한 디트리히 본회퍼(Dietrich Bonhoeffer)는, 신앙이 단순히 옳고 그름의 경계를 나누는 것이 아니라, 고난을 통해 그리스도의 사랑과 자비에 참여하는 길임을 자신의 삶으로 증언했습니다. 그는 히틀러 암살 저항운동에 참여했지만, 마지막까지 타인을 저주하지 않았고, 모든 사람을 위해 하나님의 자비를 구했습니다. 그의 삶과 죽음은 오늘날에도 전쟁, 정의, 신앙의 문제를 성찰하는 이들에게 깊은 울림을 주고 있습니다.

미국의 16대 대통령 에이브러햄 링컨(Abraham Lincoln) 역시, 전쟁과 신앙 사이의 긴장 속에서 깊이 고민한 지도자였습니다. 그는 남북전쟁의 비극 한복판에서, 양 진영이 동일한 성경을 읽고 같은 하나님께 기도하더라도, 궁극적으로 중요한 것은 어느 편이 하나님의 뜻 안에 서 있는가 하는 것이라는 통찰을 남겼습니다. 그는 자신의 입장을 관철시키기보다, 하나님의 뜻이 이 땅 가운데 이루어지기를 겸손히 기도했습니다.

인간의 탐욕이 만든 전쟁

예수님은 칼을 거두라고 하셨고, 원수를 사랑하라고 하셨습니다. 성경은 약자를 보호하고 정의를 실천하라고 명령하지만, 예수님은 그것을 무력이나 강압이 아니라, 사랑과 희생의 길로 이루라고 가르치셨습니다.

그러므로 기독교의 이름으로 자행된 전쟁들은 대부분 인간의 탐욕, 민족주의, 권력욕, 왜곡된 신학, 두려움 등으로 비롯된 것이지, 결코 하나님의 뜻에서 시작된 것이 아니라는 것입니다.

따라서 이 시대를 살아가는 기독교인들은 탐욕과 오만, 권력욕, 왜곡된 신학, 독선, 오만, 배타성을 철저히 경계하고, 예수님의 십자가를 본받아 겸손히, 정의롭게, 평화를 이루는 자로 살아가야 할 것입니다.

4부

기독교 철학과 신학에 대한 질문들

"권위를 의심하는 것은 불신앙이 아니다.
진리를 향한 간절함이다."

1.
선하신 하나님이 왜 악과 고통을 허락하시는가?

고린도전서 10장 13절에 "사람이 감당할 시험 밖에는 너희가 당한 것이 없나니 오직 하나님은 미쁘사 너희가 감당하지 못할 시험 당함을 허락하지 아니하시고 시험 당할 즈음에 또한 피할 길을 내사 너희로 능히 감당하게 하시느니라"라는 구절이 있습니다.

그럼에도, 홀로코스트의 가스실에서 죽은 아기들, 선천적 고통과 장애, 무의미하게 반복되는 대규모 참사 등과 같이, 감당하기 어려운 고통들이 지금도 계속해서 발생하고 있습니다.

"선하신 하나님이 왜 악과 고통을 허락하시는가?"라는 질문이 생기게 되는 이유입니다.

신정론

이런 질문과 관련된 것이 바로 '신정론'입니다.

신정론(神正論, Theodicy)은 전능(全能) 하고 전선(全善)한 신이 있다면 왜 악의 문제가 발생하는가에 대한 이론입니다.

고전적 신정론은 3세기 라틴어권 아프리카의 수사학자이자 기독교 학자였던 락탄티우스(Lactantius, 약 250년에서 317년)로부터 전승되었습니다.

"만일 하나님이 악을 제거하려고 원하지만 제거할 수 없다면, 그는 무능한 것이다. 그가 악을 제거할 수 있는데도 원하지 않는다면, 그는 악한 것이다. 그가 원하지도 않고 제거할 수도 없다면, 그는 하나님이 아니다. 그러나 그가 원하고 또한 할 수 있다면, 우리는 왜 악이 존재하는지를 물어야 한다."

그리고, 18세기 스코틀랜드 계몽주의 철학자 데이비드 흄(1711~1776)은, 그의 사후에 출간된 『자연종교에 관한 대화』(Dialogues Concerning Natural Religion, 1779년)에서, 훗날 '논리적 악의 문제(Logical Problem of Evil)'라 불리게 되는, 신정론에 대한 핵심 논리를 다시 한번 정리하여 제시하였습니다.

① 하나님은 전능하시다.
② 하나님은 완전하게 선하시다.
③ 그런데 세상에는 악과 고통이 존재한다.

이 셋이 동시에 참이라면 모순이 발생하게 되는데, '하나님이 악을 막을 수 없으면 전능하지 않은 것이고', '악을 막을 수 있는데도 안 막으셨다면 선하지 않은 것이다'라는 것입니다.

신정론에 대한 이론

신정론과 관련해서는 과거 천년이 넘는 시간 동안 많은 논쟁이 있었고, 여러 사람들이 다양한 논리를 제기하였습니다.

① 고전적 자유의지 신정론

'악은 하나님이 창조한 것이 아니라, 인간이 자유의지를 오용한 결과'라는 것으로 아우구스티누스 등이 주장하고 있습니다. '아우구스티누스의 신정론'은 13세기 스콜라주의 철학자 토마스 아퀴나스와 16세기 종교개혁 신학자 장 칼뱅 등에게도 영향을 주었습니다.

하지만, 고전적 자유의지 신정론은 자연재해, 질병, 아기의 죽음 등과 같은 자발적 의지가 아닌 고통들에 대해서는 여전히 설명이 부족합니다. 그리고, "어떻게 고통이 죄에 대한 처벌이라고 단정할 수 있느냐"라는 새로운 의문이 생기게 됩니다.

왜냐하면 욥기에서 하나님이 일깨워 주시고자 했던 것 중의 하나가 바로 '인과응보의 법칙을 넘어서는 창조의 신비와 위대함'이었기 때문입니다.

② 성숙 신정론 또는 교육 신정론

"인간은 완전하게 창조된 것이 아니라, 성숙해 가는 과정 중에 있다"라는 것으로 초대교회 교부의 한 사람이었던 이레네우스(130~202)가 주장하였습니다. 하지만 이 역시 아동학대나 학살 등 극단적인 고통을 교육이라고 보기에는 어려움이 있습니다.

③ 현대 신정론
"하나님은 고통을 허용하는 초월자가 아니라, 십자가에서 고통을 함께하시는 분"이라는 시각이 제시됩니다. 독일의 신학자 위르겐 몰트만을 비롯한 일부 신학자들은, 전통적 전능성 개념 대신 고난에 동참하는 하나님의 모습을 강조해 왔습니다. 그러나 이러한 접근은 여전히 신의 전능성과 악의 기원, 고통의 의미에 대한 신학적 설명 면에서 한계를 지니고 있습니다.

④ 부정 신정론
그러다 보니 아예 신정론 자체를 부정하는, 부정 신정론(Anti-theodicy)도 등장하게 됩니다. 에밀 파켄하임 등 일부 포스트모던 신학자들이 주장하고 있는데, '악의 존재나 고통을 받는 데에도 이유가 있다는 말은 고통받는 자의 현실을 왜곡하는 것'이므로, 신정론이 고통을 정당화하는 폭력일 수 있는 것이므로, 차라리 신정론을 포기하고, 침묵과 연대로 고통에 응답해야 한다'라는 것입니다.

그러나, 이 논리는 '신(神)' 자체에 대한 설명을 포기하는 것처럼 보일 수 있습니다.

이처럼 신정론은 어렵고 복잡합니다.

신정론과 신의 존재

하지만, '악의 문제'는 신의 존재 증명과는 또 다른 문제라고 볼 수 있습니다.

'존재하는 신이 이신론, 범신론, 악신론 등과 같이 지선(至善)하지 않은 신일 수도 있는 것'이고, '다신론의 신들처럼 전능하지도 않고, 결함도 가지고 있는 신'이거나, '조로아스터교처럼 선과 악의 신이 각각 존재'한다고 볼 수도 있기 때문입니다.

여기에서 더 나아가 신정론의 모순들을 해결하기 위해 아예 신이 존재하지 않는다는 주장도 할 수 있습니다. 실제로 신정론을 근거로 '무신론'을 주장하는 경우도 있기 때문입니다. 이런 무신론자들은 윤리는 신이 아닌 인간 이성에서 나온다고 주장하기도 합니다.

기독교와 신정론

하지만 전지전능하고 지선(至善)한 유일신을 숭배하는 기독교에서는 '악의 문제'는 매우 심각한 문제가 될 수 있습니다. 거기에다가 신정론에 대한 문제는 그렇게 오랫동안 수많은 철학자와 신학자들이 씨름해 왔지만, 아직까지 이렇다 할 '답'도 없는 상태이기 때문입니다.

그러다 보니 기독교에 있어서 신정론은 매우 골치 아프고, 어려운 문제

중의 하나입니다.

하지만, 그럼에도 불구하고 기독교가 수천 년 동안 지속되었고, 지금도 수십억 명이 믿고 있다는 사실은, 신정론의 논리적 난제에도 불구하고, 철학적이고 논리적인 설명을 뛰어넘는 훨씬 더 깊고 실존적인 무언가를 담고 있기 때문이라고 볼 수 있을 것입니다. 다시 말해 신정론의 한계를 뛰어넘는 더 큰 신앙과 믿음이 있다는 것입니다.

① 신앙은 논리 이상의 것이다.

기독교는 논리적 설명이나 철학적 설득이 아니라, 하나님과의 인격적인 만남과 관계를 바탕으로 하고 있습니다. 신정론은 이성의 질문이지만, 신앙은 삶과 죽음, 고통 등을 수반한 체험적 고백이기 때문입니다. 지금도 수많은 기독교인들이 "나는 하나님을 이해해서 믿는 게 아니라, 고통 속에서도 하나님이 나를 붙드셨기 때문에 믿는다"라고 고백하고 있습니다.

② 기독교 신앙의 중심은 '설명'이 아니라 '사건'이다.

기독교의 중심은 철학적인 '신의 존재론'이 아니라, 예수 그리스도의 십자가와 부활이라는 '역사적 사건'이기 때문입니다. 즉, 고통과 악의 문제를 이론이 아닌 사건과 동행으로 응답하셨다는 것입니다. 다시 말해서 '하나님은 우리 고통의 원인을 설명하러 오시지 않으시고, 그 고통을 함께 지기 위해 오셨다'라는 것입니다.

우리에게 있는 내세사상은 우리의 연약함을 동징하지 못하실 이가 아니

> 요 모든 일에 우리와 똑같이 시험을 받으신 이로되 죄는 없으시니라 (히 4:15)
>
> 하나님이 죄를 알지도 못하신 이를 우리를 대신하여 죄로 삼으신 것은 우리로 하여금 그 안에서 하나님의 의가 되게 하려 하심이라 (고후 5:21)

③ 기독교는 고통 속에서 믿음을 지킨 공동체적인 역사를 가지고 있다.

라틴어 교부이자 초대교회 변증가였던 터툴리안(Tertullian, 2~3세기 초)은 '교회는 순교자의 피 위에 세워졌다'라고 하였고, 나치에 맞서 싸우다 순교한 독일 신학자 디트리히 본회퍼는 '고난 당하시는 하나님만이 우리를 도우실 수 있다(Only a suffering God can help)'라고 말하기도 하였습니다.

여기에다, 기독교는 로마 제국의 박해, 전쟁, 흑사병, 홀로코스트, 가난, 순교 등 극심한 고난 속에서 살아남은 신앙 전통을 가지고 있습니다. 다시 말해서 고통이 기독교 신앙을 파괴하지 않았고, 오히려 더 정화하고 깊게 만들었다는 것입니다.

하나님은 고통을 사용하시지만, 원하시지는 않습니다. 그리고, 악은 그분의 궁극적인 목적을 이룰 수 없습니다. 그렇기 때문에 신정론의 해답은 철학이 아니라 예수 그리스도, 특히 십자가와 부활이라고 해야 할 것입니다.

그리고, 무엇보다도 중요한 것은, 예수님도 십자가에서 고통을 받으셨고, 침묵 속에서 기도하셨으며, 지금도 우리가 고통 속에 울고 있을 때 우리와 함께 울고 계시다는 것입니다.

…너는 두려워하지 말라 내가 너를 구속하였고 내가 너를 지명하여 불렀나니 너는 내 것이라 네가 물 가운데로 지날 때에 내가 너와 함께 할 것이라 강을 건널 때에 물이 너를 침몰하지 못할 것이며 네가 불 가운데로 지날 때에 타지도 아니할 것이요 불꽃이 너를 사르지도 못하리니 (사 43:1~2)

2.
삼위일체가 이단을 만든 것인가?

기독교는 초기 교회 시절부터 다양한 이단이 등장해 왔으며, 오늘날에도 여러 형태로 존재하고 있습니다. 물론 다른 종교도 이단이나 분파가 없는 것은 아니지만, 기독교는 특히 교리적인 다양성과 논쟁으로 인해 분열이 많아 보이는 것이 사실입니다.

"어떤 이유로 기독교에 이단이 많을까?",
"예수님은 하나 됨을 강조하셨는데 왜 자꾸 분열이 생기는 걸까?"라는 질문이 생기게 됩니다.

예수님의 정체성

기독교의 핵심은 "성자 하나님이신 예수님이 인간의 몸으로 이 땅에 오셔서, 인간의 죄를 위해 십자가에서 죽으시고 부활하셨으며, 그를 믿어야만 구원을 받고 영생을 얻을 수 있다"라고 요약할 수 있습니다.

여기서 핵심적인 신학적 질문 두 가지가 있습니다.
첫째, '하나님'과 '예수님'의 관계를 어떻게 설명할 것인가.
둘째, '예수님'과 '인간의 몸'의 관계를 어떻게 이해할 것인가.

기독교 정통 교리에서는

① '성부, 성자, 성령 세 위격이 한 분 하나님 본질을 공유하신다는 삼위일체론'으로 '하나님'과 '예수님'의 관계를 설명하고,

② '예수님은 신성과 인성을 모두 지니시며, 두 본성은 각각의 특성을 유지하면서 하나의 위격 안에 통일되어 있다'라는 내용으로 '예수님'과 '인간의 몸'의 관계를 설명하고 있습니다.

그리고, 이와 다른 방식으로 삼위일체나 성육신을 설명하면 역사적으로 이단으로 간주되어 왔습니다.

공의회와 이단 정죄

① 에비온 주의

초기 예수를 그리스도로 영접한 유대인들을 '에비온 사람'이라고 부른 데서 유래된 에비온 주의는 예수님이 메시아라는 것은 믿지만, 예수님의 신성과 처녀 탄생은 믿지 않아, 최초의 이단으로 불리고 있습니다.

② 양태론

누에투스, 프락시스, 사벨리우스 등은 "하나님이 시대나 상황에 따라, 어떤 때는 성부, 어떤 때는 성자, 어떤 때는 성령 등 서로 다른 양태(樣態, Mode)로 나타난다"라고 주장했습니다. 하나님이 예수님이 되셔서 직접 고난을 받으셨다는 '성부 수난설'도 '양태론'의 하나입니다. '양태론'은 220

년경, 이단으로 판정되었습니다.

③ 아리우스 주의

'아리우스 주의'는 '성자가 성부의 피조물이라고 주장'하다가, 콘스탄티누스 황제가 325년 소집한 최초의 보편 공의회였던 제1차 니케아 공의회에서 이단으로 판정되었습니다.

④ 마케니우스 주의

"성령을 피조물로 보고 성부와 성자와 동등하지 않다"라는 '마케니우스 주의'는, 381년 제1차 콘스탄티노플리스 공의회에서 이단으로 판정되었고, 이때에 삼위일체를 고백하는 '니케아-콘스탄티노폴리스 신경'이 채택되었습니다.

⑤ 네스토리우스 주의

'네스토리우스 주의'는 예수님의 인성과 신성을 각각 독립된 두 자립적 실체(hypostasis)가 병존하는 것으로 해석하였으며, 이로 인해 마리아를 '하나님의 어머니'(Theotokos)보다는 '그리스도의 어머니'(Christotokos)로 칭해야 한다고 주장했습니다. 이러한 입장은 예수 그리스도의 인격적 통일성을 훼손한다고 여겨져, 431년 에페소스 공의회에서 이단으로 규정되었습니다.

그럼에도 네스토리우스의 신학 전통은 페르시아, 중앙아시아, 인도 등지로 확산되었고, 중국에는 '경교(景敎)'라는 이름으로 전래되어 역사적 흔적을 남기기도 했습니다. 오늘날에도 이 전통은 아시리아 동방교회(약 40~50만 명)와 동방 고대교회(약 10만 명)를 통해 이어지고 있으며, 이들은 칼케돈 공의회 이후의 교리를 따르지는 않지만, 자신들은 사도적 기독교 신앙을 계승하고 있다고 주장하고 있습니다.

⑥ 단성론

451년 칼케돈 공의회에서는 예수님께 신성과 인성이 모두 있었으나, 육신을 입은 이후에는 신성만 남았다고 주장하는 '단성론(單性論)'이 이단으로 판정되었습니다.

⑦ 아리우스, 네스토리우스, 단성론 등에 대한 재확인

553년 제2차 콘스탄티노폴리스 공의회에서는 기존 공의회 결정들을 재확인하고 새로운 형태의 아리우스 주의, 네스토리우스 주의, 단성론을 단죄하였습니다.

⑧ 단의론

680년과 681년에 6번째로 열린 제3차 콘스탄티노폴리스 공의회에서는 '예수님 안에는 두 가지 성질이 있지만, 두 성질 모두 단일 의지에 의해 움직인다'라고 보는 '단의론(單意論)'을 이단으로 규탄하고, 예수 그리스도를 신성과 인성, 두 개의 의지를 가진 것으로 정의했습니다.

이처럼 삼위일체와 예수님의 정체성에 관한 교리는 수세기 동안 반복적으로 도전받았고, 공의회는 정통 교리를 명확히 하며 이단적 가르침을 구별해 내는 역할을 했습니다.

"왜 예수님은 이 부분에 대해 명쾌한 답을 안 주셔서 서로 다투게 하셨을까?"
"여러 공의회들을 거치면서 삼위일체가 정립되었을 텐데도 왜 자꾸 논란이 생기는 것인가?"
"삼위일체라는 개념 자체가 논리적으로 모순이 있는 것은 아닌가?"
라는 새로운 질문들이 생기게 됩니다.

삼위일체에 대한 성경적 근거

성경에는 구약에서부터 신약까지 여러 곳에서 삼위일체를 확인할 수 있는 구절들이 있습니다.

> 땅이 혼돈하고 공허하며 흑암이 깊음 위에 있고 하나님의 영은 수면 위에 운행하시니라 (창 1:2)
> 너희는 내게 가까이 나아와 이것을 들으라 내가 처음부터 비밀히 말하지 아니하였나니 그것이 있을 때부터 내가 거기에 있었노라 하셨느니라 이제는 주 여호와께서 나와 그의 영을 보내셨느니라 (사 48:16)
> 말씀이 육신이 되어 우리 가운데 거하시매 우리가 그의 영광을 보니 아버지의 독생자의 영광이요 은혜와 진리가 충만하더라 (요 1:14)
> 그는 근본 하나님의 본체시나 하나님과 동등됨을 취할 것으로 여기지 아니하시고 오히려 자기를 비워 종의 형체를 가지사 사람들과 같이 되셨고

(빌 2:6~7)

그 안에는 신성의 모든 충만이 육체로 거하시고 (골 2:9)

반면에, '내 아버지께', '보내리니', '하나님 우편에 앉아 계시다' 등과 같이 서로 다른 개체처럼 볼 수 있는 구절도 여러 군데 있습니다.

볼지어다 내가 내 아버지께서 약속하신 것을 너희에게 보내리니 너희는 위로부터 능력으로 입혀질 때까지 이 성에 머물라 하시니라 (눅 24:49)
내가 아버지께 구하겠으니 그가 또 다른 보혜사를 너희에게 주사 영원토록 너희와 함께 있게 하리니 (요 14:16)
주 예수께서 말씀을 마치신 후에 하늘로 올려 지사 하나님 우편에 앉으시니라 (막 16:19)

이에 대해 기독교 정통 교리에서는 '성부와 성자와 성령이 같은 본질을 공유하되, 그 위격이 다르기 때문'이라고 설명합니다.

삼위일체에 대한 오해와 비유

삼위일체에 대해 이해를 위한 설명으로

① 어떤 사람은 태양의 비유를 사용하기도 합니다.

태양 자체(성부)에서 빛(성자)과 열(성령)이 발산되는 모습으로 삼위일체를 설명하려는 것입니다. 하지만 이런 비유는 자칫 '성자는 성부에 의해 창조되거나 종속된다'는 오해를 줄 수 있어, 역사적으로 정죄된 '아리우스주의'와 비슷한 생각으로 빠질 위험이 있습니다.

② 물·수증기·얼음이 모두 H2O라는 비유도 사용됩니다.
그러나 이 비유는 본질이 하나인데 상황에 따라 모습만 바뀌는 개념으로, 이는 삼위가 동시에 독립적이고 구별된 위격을 가진다는 성경적 삼위일체 교리와 다릅니다. 실제로 이러한 설명은 초대교회에서 이단으로 정죄된 '양태론(Modalism)'과 유사하므로 주의해야 합니다.

③ 나는 집에서는 아들, 학교에서는 학생, 친구들 사이에서는 친구
이런 식의 설명도 종종 삼위일체 비유로 사용되지만, 이 역시 하나의 존재가 역할만 바뀌는 '양태론'적 사고입니다. 삼위일체는 한 분 하나님 안에 영원부터 구별된 세 위격이 함께 존재하신다는 것이 핵심이므로, 이런 설명은 신학적으로 부적절합니다.

④ 가족을 지키는 아빠, 가족을 안아주는 엄마, 사랑을 느끼는 나
이렇게 하나의 가족을 이룬다는 설명도 종종 삼위일체 비유로 제시됩니다. 그러나 가족 구성원은 본질적으로 서로 다른 독립된 존재들이며, '한 본질 안에 세 위격'이라는 삼위일체 교리와는 본질적으로 다르기 때문에 정확한 설명이 아닙니다.

⑤ 기억(Memoria)·이해(Intelligentia)·사랑(Amor)

아우구스티누스는 인간 내면을 기억·이해·사랑 등의 세 요소로 보고, 이를 통해 '하나의 본질 안에 구별된 세 위격'을 비유적으로 설명하려 했습니다. 그러나 이 세 요소는 모두 하나의 인격 안에서 이루어지는 작용일 뿐, 삼위일체의 성부·성자·성령처럼 구별된 인격적 주체로 존재하는 것은 아닙니다. 따라서 이 비유는 자칫 삼위일체를 '하나의 정신 작용'으로 환원하거나, 삼위 간의 인격적 관계성을 약화시키는 오해를 불러일으킬 위험이 있습니다. 그렇기에 이 비유 역시 신중히 사용해야 합니다.

삼위일체의 신비

삼위일체의 신비는 인간의 이성으로 온전히 이해할 수 없습니다. 그래서 다양한 비유들이 시도되지만, 대부분의 비유는 부분적인 이해를 돕는 데 그치며, 자칫 잘못 적용하면 성경적 삼위일체 교리를 왜곡하거나 이단적 주장에 가까워질 수 있습니다.

결국, 삼위일체는 '하나님이 스스로 계시하신 진리'라는 믿음으로 받아들이는 것이 본질이며, 어떤 비유도 그 신비를 완벽히 담을 수 없다는 겸손한 태도가 필요합니다.

삼위일체를 어떻게 이해할 것인가

삼위일체는 참으로 어려운 주제입니다. 그렇다 보니 '기독교는 성부·성자·성령, 세 분의 신을 섬기는 다신교가 아니냐'는 오해가 생기기도 하고, 삼위일체를 부정하는 이단들이 지금도 존재합니다.

정통교회의 입장에 따르면, 삼위일체는 '하나의 본질 안에 구별된 세 위격'을 고백하는 신앙입니다. 그러나 이 깊은 진리는 인간의 이성으로 완전히 설명하거나 이해하기 어렵습니다. 피시디아의 소티리오스 트람바스 대주교도 삼위일체를 "인간의 이성으로 깨달을 수 없는 신비이며, 오직 믿음으로만 그 신비를 받아들일 수 있다"라고 말한 바 있습니다.

이처럼 삼위일체는 결국 논리로 모두 설명되는 교리가 아니라, 하나님께서 스스로 계시하신 신비이며, 신앙의 대상으로 겸손히 받아들여야 할 진리입니다.

물론, 이는 삼위일체에 대한 믿음을 포기하거나, 무조건적인 수용만을 강요하는 태도는 아닙니다. 우리는 성경을 바탕으로 삼위일체를 가능한 한 바르게 이해하고 설명하려 노력해야 합니다.

그리고 인간의 이성과 논리만으로 이 신비를 다 해석하려는 오만을 특히 경계해야 합니다. 신앙은 철학이나 과학처럼 완전한 검증을 통해 모두 규명할 수 있는 영역도 아니고, 특히 하나님에 대한 이해는 우리의 이성을 초월하는 부분이 너무나 많기 때문입니다.

> 이는 내 생각이 너희의 생각과 다르며 내 길은 너희의 길과 다름이니라 여호와의 말씀이니라 이는 하늘이 땅보다 높음 같이 내 길은 너희의 길보다 높으며 내 생각은 너희의 생각보다 높음이니라 (사 55:8~9)

하나님을 온전히 이해할 수 없음을 겸허히 인정하면서도, 그분이 계시해 주신 진리를 배우고, 믿음으로 따르며 순종해 가는 것, 바로 그것이 건강한 신앙인의 자세일 것입니다.

3.
기독교의 배타성은 극복될 수 없나?

성경은 예수님 외에는 다른 구원의 길이 없다고 가르치고 있습니다.

> 너는 나 외에는 다른 신들을 네게 두지 말라 (출 20:3)
> 예수께서 이르시되 내가 곧 길이요 진리요 생명이니 나로 말미암지 않고는 아버지께로 올 자가 없느니라 (요 14:6)
> 다른 이로써는 구원을 받을 수 없나니 천하 사람 중에 구원을 받을 만한 다른 이름을 우리에게 주신 일이 없음이라 하였더라 (행 4:12)

하지만 이러한 유일신 개념이 배타적으로 작용하여, 비기독교인들에 대한 차별과 혐오, 그리고 독선으로 나타나는 경우가 있습니다. 그뿐만 아니라 이러한 성향들로 인해 기독교인들 간에도 '교리 다툼'이 발생하기도 합니다.

"기독교의 배타성은 극복될 수 없나?",
"기독교인들의 차별과 혐오, 독선, 다툼에 대한 해결 방안은 없는가?"
라는 질문이 생기게 됩니다.

뒤집으면 "기독교는 얼마나 다른 종교나 사상을 포용할 수 있나?"라는 질문으로 바꿔볼 수도 있을 것입니다.

다른 종교에 대한 태도와 관련하여 학자들은 ① 배타주의, ② 포용주의, ③ 다원주의 등을 제시하고 있습니다.

배타주의

보수 정통 신학은 예수 그리스도를 하나님이 인간으로 오신 유일한 존재로 고백하며, 그분 외에는 구원의 가능성이 없다고 주장합니다. 진리는 하나이며, 다른 종교는 구원의 길이 될 수 없다고 보는 배타적 입장을 견지합니다.

긍정적으로 보면 궁극적 진리와 생명의 근원에 대한 확신이며, 인간이 만든 신이 아닌 '스스로 존재하시는 하나님'에 대한 고백이지만, 부정적으로 보면 다른 신앙을 열등하거나 무지하다고 보는 '배타적 태도'로 쉽게 이어질 수 있습니다.

기독교는 '사랑'과 '화해'를 핵심 가르침으로 삼지만, 배타주의가 '진리를 소유하려는 태도'로 변질되어, 삼위일체, 성찬론, 칭의론, 성령세례 등 여러 주제를 놓고 수많은 교파로 나뉘고 분열이 계속 이어져 오고 있습니다.

그리고, 교리 그 자체보다, 그것을 '절대화'하고 '타인을 정죄하는 무기'로 사용하기도 하였고, 그로 인해 다툼이 생기기도 하였습니다. 역사적으로도 기독교는 다른 종교인들, 동성애자들, 여성, 이단 등 다양한 집단을 정죄하거나 차별하고 혐오해 온 사례도 많고, 특히 서구 식민주의 시대에는 '기독교 문명 우월주의'가 식민 지배를 정당화하는 데 사용되기도 했던 것이 사실입니다.

포용주의

포용주의는 예수 그리스도가 구원의 중심임을 인정하면서도, 하나님의 은혜와 주권이 예수를 명시적으로 알지 못한 이들에게도 미칠 수 있음을 조심스럽게 여기는 입장입니다. 대표적으로 가톨릭의 일부 구원론이나 카를 라너의 '익명의 그리스도인' 개념이 여기에 포함됩니다.

이는 타 종교인 중에도 양심과 진리를 따르려는 삶을 사는 이들이 있을 수 있음을 인정하되, 그 구원 또한 결국 예수 그리스도를 통한 것임을 분명히 하고 있습니다.

> (율법 없는 이방인이 본성으로 율법의 일을 행할 때에는 이 사람은 율법이 없어도 자기가 자기에게 율법이 되나니, 이런 이들은 그 양심이 증거가 되어 그 생각들이 서로 혹은 고발하며 혹은 변명하여 그 마음에 새긴 율법의 행위를 나타내느니라) (롬 2:14~15)

종교 다원주의

종교 다원주의는 "산에 오르려면 여러 등산로가 있는 것처럼, 여러 종교가 구원의 길을 제공하고 있다"라고 보는 입장입니다.

기독교가 말하는 구원은, 불교에서는 '해탈', 힌두교에서는 '신과의 일체' 등과 같이 비슷한 목적을 가지고 있고, 형식과 문화가 다를 뿐이라는 것입니다. 참고로 2021년 바이든 대통령 취임식에서 실베스터 비맨 목사의 기도 마지막 부분, "In the strong name of our collective faith, Amen. (우리 공동의 강한 신앙의 이름으로, 아멘)"이란 내용이 참고가 될 수 있을 것입니다.

다원주의는 기독교의 배타성이 과거 십자군 전쟁·식민지 선교·타 종교 혐오 등 잘못된 결과를 초래한 사례가 있었고, 타 종교에도 도덕성·경건·헌신·영적 체험이 분명히 존재하는데, '지옥에 간다'라고 단언하는 것은 도덕적 문제와 신정론(神正論) 등을 유발할 수 있다는 이유로, 존 힉, 폴 니터 등 자유주의 신학자들이 '은총의 보편성'과 '예수의 유일성'을 설명하기 위한 고민에서 출발했습니다.

하지만 "십자가 없이도 구원이 가능하다면, 예수의 죽음은 왜 필요한가?"라는 구속사(救贖史) 전체를 부정하는 것으로 볼 수 있는 데다, 성경과 충돌할 수 있는 요소들이 많아 비성경적이란 비판과 함께 배격되고 있는 주장입니다.

참고로, 종교 다원주의는 예수 그리스도 외에도 구원의 길이 있다고 보는 반면, 에큐메니컬 운동은 예수 그리스도의 유일성과 복음의 절대성을 전제로 하여, 기독교 교단 간의 연합과 협력을 추구합니다. 이처럼 두 입장은 출발점과 전제 자체가 다르므로, 신학적으로 혼동하거나 동일시해서는 안 됩니다. 교회 안에서는 이 둘을 분명히 구별하는 신학적 분별이 필요합니다.

가톨릭의 태도

가톨릭에서는 다른 종교와도 대화와 협력을 하며 예수님을 증언하겠다는 태도를 가지고 있어, 배타주의보다는 포용주의에 가깝지만, 그렇다고 완전한 포용주의는 아닙니다. 굳이 정리하면 '그리스도의 유일성을 유지하는 포용주의적 구원론' 또는 '제한적 포용주의' 정도로 이야기할 수 있을 것 같습니다.

제2차 바티칸 공의회(1962~1965)에서는 "구원은 오직 예수 그리스도로부터 오지만, 그 은총은 예수를 명시적으로 알지 못한 이들에게도, 양심과 진리를 따르려는 삶을 통해 하나님의 주권으로 미칠 수 있다"라고 결정하였습니다.

이는 타 종교와의 대화를 열어 두면서도 복음의 중심성을 지키려는 신학적 입장입니다. 특히 타 종파에 대한 이제까지의 경직된 태도를 허물고,

'예수 그리스도 안에서 형제자매'로 보면서 그들의 교회와 전통 중에서 진정하고 긍정적인 요소는 배우고 토의하는 계기를 마련하였고, 타 종교에 대해 관용적인 태도로 돌아서게 하는 초석을 제공하였습니다.

그리고, 성경에도 수로보니게 여인(막 7:24~30), 로마 백부장의 믿음(마 8:10), 착한 사마리아인 비유(눅 10:25~37) 등의 이야기가 있어 '포용적 시선'이 존재하고 있습니다. 또한, 다메섹 도상에서 바울에게 직접 찾아가신 예수님(행 9장), 로마의 백부장 고넬료에게 베드로를 보내신 사건(행 10장), 에티오피아 내시에게 빌립을 보내신 장면(행 8장)과 같이, 하나님께서 진리를 향해 나아가려는 이들을 주권적으로 찾아가신 성경적 사례들과도 어느 정도 일치한다고 볼 수 있습니다.

이는 예수님 외에 다른 구원의 길이 있다는 의미가 아니라, 하나님께서 그들을 찾아가 은총을 베푸시고 예수 그리스도를 통한 구원의 길로 이끄신다는 것입니다.

그러나 가톨릭의 이러한 구원관에 대해, 개신교 내 일부 보수 진영에서는 "예수 그리스도를 통한 구원의 유일성을 훼손한다"거나 "종교 다원주의로 이어질 위험이 있다"고 우려하며 비판적인 입장을 취하고 있습니다. 특히 일부 극단적인 비판자들은 이를 "사람들을 혼미하게 만드는 사탄의 계략"으로까지 해석하기도 합니다.

섬김과 포용

성경에는 예수님만이 구원의 통로라고 명확하게 기록하고 있습니다. 그리고, 예수님은 이웃을 사랑하고 존중하라고 가르치셨고, 섬김을 통해 복음을 전파하라고도 가르쳐 주셨습니다. 따라서 진리를 전하는 목적은 사랑의 관계 회복에 있으므로, 삶 속에서 자연스럽게 예수님을 증언하려는 노력이 필요하다는 것입니다.

하지만, 일부 잘못된 기독교인들이 행하는 배타주의적인 행동들이 차별, 혐오, 독선 등으로 이어져, 사람들로 하여금 기독교를 멀리하고, 떠나게 하는 이유로 작용하기도 합니다.

예수님은 '실족하게 하는 것'을 매우 심각한 죄로 보셨습니다. 실족이란 단지 교리적인 배교뿐 아니라, 우리의 말과 행동, 위선, 오만, 무지함으로 누군가의 믿음을 꺾거나 하나님과 멀어지게 하는 것 모두를 포함하고 있습니다.

그러므로 기독교인은 언제나 "내가 누구에게 실족의 걸림돌이 되고 있지 않은가?" 하는 자문을 하며 살아야 할 것입니다.

> 누구든지 나를 믿는 이 작은 자 중 하나를 실족하게 하면 차라리 연자 맷돌이 그 목에 달려서 깊은 바다에 빠뜨려지는 것이 나으니라 (마 18:6)
> 그런즉 우리가 다시는 서로 비판하지 말고 도리어 부딪칠 것이나 거칠 것

을 형제 앞에 두지 아니하도록 주의하라 (롬 14:13)

무엇보다도 중요한 것은, 기독교는 예수 그리스도가 중심이며, 그분의 사랑과 십자가, 은혜와 포용의 정신이 진리의 기준이라는 것입니다. 또한, 기독교인은 예수님의 참된 모습을 삶으로 드러내는 증인이 되어야 한다는 것입니다.

> …너희 착한 행실을 보고 하늘에 계신 너희 아버지께 영광을 돌리게 하라 (마 5:16)
> …너희 중에 누구든지 크고자 하는 자는 너희를 섬기는 자가 되고 (마 20:26)
> 너희가 서로 사랑하면 이로써 모든 사람이 너희가 내 제자인 줄 알리라 (요 13:35)

4.
차라리 태어나지 아니하였더라면 (마 26:24)

기독교에서 말하는 것처럼 "사람이 태어날 때부터 원죄를 가지고 태어난다면 아예 태어나지 않는 것이 더 나은 것 아닌가?"라는 질문은 믿음이 있든 없든 누구나 한 번쯤 해 볼 수 있는, 인간으로서 자연스러운 고민일 것입니다. 특히 삶의 고난이 깊고, 그 끝이 보이지 않을 때 그런 생각이 더 깊어지기 마련입니다.

욥도 왜 죽어서 태어나지 않았나라는 질문을 던졌습니다.

> 어찌하여 내가 태에서 죽어 나오지 아니하였던가 어찌하여 내 어머니가 해산할 때에 내가 숨지지 아니하였던가 (욥 3:11)

전도서의 기자도 인생의 허무를 토로합니다.

> …나는 아직 살아 있는 산 자들보다 죽은 지 오랜 죽은 자들을 더 복되다 하였으며, 이 둘보다도 아직 출생하지 아니하여 해 아래에서 행하는 악한 일을 보지 못한 자가 더 복되다 하였노라 (전 4:2~3)

그렇다면 정말 태어나지 않는 것이 더 나았을까?

기독교의 대답은 단순하지 않습니다.

하나님은 인간을 자신의 형상대로 창조하셨고(창 1:27), 존재 자체가 하나님의 뜻과 목적 안에 있다고 성경은 말합니다.

> 곧 창세 전에 그리스도 안에서 우리를 택하사 우리로 사랑 안에서 그 앞에 거룩하고 흠이 없게 하시려고 (엡 1:4)

그러나 인간의 타락으로 인해 원죄가 세상에 들어왔고, 그 결과 고통과 악이 존재하게 되었습니다. 그렇다고 해서 인간 존재 자체가 부정되거나, 태어남이 잘못이라는 결론으로 나아가지는 않습니다. 하나님은 여전히 인간에게 선택의 기회를 주셨습니다.

> 내가 오늘 하늘과 땅을 불러 너희에게 증거를 삼노라 내가 생명과 사망과 복과 저주를 네 앞에 두었은즉 너와 네 자손이 살기 위하여 생명을 택하고 (신 30:19)

더 나아가, 하나님은 우리의 연약함과 고통을 외면하지 않으셨습니다. 바로 예수 그리스도를 통해 우리와 같은 육신을 입고 오셔서, 십자가를 통해 죄와 고통의 문제를 직접 담당하셨습니다.

> 너희는 그 은혜에 의하여 믿음으로 말미암아 구원을 받았으니 이것은 너희에게서 난 것이 아니요 하나님의 선물이라 (엡 2:8)

어떻게 살아야 될까?

그럼에도 불구하고, 현실을 살아가는 우리는 여전히 "태어난 게 좋은가?"라는 질문에 대한 확신이 흔들릴 때가 있습니다.

사실 하나님을 완전히 이해할 수 있다면, 그분은 이미 인간의 틀 안에 갇힌 존재가 될 것입니다. "인간이 신을 이해할 수 있다면, 이미 신이 아니다"라는 아우구스티누스의 말처럼 모든 것을 다 이해하려 하기보다, 주어진 삶 속에서 하나님을 신뢰하며 살아가는 것이 믿음의 길일 것입니다.

고통 속에서도, 이해되지 않는 순간에도, 하나님은 여전히 우리의 걸음을 인도하십니다.

> 사람이 마음으로 자기의 길을 계획할지라도 그의 걸음을 인도하시는 이는 여호와시니라 (잠 16:9)

그리고 예수님은 "염려하지 말라"고 말씀하십니다.

> 그러므로 내일 일을 위하여 염려하지 말라 내일 일은 내일이 염려할 것이

> 요 한 날의 괴로움은 그 날로 족하니라 (마 6:34)

결국 삶이란, 답을 다 얻어서가 아니라, 답을 주시는 하나님을 신뢰하며 걸어가는 여정입니다. 비록 고난이 있고, 때로는 "차라리 태어나지 않았더라면"이라는 생각이 스칠지라도, 하나님은 우리를 포기하지 않으셨고, 십자가와 부활을 통해 새 생명의 길을 여셨습니다.

그러니 오늘을 살아가는 우리도, 주어진 자리에서 부지런히, 소망을 가지고, 하나님의 뜻을 따라 살아가는 것이 신앙인의 태도가 아닐까요?

> 운동장에서 달음질하는 자들이 다 달릴지라도 오직 상을 받는 사람은 한 사람인 줄을 너희가 알지 못하느냐 너희도 상을 받도록 이와 같이 달음질하라 (고전 9:24)
> 그런즉 너희가 어떻게 행할지를 자세히 주의하여 지혜 없는 자 같이 하지 말고 오직 지혜 있는 자 같이 하여 세월을 아끼라 때가 악하니라 (엡 5:15~16)

어차피 태어난 우리의 인생, 하나님을 바라보며 구원의 확신과 소망 속에서 하루하루를 걸어가는 것, 그것이 결국 가장 지혜로운 선택일 것입니다.

5.
아담과 하와의 죄가 왜 온 인류에게 미치는 것일까?

창세기 3장에는 아담과 하와가 하나님의 명령을 어기고 선악과를 먹음으로써 에덴동산에서 쫓겨나는 사건이 기록되어 있습니다. 이로 인해 인간은 죽음과 고통, 수고의 현실에 직면하게 됩니다.

> 또 여자에게 이르시되 내가 네게 임신하는 고통을 크게 더하리니… 아담에게 이르시되 땅은 너로 말미암아 저주를 받고… 너는 흙이니 흙으로 돌아갈 것이니라 (창 3:16~19)

이 사건은 인류 역사 전체에 깊은 영향을 미쳤으며, 고대부터 현대에 이르기까지 다양한 신학적·철학적 논쟁과 고민을 낳아왔습니다.

"전지전능하신 하나님이 인간이 순종하지 않을 것을 모르셨을까?"
"선악과는 아담과 하와가 먹었는데, 왜 모든 인류가 죄인이 되어야 하나?"
"선악과 사건으로 에덴에서 쫓겨났다면 이미 벌을 받은 거 아닌가? 그런데 그 죄가 유전되어 후손들까지 죄인으로 태어난다는 개념이 과연 정당한가?"
이러한 질문들은 오래전부터 교회 안팎에서 제기되어 온 진지한 고민입니다.

교회사 속의 다양한 해석

초대교회 시기부터 이러한 질문에 대한 다양한 해석이 제시되었습니다.

초대교회 교부였던 이레네우스(2세기)는 인간을 미숙한 존재로 보며, 타락조차도 성숙의 과정으로 해석했습니다. 인간의 고통과 연약함을 일방적 저주로만 보지 않고, 하나님이 인간을 성숙하게 이끄시는 긴 여정으로 이해했습니다.

유스티노 순교자(2세기)는 각 개인의 선택과 책임을 강조하며, 죄는 각자의 의지적 선택의 결과라고 보았습니다.

히포의 아우구스티누스(4~5세기)는 아담의 타락 이후 인간의 자유의지가 심각하게 훼손되었고, 모든 인류가 죄의 성향을 지닌 채 태어나게 되었다는 원죄론을 주장했습니다. 그는 시편과 로마서의 말씀을 근거로 이를 강조했습니다.

> 내가 죄악 중에서 출생하였음이여 어머니가 죄 중에서 나를 잉태하였나이다 (시 51:5)
> 그러므로 한 사람으로 말미암아 죄가 세상에 들어오고 죄로 말미암아 사망이 들어왔나니 이와 같이 모든 사람이 죄를 지었으므로 사망이 모든 사람에게 이르렀느니라 (롬 5:12)

아우구스티누스의 원죄론은 펠라기우스와의 논쟁 속에서 더욱 공고해졌습니다. 펠라기우스는 인간이 죄 없이 태어난다고 주장했으나, 그의 사상은 418년 카르타고 공의회와 529년 제2차 오렌지 회의에서 이단으로 정죄되었고, 아우구스티누스의 주장은 서방 교회의 정통 교리로 확립되었습니다.

원죄에 대한 논쟁과 비판

① 신학적 차이

동방정교회는 아담의 죄로 인해 인류가 죽음과 부패의 조건에 놓인 것은 인정하지만, 각 개인이 자발적으로 죄를 지을 때에만 도덕적 책임을 진다고 봅니다.

> 범죄하는 그 영혼은 죽을지라 아들은 아버지의 죄악을 담당하지 아니할 것이요 아버지는 아들의 죄악을 담당하지 아니하리니 의인의 공의도 자기에게로 돌아가고 악인의 악도 자기에게로 돌아가리라 (겔 18:20)

② 윤리적 비판

아담과 하와의 잘못 때문에 태어나자마자 죄인으로 간주된다는 개념은 현대의 책임 윤리와 충돌합니다. 이는 유아 정죄 논란과 연결될 수 있으며, 비기독교인들에게 기독교 교리를 설명하는 데 장애가 됩니다.

③ 철학적 문제

"전능하고 선한 하나님이 왜 원죄가 유전되도록 허락하셨는가?"라는 신정론 문제가 제기됩니다. 또한 죄가 의지적 선택의 결과인데, "생물학적으로 어떻게 유전될 수 있는가?"라는 질문도 뒤따릅니다.

성경이 전하는 분명한 사실

그럼에도 불구하고, 성경은 다음 두 가지를 분명히 전합니다.

첫째, 인간은 선악과 사건 이후 죽음과 고통의 현실에 놓여 있다.

> 선악을 알게 하는 나무의 열매는 먹지 말라 네가 먹는 날에는 반드시 죽으리라… (창 2:17)
> …한 사람으로 말미암아 죄가 세상에 들어오고… 사망이 모든 사람에게 이르렀느니라 (롬 5:12)

둘째, 인간은 여전히 자유의지 안에서 죄를 선택할 수 있는 존재이다.

> 선을 행하고 전혀 죄를 범하지 아니하는 의인은 세상에 없기 때문이로다 (전 7:20)
> 시험에 들지 않게 깨어 기도하라 마음에는 원이로되 육신이 약하도다 (마 26:41)

그리스도를 통한 새로운 길

결국 인간의 타락과 원죄의 문제는 인간 스스로 해결할 수 없는 한계를 드러냅니다. 그러나, 하나님은 이러한 인간을 포기하지 않으시고, 예수 그리스도를 이 땅에 보내 주셨습니다. 예수님은 우리의 죄를 대신 짊어지시고 십자가에서 죽으심으로 우리를 죄와 죽음에서 구원하셨고, 부활을 통해 새 생명의 길을 열어 주셨습니다.

> 만일 우리가 죄가 없다고 말하면 스스로 속이고 또 진리가 우리 속에 있지 아니할 것이요 만일 우리가 우리 죄를 자백하면 그는 미쁘시고 의로우사 우리 죄를 사하시며 우리를 모든 불의에서 깨끗하게 하실 것이요 (요일 1:8~9)

비록 우리는 모든 것을 다 이해할 수는 없지만, 예수 그리스도 안에서 하나님의 사랑과 구속의 계획을 조금씩 더 깊이 깨달아갈 수 있습니다. 이 사실이야말로, 원죄의 논란을 넘어서는 구원의 소망입니다.

깨어 기도하고 회개하며 복음을 믿으며 사는 것이 가장 지혜로운 선택일 것입니다. 원죄에 대한 신학적, 윤리적, 철학적 질문은 여전히 남아 있지만, 그 모든 질문 위에는 하나님의 은혜와 사랑이 있습니다.

> 근신하라 깨어라 너희 대적 마귀가 우는 사자 같이 두루 다니며 삼킬 자를 찾나니 (벧전 5:8)

너희에게 이르노니 아니라 너희도 만일 회개하지 아니하면 다 이와 같이 망하리라 (눅 13:3)

이르시되 때가 찼고 하나님의 나라가 가까이 왔으니 회개하고 복음을 믿으라… (막 1:15)

그러므로 깨어 있으라 어느 날에 너희 주가 임할는지 너희가 알지 못함이니라 (마 24:42)

6.
구원받을 사람이 정해졌다는 것인가?

예정론은 "하나님이 창세 전부터 어떤 사람을 구원하시기로 정하셨다"라는 교리입니다.

초기 교회 교부인 아우구스티누스는 "하나님이 구원할 자를 예정하셨고, 멸망은 인간의 죄로 인한 정당한 결과"라는 예정론의 틀을 확립했습니다. 이후 장 칼뱅은 이를 "하나님이 긍휼을 베푸시는 자도 정하시고, 죄의 상태에 머물도록 내버려 두시는 자도 정하셨다"라는 이중 예정론으로 발전시켰습니다.

이와 관련하여 자연스럽게 이런 질문이 생기게 됩니다.
"예정론으로 이미 구원받을 사람이 다 정해졌다는 것인가?"
"그렇다면 구원받으려 애써도, 구원받지 않으려 애써도 결국 하나님이 이미 결정하신 것인가?"
"하나님이 주신 자유의지는 구원 문제에서는 아무 역할도 할 수 없는 것인가?"

예정론에 대한 성경의 근거

예정론을 뒷받침하는 성경 구절들이 분명히 존재합니다.

> 하나님이 미리 아신 자들을…미리 정하셨으니… (롬 8:29)
> 곧 창세 전에 그리스도 안에서 우리를 택하사… (엡 1:4)
> …하나님의 자녀가 되는 권세를 주셨으니… 오직 하나님께로부터 난 자들이니라 (요 1:12~13)
> 너희가 나를 택한 것이 아니요 내가 너희를 택하여 세웠나니… (요 15:16)

하지만 예정론은 동시에 여러 오해도 불러옵니다.
① 이미 다 정해졌으니 기도도 필요 없고, 전도도 의미 없다.
② 하나님은 일부 사람들을 사랑하지 않으신다.
③ 내가 구원받았는지 확신할 수 없다.

인간의 자유와 책임을 강조하는 성경 구절

반면, 인간의 선택과 책임을 강조하는 성경 구절들도 분명히 있습니다.

> 하나님이 세상을 이처럼 사랑하사 독생자를 주셨으니 이는 그를 믿는 자마다 멸망하지 않고 영생을 얻게 하려 하심이라 (요 3:16)
> …회개하라 천국이 가까이 왔느니라 하시더니 (미 4:17)

> 누구든지 주의 이름을 부르는 자는 구원을 받으리라 (롬 10:13)

이 때문에 예정론을 보완하거나, 다른 각도에서 해석하려는 시도들도 등장했습니다.

예정론을 둘러싼 신학적 흐름

아르미니우스 주의는 하나님이 누가 믿을지 미리 아시고 그를 예정하셨다고 보지만, 인간의 자유의지와 회개의 선택 역시 인정합니다. 구원은 철저히 하나님의 은혜로 시작하지만, 그 은혜에 '인간의 응답'이 필수적이라는 입장입니다. 예정론보다 조금 더 자유의지와 하나님의 은혜 사이에 균형을 둔 해석이라 볼 수 있습니다.

20세기의 칼 바르트는 예정의 핵심을 '예수 그리스도'로 좁히며, 그리스도 중심 예정론을 주장했습니다. 하나님의 은혜는 모든 인류를 향해 선포되지만, 구원의 적용 여부는 각 개인이 그리스도를 믿는지에 달려 있다는 것입니다.

자유의지에 대한 다양한 해석

칼뱅주의와 아르미니우스 주의의 핵심 차이는 결국 '인간의 자유의지'를 어떻게 해석하는가에 있습니다.

칼뱅주의는 인간에게 자유의지는 있지만, 죄로 인해 완전히 왜곡되어, 스스로 하나님을 선택하거나 구원에 이를 능력이 없다고 봅니다.

아르미니우스 주의는 자유의지가 제한적이긴 해도, 하나님이 주시는 '예비 은혜(Prevenient Grace)'로 선을 선택할 가능성이 회복되었다고 봅니다.

18세기 존 웨슬리 역시 '예비 은혜' 개념을 강조했습니다. 구원은 은혜로 시작되지만, 그 은혜를 인간이 자유롭게 받아들이거나 거부할 수 있다고 본 것입니다. 즉, "구원은 은혜로 시작되며, 그 은혜에 대한 인간의 자유로운 응답을 통해 실현된다"라는 균형을 강조했습니다.

결국 핵심은 무엇인가?

하나님의 사랑은 모든 사람을 향해 열려 있지만, 그 사랑을 경험하고 구원의 열매를 맺는 일은 하나님의 주권과 인간의 응답이 신비롭게 맞물리는 문제로 볼 수 있습니다.

예정론은 인간의 타락으로 인해 스스로 하나님을 선택할 수 없는 상태에 빠진 인류를, 하나님의 주권적 은혜와 선택으로 구원하신다는 확신의 교리입니다. 그러나 이것이 인간의 책임과 전도, 기도, 사랑의 실천을 무의미하게 만드는 것이 아니라, 오히려 그 모든 것이 하나님의 구속 역사 속에 필연적으로 포함되어 있음을 보여 줍니다. 따라서 신자는 자신의 구원을 자만하거나 방관하는 것이 아니라, 더욱 깨어 기도하고 하나님을 붙드는 삶을 살도록 부름받습니다.

아르미니우스 주의적 해석에서는 하나님의 은혜가 모든 사람에게 주어지지만, 그 은혜를 거부할 수도 있고, 받아들일 수도 있는 자유의지가 인간에게 있다고 봅니다. 그래서 인간은 하나님의 부르심에 자유롭게 응답하려는 마음과 결단이 필요하다고 강조합니다.

누구의 말이 맞고, 누구의 말이 틀렸다고 쉽게 단정하기보다, 세상을 사랑하셔서 독생자까지 내어 주신 하나님의 온전한 사랑을 기억하며, 지금도 우리를 기다리시며 선한 뜻을 이루어 가시는 하나님을 더 깊이 알아 가고, 그 뜻을 겸손히 받아들이는 태도가 더 본질적인 문제라고 생각합니다.

7.
기독교가 예수의 종교야? 바울의 종교야?

신약성서 27권 가운데 13권을 바울이 기록하였습니다[16].

그러다 보니 신약성서가 "하나님의 말씀이야? 바울의 말씀이야?"라는 혼란이 생기기도 합니다. 그리고, 여러 설교나 찬양에서 예수님과 바울을 함께 이야기하는 경우도 있다 보니, 일부에서는 "기독교가 예수의 종교야?, 바울의 종교야?"라는 의문을 제기하기도 합니다.

바울에 대한 오해일까? 진실일까?

바울은 자신의 '사도'됨을 수차례 강조합니다. 그리고, 자신이 로마 시민권자임을 드러내기도 합니다.

> …바울은 사도로 부르심을 받아… (롬 1:1)
>
> 내가 자유인이 아니냐 사도가 아니냐… (고전 9:1)
>
> 나는 지극히 크다는 사도들보다 부족한 것이 조금도 없는 줄로 생각하노라 (고후 11:5)

---

[16] 로마서, 고린도전서, 고린도후서, 갈라디아서, 에베소서, 빌립보서, 골로새서, 데살로니가전서, 데살로니가후서, 디모데전서, 디모데후서, 디도서, 빌레몬서 등 13권. 히브리서도 바울이 썼을 가능성이 있으나 확실하지 않아 제외됨(포함 시 14권)

> 바울이 이르되 로마 사람인 우리를… (행 16:37)
>
> …너희가 로마 시민 된 자를… (행 22:25)
>
> …내가 가이사의 재판 자리 앞에 섰으니 마땅히 거기서 심문을 받을 것이라… (행 25:10)

"사도라는 것을 강조하는 것은 적절한가?", "하나님의 사역을 한다면서 로마 시민인 것을 내세우는 것이 바람직한 건가?"라는 질문도 같이 생기게 됩니다.

그리고, 4대 복음서와 결이 다른 것처럼 보일 수 있는 내용들이 바울의 서신에 등장하기도 합니다. 마태복음에는 "율법을 폐하러 온 것이 아니고 완전하게 하려 함이라(마 5:17)"고 쓰여 있고, "대접을 받고자 하는 대로 남을 대접하라(마 7:12)"와 같이 선행과 실천을 강조하는 구절들이 있습니다. 그런데, 갈라디아서에는 "율법의 행위로서가 아니고 그리스도를 믿음으로써 의롭다(갈 2:16)"라고 쓰여 있습니다.

바울이 개념을 정립한 '이신칭의(以信稱義, justification by faith)'와, '윤리적 선행과 사랑의 실천'을 강조하는 야고보 역시, 몇몇 구절들에서는 서로 이견과 갈등이 있는 것처럼 보이기도 합니다.

> 이와 같이 행함이 없는 믿음은 그 자체가 죽은 것이라 (약 2:17).

이에 따라 바울의 '이신칭의(以信稱義)'의 정신을 이어받아 종교개혁을 주도했던 마틴 루터는 야고보서를 '지푸라기 서신'이라고 평가절하기도 하였습니다.

그리고 바울은 야고보 외에도, 베드로와 같은 예루살렘 교회의 지도자들과도 복음의 성격, 율법의 지속 여부, 이방인 교회의 정체성 등과 관련된 문제로 긴장과 갈등이 있었으며, 성경은 이를 숨기지 않고 보여 주고 있습니다.

> 베드로에게 역사하사 그를 할례자의 사도로 삼으신 이가 또한 내게 역사하사 나를 이방인의 사도로 삼으셨느니라 (갈 2:8)
> 게바가 안디옥에 이르렀을 때에 책망 받을 일이 있기로 내가 그를 대면하여 책망하였노라 (갈 2:11)

그러다 보니, 어떤 사람들은 바울이 율법 무용론을 주장하며, 믿음의 실천은 등한시하고 있는 데다, 더 나아가 바울은 예수님의 가르침을 헬레니즘 사상과 결합하여 새로운 종교 체계를 만든 사람이라고 비평하는 사람들도 있습니다.

초기 유대인 기독교인들이었던 에비온파도 바울이 율법을 경시했다고 비판하였고, 당시 복잡한 신학적·문화적 상황 속에서 형성된 평가이기는 하였지만, 결국 교회 역사 속에서 이단으로 규정되었습니다.

그럼에도 바울은 유대인들에게 먼저 구원의 소식을 선하려 노력하였지만, 유대인들이 수용하지 않아 이방인에게로 방향을 전환했다는 기록도 성경에 남아 있습니다.

> 나의 형제 곧 골육의 친척을 위하여 내 자신이 저주를 받아 그리스도에게서 끊어질지라도 원하는 바로라 (롬 9:3)
>
> 형제들아 내 마음에 원하는 바와 하나님께 구하는 바는 이스라엘을 위함이니 곧 그들로 구원을 받게 함이라 (롬 10:1)
>
> …하나님의 말씀을 마땅히 먼저 너희에게 전할 것이로되 너희가 그것을 버리고 영생을 얻기에 합당하지 않은 자로 자처하기로 우리가 이방인에게로 향하노라 (행 13:46)

이런 성경 구절들은 바울의 고민과 고뇌가 느껴지는 장면이기는 하나, 예수님의 공생애를 직접 목격한 유대 기독교인들이 기독교 중심에서 멀어져 가는 모습으로 보이기도 합니다.

물론 초기 교회의 빠른 안정과 정착을 위한 필요성이 있었던 것은 이해되지만, 그 과정에서 자칫 예수님이 보여 주신 사랑, 용서, 포용, 그리고 희생의 정신이 충분히 드러나지 못한 부분도 있었던 것으로 느껴지기 때문입니다.

에비온파에 대한 배제와 율법주의에 대한 단호한 거부가, 이후 기독교가 다양한 해석이나 관점을 둘러싼 논쟁에서, 때로는 '이단'이라는 이름으로 단순한 정죄와 배제가 반복되는 역사적 흐름의 한 단초가 되었던 것은 아닌가 하는 생각도 해보게 됩니다.

바울의 회심

바울은 나면서부터 로마 시민권을 가진 바리새인으로, 길리기아 다소에서 태어났고, 가말리엘 문하에서 엄한 교훈을 받았으며, 처음에는 기독교를 박해하였습니다.

> 천부장이 대답하되 나는 돈을 많이 들여 이 시민권을 얻었노라 바울이 이르되 나는 나면서부터라 하니 (행 22:28)
> 나는 팔일 만에 할례를 받고 이스라엘 족속이요 베냐민 지파요 히브리인 중의 히브리인이요 율법으로는 바리새인이요, 열심으로는 교회를 박해하고 율법의 의로는 흠이 없는 자라 (빌 3:5~6)
> 나는 유대인으로 길리기아 다소에서 났고 이 성에서 자라 가말리엘의 문하에서 우리 조상들의 율법의 엄한 교훈을 받았고 오늘 너희 모든 사람처럼 하나님께 대하여 열심이 있는 자라 내가 이 도를 박해하여 사람을 죽이기까지 하고 남녀를 결박하여 옥에 넘겼노니 (행 22:3~4)

① 로마 시민권은 특권계층이라는 의미이고,
② 바리새인이라는 것은 정치적·종교적으로 영향력이 있는 유대인이라는 것을,
③ 길리기아 다소에서 태어났다는 것은 학문과 철학이 발달된 도시에서

성장했다는 것을,

④ 가말리엘 문하에서 교훈을 받았다는 것은 유대 사회에서 최고의 엘리트 교육을 받았다는 것을 의미합니다.

기독교를 박해하던 바울은 AD 34년 경에 다메섹 도상에서 예수님을 만나 회심한 뒤, 바로 다메섹에서 기독교 복음을 전하였고, 그 뒤 아라비아에서 3년, 길리기아 다소에서 9년, 모두 12년간의 준비와 훈련 기간을 보내게 됩니다. 그리고 AD 46년부터 본격적인 사역 활동을 시작하였고, 그의 사역 활동은 AD 66~67년경 로마에서 순교할 때까지 계속됩니다.

바울의 오해에 대한 진실

바울은 초기에는 자신이 '사도'임을 강조해야 되는 상황이었을지도 모르겠지만, 나중에는 그의 사도 됨을 베드로 등 다른 사도들로부터 인정을 받게 되고, 그가 쓴 성경은 모두 정경으로 인정을 받습니다.

> 이에 사도와 장로와 온 교회가 그 중에서 사람들을 택하여 바울과 바나바와 함께 안디옥으로 보내기를 결정하니… (행 15:22)
> 또 우리 주의 오래 참으심이 구원이 될 줄로 여기라 우리가 사랑하는 형제 바울도 그 받은 지혜대로 너희에게 이같이 썼고, 또 그 모든 편지에도 이런 일에 관하여 말하였으되… (벧후 3:15~16)

그리고, 디모데후서 3장 16절에 "모든 성경은 하나님의 감동으로 된 것으로 교훈과 책망과 바르게 함과 의로 교육하기에 유익하니"라고 기록합니다.

바울이 회심해서부터 순교할 때까지 30여 년의 세월 동안, 스스로 로마 시민권자임을 활용한 사례는 성경에 모두 두 차례가 나오고 있습니다. 로마 시민권자라는 것을 내세웠다고 보기에는 너무나 적은 횟수입니다. 그리고 그 두 번도 복음 전파를 위한 전략적 활용이었습니다.

첫 번째는 빌립보에서 채찍질을 당하고 감옥에 투입된 다음 날, 로마 관리들이 바울과 실라를 몰래 풀어 주려 하자, 로마 시민임을 밝히고 관리들이 직접 와서 사과하고 석방하도록 요구합니다. 이는 자신들이 무죄임을 증명하고 이후 빌립보 교회가 불필요한 억압을 받지 않도록 하기 위한 선제적인 조치였습니다.

> 바울이 이르되 로마 사람인 우리를 죄도 정하지 아니하고 공중 앞에서 때리고 옥에 가두었다가 이제는 가만히 내보내고자 하느냐 아니라 그들이 친히 와서 우리를 데리고 나가야 하리라 한대 (행 16:37)

두 번째는 예루살렘에서 잡혀 유대인들에게 불법적으로 죽임을 당할 위기에 있을 때, 로마 시민임을 밝혀 로마 군인들의 도움을 받아 죽음을 피하고 정식 재판을 이끌어 냅니다. 그리고 정식 재판을 받는 과정에서 사도행전 24장에서 26장에 있는 것처럼, 자신의 입장을 이야기하는 방식으로 재판 참여자들에게 복음을 전하게 됩니다. 그리고 로마에서도 증언하라는 계시를 받고, 로마 황제에게 상소하고 로마로 가게 됩니다.

> …바울이… 백부장더러 이르되 너희가 로마 시민 된 자를 죄도 정하지 아니하고 채찍질할 수 있느냐 하니… 천부장이 와서 바울에게 말하되 네가 로마 시민이냐 내게 말하라 이르되 그러하다 (행 22:25~27)
> 그 날 밤에 주께서 바울 곁에 서서 이르시되 담대하라 네가 예루살렘에서 나의 일을 증언한 것 같이 로마에서도 증언하여야 하리라 하시니라 (행 23:11)

이렇게 바울은 자신이 로마 시민인 것을 복음 전파를 위해서만 사용했습니다.

그리고, 바울은 윤리적 실천을 무시하지 않았습니다. 오히려 성령을 통한 삶의 변화, 사랑의 실천을 강조합니다.

> 오직 성령의 열매는 사랑과 희락과 화평과 오래 참음과 자비와 양선과 충성과 온유와 절제니 이같은 것을 금지할 법이 없느니라 (갈 5:22~23)
> 사랑은 이웃에게 악을 행하지 아니하나니 그러므로 사랑은 율법의 완성이니라 (롬 13:10)

바울의 고백

바울은 지난날 기독교를 탄압했던 자신을 부끄러워했고, 하나님께 선택

받은 은혜와 스스로 작은 자임을 여러 차례 고백합니다.

> 맨 나중에 만삭되지 못하여 난 자 같은 내게도 보이셨느니라 나는 사도 중에 가장 작은 자라 나는 하나님의 교회를 박해하였으므로 사도라 칭함 받기를 감당하지 못할 자니라 그러나 내가 나 된 것은 하나님의 은혜로 된 것이니 내게 주신 그의 은혜가 헛되지 아니하여 내가 모든 사도보다 더 많이 수고하였으나 내가 한 것이 아니요 오직 나와 함께 하신 하나님의 은혜로라 (고전 15:8~10)

준비된 사도 바울

바울은 이방인을 위한 사도로 선택받아 하나님께 부르심을 받았습니다.
① 로마 시민권은 그가 비교적 자유롭게 사역 활동을 할 수 있게 하였고,
② 헬라어·히브리어·라틴어를 구사할 줄 알고 있어 언어장벽도 극복할 수 있었습니다.
③ 거기에다가 논리력은 물론 그리스 철학과 로마법 지식도 갖추고 있었습니다.
④ 여기에 스스로의 꾸준하고 지속적인 연단과 노력까지 더해져, 13권의 신약성경을 기록하였고, 하나님의 사도로 인정을 받았고, 초기 기독교 신학의 기초를 닦은 주요 신학자로도 평가를 받고 있습니다.

이렇듯 바울은 하나님의 사역을 위해 준비된 자였고, 그의 업적이 많다

보니 예수님과 바울을 함께 이야기하기도 하고, 바울이 없었다면 '기독교의 확산과 신학적 정립이 지금과 많이 달라졌을 것'이라는 평가를 받기도 합니다. 하지만 이런 것들은 '바울처럼 예수님을 향한 믿음을 실천하자'라는 의미일 것입니다.

여기에 대해 바울은 "오직 함께하신 하나님의 은혜"라고 말하고 있습니다.

> …내가 한 것이 아니요 오직 나와 함께 하신 하나님의 은혜로라 (고전 15:10)

바울은 기독교를 확장하고 정립한 위대한 선교자였습니다. 하지만, 그의 신학이 절대화되어 예수님이 말씀하신 '하나님 나라 복음'과 '윤리적 실천'이 가려져서는 안 될 것입니다.

마틴 루터도 초기에는 야고보서를 부정적으로 보았으나 후에는 '진짜 믿음은 반드시 선한 행위로 드러난다'라는 보완적 해석을 내놓았습니다.

기독교가 예수님이 말씀하신 사랑, 용서, 포용, 그리고 희생 등을 실천하는 살아 있는 종교라는 사실과, 그리고 하나님의 사역을 위해 바울이 준비되었던 것처럼, 무엇을 더 준비하고 갖추어야 될지 다시 한번 생각하고 고민해 보아야겠습니다.

8.
아우구스티누스는 철학자인가? 종교인인가?

히포의 아우구스티누스(Aurelius Augustinus Hipponensis, 354~430)는 서방 기독교를 대표하는 교부이자, 성직자이자, 철학자로 평가받습니다. 그는 마틴 루터와 장 칼뱅 같은 종교개혁자들에게도 깊은 영향을 주었으며, 그의 신학은 기독교를 넘어 서양 철학 전반에도 결정적인 기여를 했습니다. 그 영향력은 때로 사도 바울에 버금가는 수준으로 언급되기도 합니다.

하지만 아우구스티누스는 단순히 위대한 신학자에 머물지 않았습니다. 그는 기독교 신앙을 철학적으로 체계화하고, 교회와 제도의 토대를 놓은 사상가이기도 했습니다. 그의 사상은 중세 교회와 제국, 종교개혁 이후의 서방 기독교 전통에 깊이 뿌리내렸으며, 후대에는 그의 본래 의도를 벗어난 방식으로 절대화되면서, 복음의 포용성과 예수님의 급진적 사랑을 제도적 틀 안에 가두는 결과를 낳기도 했습니다.

이런 맥락에서 자연스럽게 "아우구스티누스는 철학자인가, 종교인인가?"라는 질문이 제기될 수 있습니다.

아우구스티누스 신학의 핵심 요소와 그 영향

① 원죄론(Original Sin)

아우구스티누스는 아담의 타락으로 인해 모든 인간이 전적으로 부패되었고, 죄책과 죄성 자체가 유전된다고 주장했습니다. 출생 자체가 죄로 오염되므로, 세례 없이는 유아조차 구원받을 수 없다는 사상이 등장했습니다.

이 교리는 중세 가톨릭과 개신교의 유아세례 및 인간관에 중대한 영향을 끼쳤습니다. 그러나 동시에 인간을 전적으로 무가치한 존재로 규정하고, 정죄 중심의 신학과 제도 형성을 촉진하면서 기독교의 보편성과 희망을 약화시키는 구조로 작용하기도 했습니다.

② 은혜론(Doctrine of Grace)

인간은 자유의지로는 선을 행할 수 없으며, 오직 하나님의 은혜로만 구원받는다고 보았습니다. 그러나 이 은혜는 모든 인류에게 주어지는 보편적 은혜가 아니라, 일부에게만 주어지는 '유효한 은혜(gratia efficax)'로 해석되었습니다. 이는 예정론과 결합되어 구원의 배타성과 선민의식을 강화하는 결과를 낳았습니다.

③ 예정론(Predestination)

아우구스티누스는 하나님께서 창세 전에 누구를 구원하고 누구를 버릴지를 결정하셨으며, 이는 인간의 선택이나 노력과 무관하다고 주장했습니다

다. 이 예정론은 훗날 칼뱅에 의해 이중 예정론으로 체계화되며, 복음을 '선택된 자를 위한 복음'으로 축소시키는 원인이 되었습니다. 이는 예수님의 보편적 구원 초청과 회개의 사명을 왜곡시킨 측면도 있습니다.

④ 정당 전쟁론(Just War Theory)

악을 억제하고 질서를 회복하기 위해 정당한 목적과 권위, 방식이 있다면 전쟁을 정당화할 수 있다고 주장했습니다. 이 이론은 훗날 십자군 전쟁, 식민지 정복, 종교 내전에 신학적 근거로 남용되었고, 복음의 비폭력성과 십자가의 자기희생 정신을 구조적으로 약화시키는 결과를 낳았습니다.

⑤ 교회론: '교회 밖에는 구원이 없다'(Extra Ecclesiam Nulla Salus)

참된 구원은 가시적 교회 내에서만 가능하다고 주장했습니다. 이는 이단과 분열자를 구원에서 제외시키는 근거가 되었고, 중세 가톨릭의 교권주의, 이단 심문, 종교 재판의 이념적 토대가 되었습니다.

⑥ 두 도성론(신국론, 神國論, De Civitate Dei)

역사를 하나님의 도성과 세속의 도성이라는 두 도성의 갈등으로 해석하며, 결국 하나님의 도성이 승리한다고 보았습니다. 이 사상은 신정 정치의 기반이 되었으며, 서구 문명의 종말론적 역사관과 제국주의 정당화에도 영향을 주었습니다.

⑦ 내면성과 자아의 신학

아우구스티누스는 "진리는 내면에 있다. 너는 영혼이며, 영혼은 하나님을 닮았다"라고 말하며, 내면의 자기 성찰을 통한 하나님 인식을 강조했습니다. 이 사상은 실존주의, 심리학, 현대 자아 담론에 영향을 주었지만, 때로는 영지주의적 요소와 결합되어 기독교 신학의 신비주의적 혼란을 불러 일으키기도 했습니다.

⑧ 성례와 세례관

세례를 원죄를 씻고 중생을 이루는 필수적 표지로 보았으며, 이는 유아세례 정당화의 근거가 되었습니다.

⑨ 성(性)과 육체에 대한 시각

아우구스티누스는 성욕을 타락의 흔적으로 보았고, 결혼을 필요악으로, 독신을 이상적 상태로 간주했습니다. 이러한 관점은 중세 수도원 주의, 여성 혐오, 육체 혐오로 이어졌고, 마녀사냥과 성 억압의 사상적 배경이 되었습니다.

⑩ 시간과 영원에 대한 철학

시간을 창조된 것으로, 인간은 과거·현재·미래를 기억 속에서 경험할 뿐, 진정한 실재는 하나님 안에 있는 '영원한 현재'라고 보았습니다. 이는 서구의 역사관, 영원 이해, 신정론적 시간 개념에 깊은 영향을 주었습니다.

펠라기우스 논쟁과 기독교 포용성

아우구스티누스는 펠라기우스의 자유의지 강조를 '하나님의 은혜를 훼손하는 이단'으로 단죄했습니다. 이 논쟁은 서방교회가 '은혜 중심 정통'과 '자유의지 강조 이단'이라는 이분법에 갇히는 계기가 되었고, 중세의 이단 심문과 종교 재판, 종교개혁기의 상호 정죄로 이어졌습니다. 그 결과, 기독교 내부의 다양성과 열린 신학 가능성이 봉쇄되는 결과를 낳기도 했습니다.

현대 신학에서의 아우구스티누스 재해석

① 은혜론의 계승과 예정론의 비판
칼 바르트는 그의 은혜론을 계승하면서도, 예정론은 지나치게 폐쇄적이라 비판했습니다. 그는 "예정된 자는 예수 그리스도 한 분이며, 그 안에서 인류 전체가 예정되었다"라고 보았습니다. 한스 큉 역시 예정론이 하나님의 사랑과 어긋난다고 지적하며, 인간의 자유와 책임 회복을 강조했습니다.

② 원죄론 해체와 죄의 사회적 재이해
일부 신학자들은 아우구스티누스의 원죄론이 신학적·윤리적·철학적으로 여러 문제를 야기할 수 있다고 지적합니다. 성경에서도 "아버지의 죄악은 아들이 담당하지 아니할 것이요(겔 18:20)"라고 말씀하고 있어, 죄의 유전 개념과 성경적 책임 개념 사이의 긴장을 보여 줍니다.

또한 '유아 정죄' 개념은 현대 윤리와 인권 감수성과도 충돌합니다. "왜 하나님이 죄가 유전되도록 허락하셨는가"라는 신정론적 질문과, "도덕적 죄가 생물학적으로 유전될 수 있는가"라는 철학적 논란도 계속 제기되고 있습니다.

③ 내면성의 긍정적 계승
폴 틸리히, 리처드 니버 등은 아우구스티누스의 내면적 신학, 불안과 분열된 자아에 대한 통찰이 현대 실존주의와 심리학에 기여했다고 평가합니다.

④ 두 도성론(신국론)에 대한 정치신학적 비판
현대 정치신학은 아우구스티누스의 도성론이 교회와 국가를 엄격히 구분하는 듯 보이지만, 실제로는 그 경계를 모호하게 만들고, 신정적 정치권력의 정당화에 이용되었다고 비판합니다. 이에 따라 하나님의 나라는 억압적 통치 논리가 아니라, 정의와 자비의 공동체로 재해석되어야 한다는 견해가 제시되고 있습니다.

절대화된 신학의 그늘과 현대 기독교의 과제

아우구스티누스는 분명 기독교 신학의 기초를 놓은 위대한 인물입니다. 그러나 그의 사상은 역사 속에서 왜곡되고 절대화되면서, 기독교가 배타적이고 정죄적이며 제국적 종교로 변질되는 데 영향을 주기도 했습니다.

그의 은혜론은 많은 이들에게 신앙의 위로를 주었지만, 예정론이 절대화 되면서 신앙의 소외와 구원의 배타성이 강화되는 결과도 초래했습니다. 또한 내면의 영성과 자기 성찰을 촉진했지만, 교회론은 열린 공동체 대신 구원의 문턱을 높이고 경계를 짓는 제도로 고착되는 데 악용되기도 했습니다. 그로 인해 복음은 '문을 여는 초청'이 아니라, '문을 닫는 제도'로 오해되기도 했습니다.

기독교 신앙의 본질 회복을 위하여

오늘날 기독교는 복음의 본래 정신인 보편적 사랑, 열린 구원, 정의와 자비, 관계적 하나님의 회복을 추구해야 합니다. 신학은 체계를 위한 체계가 아니라, 하나님께 이르는 통로여야 합니다. 교리는 권위를 행사하는 무기가 아니라, 이해와 성찰을 돕는 도구여야 합니다.

아우구스티누스는 초기 교회를 신학적으로 체계화한 위대한 인물이지만, 그의 사상을 시대와 맥락을 초월한 절대 기준으로 삼아서는 안 될 것입니다.

기독교 신앙은 언제나 성경을 근거로 예수 그리스도께로 돌아가는 운동이어야 할 것입니다.

9.
루터와 칼뱅, 빛과 그림자 속에서 배우는 종교개혁

기독교 역사상 여러 종교개혁자들이 있었지만 역사적인 영향력 기준으로, 마틴 루터(1483~1546)는 종교개혁의 기폭제를 제공했다는 측면에서, 장 칼뱅(1509~1564)은 개혁교회 신학 체계의 정립자라는 측면에서, 가장 영향력 있는 종교개혁자로 볼 수 있습니다.

하지만, 루터와 칼뱅 역시 당시의 시대 한계와 인간적 약점 속에서 신앙적 모순과 문제를 드러내기도 하였습니다. 그러다 보니 "그들은 종교 개혁자인가 아니면 종교 개악자인가?"라는 질문이 생기게 됩니다.

마틴 루터

마틴 루터는 1517년, 교회가 돈을 받고 죄 사함을 약속하는 면죄부 판매의 부당함을 '95개조 반박문'을 통해 고발하였고, 이는 성직자 부패와 교회의 타락을 폭로한 용기 있는 행동으로 평가됩니다.

그리고, '오직 성경(Sola Scriptura)', '오직 은혜(Sola Gratia)', '오직 믿음(Sola Fide)'을 내세우며 성경 중심의 신앙을 강조하여, 당시 라틴어 성경과 교회 전통에 얽매여 있던 신앙을 일반 신자들도 접근할 수 있게 하였고, 독일어로 성경을 번역함으로써 독일어 문어체의 기초를 마련하여, 평신도도 직접 성경을 읽고 이해할 수 있도록 하였습니다.

뿐만 아니라, 교황과 교회의 권위에 맞섬으로써, 신앙은 개인과 하나님 사이의 문제라는 인식을 확산하였고, 이를 통해 종교 자유의 기초를 제공함은 물론 근대적 자유주의 의식이 출발하게 되었습니다.

하지만, 마틴 루터 이후 기독교가 가톨릭과 수많은 개신교 종파로 나뉘어, 농민전쟁·30년 전쟁 등과 같은 종교전쟁과 혼란을 초래하였고, 이후 계속되는 종교 분열과 전쟁의 불씨를 제공하기도 하였습니다.

또한, 마틴 루터는 농민전쟁 때 농민들의 일부 정당한 요구에 공감했으나, 폭력적 반란으로 변질되자 기존 질서 유지 차원에서 강경 진압을 지지하였습니다. 그러나 이러한 입장은 약자 보호라는 복음의 본질과 긴장 관계를 형성하게 됩니다.

그리고, 루터의 말년 저작인 『유대인과 그들의 거짓말에 관하여』는 반유대주의적 표현을 담고 있어 후대에 큰 악영향을 끼쳤습니다. 특히 나치 정권이 이를 왜곡·악용하기도 했고, 오늘날 독일 루터교회는 이를 반성하고 있습니다.

결과적으로 마틴 루터는 교황권을 비판했지만, 이후 개신교는 국가주의와 결합하며, 루터파 국가 교회, 칼뱅수의 신성 능 또 나른 권력 제게를 민들었고, 교회의 분열과 신앙의 상품화의 단초를 제공하게 되었습니다.

장 칼뱅

장 칼뱅은 신학을 조직적으로 정리한 최초의 인물로 평가받습니다. 로마서 9장 등 성경의 예정 사상을 체계화하여, 인간의 구원이 전적으로 하나님의 은혜와 선택에 달려 있다는 점을 강조하였고, 그의 대표 저서 『기독교 강요』(1536)는 오늘날까지 개혁교회 신학의 기초가 되고 있습니다.

신약교회의 원리를 따라 교회에 목사, 장로, 집사, 교사로 나눈 4직 제도를 도입하여, 장로들이 교인들의 도덕과 신앙을 감독하고, 교회의 거룩함을 유지하도록 하여, 교회를 단순히 목사 1인이 운영하는 곳이 아니라, 신자 공동체가 함께 이끌어 가는 구조로 만들려고 시도하였습니다.

또한, 윤리적 공동체와 교육을 강조하여 제네바를 기독교 윤리에 따라 통치되는 도시로 만들고자, 1559년 제네바 아카데미를 설립하였고, 시민 교육, 가정의 책임, 금욕적 생활, 근면 성실 등을 강조하였습니다. 이는 오늘날 '청교도 윤리', '프로테스탄트 직업 소명론'에 뿌리를 제공하여, 근대적 민주주의와 시민사회 발전에 영향을 주게 됩니다.

하지만, '하나님 중심', '인간의 자만을 낮추고 겸손하게 만드는 신학'이라는 자신의 주장과는 다르게 이단과 타인에게 심한 박해를 하였습니다. 그 과정에서 세르베투스는 칼뱅의 신학을 강하게 비판했고, 그로 인해 제네바 시의회의 결정으로 화형을 당하였습니다. '미겔 세르베투스 화형 사건(1553)'으로 불리는 이 사건에 칼뱅 역시 강경한 입장을 취했기에 오늘날까지도 많은 비판을 받고 있습니다. 심지어는 12세 소년까지 사형에 처해졌다는 기록이 제네바 시의회 회의록에 남아 있습니다.

그리고, 제네바를 '하나님의 도시'로 만들겠다며, 시민들의 사생활, 옷차림, 식사, 성생활까지 감독하였고, 성찬 거부, 예배 불참, 불경죄 등을 물어 시민들을 처벌하고 심지어는 추방과 사형까지도 감행하기도 하였습니다.

거기에다, 장 칼뱅이 주장한 "구원받을 자는 정해져 있다"라는 예정론은 일부 사람들에게 자기 확신, 배타적 선택 의식, 선민 주의로 오용되기도 하였습니다.

성경과 마틴 루터

마틴 루터는 믿음과 은혜를 강조하며, 성경에 근거하여 '믿음으로 이롭다'는 이신칭의(以信稱義)를 강조했습니다. 하지만 이는 야고보서 2장 17절과 26절에 있는 "행함이 없는 믿음은 죽은 것"이라는 말씀과 긴장관계를 형성한 것처럼 보이기도 합니다.

그리고, 디모데후서 3장 16절과 17절, 그리고 사도행전 17장 11절을 근거로 '성경 중심(Sola Scriptura)'을 주장하기도 하였습니다. 하지만, 성경에는 '성령의 역사하심'이나 '교회의 공동체적 성격' 등도 같이 기록하고 있어 '성경 중심'만으로는 이런 내용들을 모두 담아내기에는 한계가 있을 것 같습니다.

> 그러나 진리의 성령이 오시면 그가 너희를 모든 진리 가운데로 인도하시리니 그가 스스로 말하지 않고 오직 들은 것을 말하며 장래 일을 너희에게 알리시리라 (요 16:13)
> 우리가 세상의 영을 받지 아니하고 오직 하나님으로부터 온 영을 받았으니 이는 우리로 하여금 하나님께서 우리에게 은혜로 주신 것들을 알게 하려 하심이라 우리가 이것을 말하거니와 사람의 지혜가 가르친 말로 아니하고 오직 성령께서 가르치신 것으로 하니 영적인 일은 영적인 것으로 분별하느니라 (고전 2:12~13)
> 두세 사람이 내 이름으로 모인 곳에는 나도 그들 중에 있느니라 (마 18:20)
> 이는 성도를 온전하게 하여 봉사의 일을 하게 하며 그리스도의 몸을 세우려 하심이라 (엡 4:12)

또한, 마틴 루터는 로마서 13장 1절의 "권세들에게 복종하라"라는 말을 근거로 기존 질서를 존중하였고, 귀족들에게 협력하였습니다. 이것은 약자 편에 서라는 예수님의 말씀과 분명한 차이가 있었습니다.

> 누구든지 자기를 높이는 자는 낮아지고 누구든지 자기를 낮추는 자는 높

아지리라 (마 23:12)

특히 농민전쟁 때에는 폭력 진압을 지지하기도 하였고, 유대인 박해에 대한 논리적 근거를 제시하기도 하였습니다. 이런 것들은 성경의 가르침과 거리가 있어 보이기도 합니다.

> 주의 성령이 내게 임하셨으니 이는 가난한 자에게 복음을 전하게 하시려고 내게 기름을 부으시고 나를 보내사 포로 된 자에게 자유를, 눈 먼 자에게 다시 보게 함을 전파하며 눌린 자를 자유롭게 하고 (눅 4:18)

성경과 장 칼뱅

하나님의 절대적인 주권을 강조하며, '인간의 구원이 전적으로 하나님의 은혜와 선택에 달려 있다'라고 보는 칼뱅의 예정론은 하나님의 주권과 은혜를 강조한 반면, 인간의 책임과 구원의 보편적 초청이라는 성경의 다른 측면과 긴장 관계를 보여 주기도 합니다.

> 수고하고 무거운 짐 진 자들아 다 내게로 오라 내가 너희를 쉬게 하리라 (마 11:28)
> 하나님이 세상을 이처럼 사랑하사 독생자를 주셨으니 이는 그를 믿는 자마다 멸망하지 않고 영생을 얻게 하려 하심이라 (요 3:16)

그리고, 장 칼뱅은 질서 있고 거룩한 공동체를 꿈꿨지만, 성경적인 자비와 자유, 평화에 기반한 복음 정신과는 거리가 있었습니다. 예수님은 섬기는 리더십을 강조하셨고, 누구든지 구원받기를 원하셨기 때문입니다.

> 인자가 온 것은 섬김을 받으려 함이 아니라 도리어 섬기려 하고 자기 목숨을 많은 사람의 대속물로 주려 함이니라 (마 20:28)
> 내가 주와 또는 선생이 되어 너희 발을 씻었으니 너희도 서로 발을 씻어 주는 것이 옳으니라 내가 너희에게 행한 것 같이 너희도 행하게 하려 하여 본을 보였노라 (요 13:14~15)
> 하나님은 모든 사람이 구원을 받으며 진리를 아는 데에 이르기를 원하시느니라 (딤전 2:4)

마틴 루터와 장 칼뱅이 알려 주는 것

마틴 루터는 교회 부패에 맞서 진정성 있게 개혁을 시도한 인물이고, 장 칼뱅은 부패한 교회를 정화하고, 성경 중심의 공동체를 구현하려 한 종교적인 선구자이고 개혁자입니다. 누구도 부정할 수 없는 사실입니다.

하지만, 마틴 루터는 자신의 개혁 정신을 끝까지 일관되게 실천하지 못했으며, 일부는 폭력적이고 배타적인 태도로 돌아섰고, 장 칼뱅은 권위적이고 배타적인 방식으로 이상을 실현하려 했습니다.

이에 따라, 1995년 독일 루터교는 "마틴 루터의 말년 저작에서 나타나는, 유대인에 대한 폭력적 언어와 종교적 배제는 복음의 정신과 일치하지 않는다. 우리는 이를 깊이 유감스럽게 생각하며, 유대인 형제자매들에게 용서를 구한다"라는 발표를 하였습니다.

그리고, 칼뱅주의 전통에서도 신학적으로는 "세르베투스 사건은 잘못된 결정이었다"라는 비판이 학계와 목회자들 사이에서 확산되기도 하였고, 2011년 제네바 시정부는 세르베투스 화형 458년 만에 기념비를 세우며, "이곳에서 화형 당한 미겔 세르베투스에게 오늘날 우리는 관용의 부재를 사과하며, 그의 고통을 기억한다"라며 사과하기도 했습니다.

이렇게 마틴 루터와 장 칼뱅과 같이 역사적으로 큰 영향력을 가져온 종교 개혁자들도 예수님 보시기에는 아직도 부족하고 합당하지 않은 것들이 있었습니다.

이를 통해, 예수님을 제대로 믿고 죽을 때까지 순종하는 삶을 산다는 것이 얼마나 어려운 것인지, 그리고 '오만', '편견', '아집', '배타성' 등이 얼마나 위험하고 조심해야 되는 것인지 다시 한번 생각해 보게 됩니다.

그렇기 때문에 예수님만 바라보고, 말씀과 성령 안에서 공동체와 함께 매일 스스로 종교개혁을 하는 마음으로 깨어 기도하며 살아야 한다는 것이 마틴 루터와 장 칼뱅이 그들의 삶을 통해 지금도 우리에게 알려 주는 것이 아닐까 조심스럽게 생각해 보게 됩니다.

10.
기독교의 죄악과 그 신학적 뿌리: 우리는 어디서부터 잘못되었는가?

기독교는 예수 그리스도의 십자가와 부활을 통해 사랑과 희생, 자기 비움을 가르치는 신앙입니다. 그러나 2000여 년의 역사 속에서 기독교는 탐욕과 권력, 전쟁과 차별의 주체로 전락하기도 했습니다. 이는 단순히 일부 타락한 개인의 문제가 아니라, 신학 그 자체가 구조적으로 왜곡되고 오용되며 누적된 결과입니다.

"기독교의 잘못된 뿌리와 흐름은 어디에서 시작된 것일까?"
"기독교의 잘못에 대해 교회의 공식적 사과와 회개는 있었을까?"
"평신도는 무엇을 어떻게 해야 될까?"라는 질문이 생기게 됩니다.

기독교 죄악사의 문제의식

고령의 목회자가 노구를 이끌고, 살신성인의 마음으로 한국 교회와 세계 기독교의 앞날을 걱정하며 펴낸 조찬선 목사님의 『기독교 죄악사』라는 책이 있습니다.

그 책은, 우리 모두의 양심을 울리는 경고장이었습니다. 하지만 그 책은 역설적으로 반기독교인들로부터도 주목을 받았습니다. "평생 목회한 목사조차 이렇게 말하니, 역시 기독교는 문제가 많은 종교야"라는 냉소적 반응도 있었던 것입니다.

『기독교 죄악사』는 단순한 비판이나 종교 혐오의 근거가 아니라, 기독교 내부로부터의 양심선언이자, 더 깊은 신학적 구조 성찰의 계기가 되었으면 하는 바람이었습니다.

바울 신학의 오용과 질문들

바울은 복음의 보편성을 강조하며, 유대인과 이방인의 벽을 허물고자 했습니다. 그러나 바울의 "율법의 행위로는 의에 이를 수 없다(롬 3:28, 갈 2:16)"는 입장과 이방인 중심의 복음 선포는, 일부 유대인 기독교인들에게 거리감을 주었고, 초기 교회 내에서 그들이 소외감을 느끼게 하는 원인이 되기도 하였습니다.

"각 사람은 위에 있는 권세들에게 복종하라(롬 13:1)"라는 바울의 권면도, 후대에 다양하게 해석되며, 때로는 절대권력에 대한 순응을 정당화하는 논리로 오용되기도 했습니다.

오늘날까지도 "기독교가 예수의 종교인가, 바울의 종교인가?"라는 질문이 제기되는 이유가 여기에 있습니다.

바울의 신학이 시대와 권력에 따라 오용되며, 복음의 본질이 흐려지고, 초대교회의 다양성과 포용성은 점차 약화되었습니다. 그 결과, 교회 안팎에서 '이단 정죄'와 '배제의 문화'가 확산되기도 했습니다.

아우구스티누스의 그림자와 신학적 유산

아우구스티누스는 기독교를 철학적으로 체계화한 위대한 사상가이자 교부입니다. 그러나 그의 사상은 역사 속에서 절대화되고 오용되며 교회의 타락에 일조했습니다. 원죄론은 인간을 죄책감 속에 가두었고, 은혜론과 예정론은 선민의식과 배타성을 강화했고, 정당전쟁론은 십자군과 식민지 정복의 논리로 이어졌고, 교회론은 중세 교권주의와 이단 심문의 토대가 되었고, 두 도성론은 신정정치와 제국주의를 정당화하는 논리로 왜곡됐습니다.

특히 펠라기우스 논쟁은 자유의지와 포용적 신학을 해체하는 계기가 되었으며, 내면성 강조는 긍정적 측면도 있었으나 때로 신비주의적 혼란을 불러일으키기도 했습니다.

"아우구스티누스는 철학자인가, 종교인인가?" 그의 유산은 빛과 그림자를 동시에 품고 있으며, 우리는 그의 사상을 절대화하지 않고 비판적으로 계승해야 할 것입니다.

루터와 칼뱅: 개혁의 빛과 어두움

루터는 교회의 부패에 맞서 종교개혁을 이끌었으나, 그의 후반기에는 반유대주의, 농민전쟁에 대한 귀족 편향, 교리 절대화의 그림자가 드리웠습니다.

칼뱅은 예정론을 체계화하고 제네바 신정정치를 실현했으나, 이는 배타적 공동체와 억압적 사회를 낳았습니다.

그들의 사상은 오늘날까지도 긍정적 기여와 함께, 분열과 경직성을 심화시키는 요소로 작용하고 있습니다.

"그들은 종교개혁자인가, 종교개악자인가?" 이 질문 앞에서 우리는 그들의 사상을 절대화하기보다, 복음의 본질을 중심에 두고 비판적으로 돌아보아야 합니다.

현대 기독교의 구조적 문제와 책임, 그리고 회개의 부재

오늘날 번영신학, 교권주의, 국가주의, 물질주의는 바울, 아우구스티누스, 루터, 칼뱅의 신학이 오용되고 절대화된 결과입니다. 교회는 여전히 권력과 탐욕에 물들어 있으며, 복음은 자주 흐려지고 있습니다.

그럼에도 불구하고, 역사 속에서 교회의 회개와 반성은 매우 제한적입니다. '바티칸의 대희년 회개 기도', '독일 루터교의 반유대주의 사과', '제네바 시의 세르베투스 사건 사과' 등과 같은 일부 교단과 도시 차원의 사과는 있었지만, 전체 기독교의 구조적 회개로 이어지지 못하였고, 여전히 신학적 재해석과 실질적 개혁은 부족한 상태입니다.

한국 교회 역시 이러한 현실을 직면해야 합니다. 단순한 고발이나 비판을 넘어, 우리 모두를 각성과 회개로 부르는 목소리에 귀 기울여야 합니다.

평신도의 과제: 깨어 있는 신앙과 매일의 개혁

탐욕과 오만, 권력에 오염된 기독교를 바꾸는 일은 지도자만의 몫이 아닙니다. 평신도 한 사람, 한 사람의 비판적 성찰과 매일의 개혁이 절실합니다.

우리는 다음을 실천해야 합니다.
∨ 신학의 뿌리를 비판적으로 재해석하기
∨ 인간 중심 교회를 넘어 하나님 앞에 선 정직한 신앙 회복
∨ 탐욕적 교회 문화와 거리 두기
∨ 건전하고 진실한 공동체 세우기
∨ 교회 역사의 어두운 그림자를 외면하지 않고 마주하기
∨ 바울, 아우구스티누스, 루터, 칼뱅의 사상을 절대화하지 말고, 예수님

중심으로 돌아가기
V 개인과 공동체의 삶 속에서 회개와 반성의 신앙 실천하기

진짜 개혁은 먼 곳에 있지 않다

기독교의 죄악은 우연도, 개인의 실수도 아닙니다. 신학과 권력, 탐욕이 얽힌 구조적 결과입니다. 과거를 직시하고, 교리를 절대화하기보다 복음의 본질을 회복할 때, 비로소 교회는 다시 희망이 될 수 있습니다.

"기독교가 예수의 종교야? 바울의 종교야?"
"아우구스티누스는 철학자인가? 종교인인가?"
"루터와 칼뱅, 빛과 그림자 속에서 배우는 종교개혁"

이 이야기들은 결국 한곳으로 모입니다.
"우리는 진정 예수님을 따르고 있는가? 아니면 사람의 신학과 제도를 따르고 있는가?"

> 사람아 주께서 선한 것이 무엇임을 네게 보이셨나니… 오직 정의를 행하며 인자를 사랑하며 겸손하게 네 하나님과 함께 행하는 것이 아니냐 (미 6:8)

이 말씀을 가슴에 새기며, 고백과 회개 위에 세워질 새로운 교회를 꿈꿉

니다. 진짜 개혁은 먼 곳에 있지 않습니다. 예수님을 바라보며, 매일 내 삶 속에서 깨어 기도하며 살아가는 데서 시작됩니다.

5부

한국기독교와 교회에 대한 질문들

"사람의 말이 절대적 권위가 되는 순간,
우리는 하나님을 인간의 틀에
가두게 된다."

1.
비기독교인들은 왜 개신교를 꺼려할까?

내가 믿고 있는 종교가 사람들에게 좋은 평가를 받고, 여러 면에서 모범이 되고 선망의 대상이 된다면, 분명 반갑고 감사한 일일 것입니다.

그러나 현실은 결코 그렇게 녹록지 않습니다. 한국 사회에서 개신교를 바라보는 시선은 기대만큼 긍정적이지 않습니다. 그럴 때마다 스스로에게 여러 가지 질문이 떠오릅니다.

"혹시 개신교의 교리나 가르침에 문제가 있는 걸까?"
"교회의 시스템이나 구성원들의 모습에 문제가 있는 걸까?"
"이런 이미지 속에서도 계속 이 믿음을 지켜야 할까?"

개신교의 현실

실제로, 많은 이들이 개신교에 대해 냉소적이거나 거리감을 느끼는 것이 현실입니다. 심지어 신앙을 가진 사람들조차 교회에 대한 실망을 드러내는 모습을 어렵지 않게 볼 수 있습니다. 그렇다면, 왜 이런 부정적 시선이 생겨났을까요?

원인은 다양하겠지만, 일반적으로 자주 지적되는 이유들은 비교적 분명합니다.

① **사회적 이미지가 좋지 않습니다.**
대부분의 목회자들은 어렵고 고된 사역 현장에서, 이름도 빛도 없이 묵묵히 최선을 다하고 계십니다. 그러나 일부 목회자들이 정치에 관여하거나 특정 정당과 결탁하는 모습은, 일반 대중에게 기독교가 세속 권력을 추구하는 집단으로 비춰지게 만듭니다.

일부에 불과하지만, 교회를 개인의 재산이나 명예, 사회적 지위를 위한 수단으로 여긴다는 인식도 존재합니다. 또한 예수님의 사랑과 겸손을 말하면서도, 교회 안팎에서 배타적이고 오만한 태도를 보이는 경우가 있어 '위선'과 '이중성'이라는 비판을 받기도 합니다. 결국, 소수의 일탈이 교회 전체의 이미지를 왜곡시키고 있는 것입니다.

② **선교 방식의 문제입니다.**
지하철, 거리, 병원, 캠퍼스 등에서 행해지는 강압적·일방적인 전도는 불쾌감을 주는 경우가 많습니다. 일부 개신교 단체가 운영하는 학교, 병원, 복지시설 등에서 비기독교인에게 개종을 요구하거나 차별하는 경우도 있습니다. 타인의 종교나 가치관을 존중하지 않는다는 인식을 심어 줄 수 있습니다.

③ **배타성과 혐오 발언도 영향을 주고 있습니다.**

다른 종교나 전통 민속 신앙 등을 "우상 숭배"로 간주하며 공개적으로 비판하는 언행은 다른 종교에 대한 비하로 이어져 사회적 갈등을 부추길 수 있습니다. 그리고 성경은 사람을 외모나 출신, 신분에 따라 차별하지 말 것을 반복적으로 가르칩니다(약 2:1~9). 그럼에도 불구하고 교회가 특정 대상에 대해 조롱하거나 배제하는 방식으로 말하거나 행동할 때, 복음의 사랑과 품위는 훼손될 수 있습니다. 우리는 사회의 흐름에 무조건 동조할 필요는 없지만, 그리스도인이라면 모든 이들을 존중하며, 진리를 말하되 사랑 안에서(엡 4:15) 전해야 할 책임이 있습니다.

④ 집단적 행태에 대한 반감도 있습니다.

코로나19 시기에 방역 수칙을 무시하고 대면예배를 강행하거나, 일부 교단의 무책임한 대응이 개신교 전체에 대한 반감을 키웠습니다. 그리고 대규모 정치 집회나 시위에 교회가 조직적으로 참여하거나, 교인들을 동원하는 모습은 종교가 아닌 정치집단처럼 보이게 했습니다.

⑤ 신앙의 강요와 사회적 거리감도 있었습니다.

가정 내에서 개신교 신앙을 강요하거나 갈등을 유발하는 경우가 많아, 종교가 오히려 소통을 가로막는다는 인식이 생기기도 합니다. 또한 교회 내 문화(용어, 음악, 태도 등)가 일반 사회와 동떨어져 있어, 외부인에게는 이질적이고 닫힌 집단처럼 느껴질 수 있습니다.

⑥ 언론과 SNS의 영향도 있습니다.

일부 목사들의 범죄, 횡령, 성범죄 등 부정적인 뉴스가 보도될 경우, 그 여파는 전체 개신교 이미지에 영향을 미칩니다. 최근에는 SNS를 통한 소문과 경험담이 빠르게 확산되며 불신이 더 깊어지는 경향이 있습니다.

이런 이야기를 듣다 보면, 누구나 한 번쯤 들어 보았을 "예수천국, 불신지옥"이라는 문구도 다시 생각해 보게 됩니다. 물론 이 문구는 "내가 곧 길이요 진리요 생명이니 나로 말미암지 않고는 아버지께로 올 자가 없느니라(요 14:6)"라는 말씀을 함축한 표현입니다.

이 말씀은 예수 그리스도를 통한 구원이 오직 유일한 길임을 선언하는 복음의 핵심이지만, 그 전제에는 하나님의 사랑과 인간의 죄에 대한 깊은 자각, 그리고 회개를 통한 구원의 초청이 담겨 있습니다. 하지만 이 문장이 거리에서 큰 소리로 외쳐질 때, 그 깊은 의미가 제대로 전달되기보다는 오히려 불쾌감이나 불편함을 주는 경우도 없지 않습니다.

신앙의 표현이 누군가에게 정죄나 차별로 들리는 것은, 본래의 복음이 의도한 모습과는 분명 거리가 있습니다. "예수님을 믿지 않는 사람을 차별하거나 혐오해도 된다"라고 생각하는 개신교인은 거의 없을 것입니다. "나는 맞고 너는 틀렸다"라는 식의 이분법적 사고를 좋아하는 분도 많지 않을 것입니다.

그럼에도 불구하고 이런 이야기들이 나온다는 것은, 우리의 삶과 태도 속에서 그런 모습이 때때로 드러나기 때문이 아닐까요? 그로 인해 교회를 떠나는 성도도 늘고, 전도도 점점 어려워지는 현실을 마주하게 됩니다.

성경이 가르치는 이웃 사랑

예수님은 "네 이웃을 사랑하라", "섬기라"라고 분명히 말씀하셨습니다.

> 둘째도 그와 같으니 네 이웃을 네 자신 같이 사랑하라 하셨으니 (마 22:39)
>
> …너희가 여기 내 형제 중에 지극히 작은 자 하나에게 한 것이 곧 내게 한 것이니라 하시고 (마 25:40)
>
> 인자가 온 것은 섬김을 받으려 함이 아니라 도리어 섬기려 하고 자기 목숨을 많은 사람의 대속물로 주려 함이니라 (막 10:45)
>
> 사랑은 이웃에게 악을 행하지 아니하나니 그러므로 사랑은 율법의 완성이니라 (롬 13:10)
>
> 온 율법은 네 이웃 사랑하기를 네 자신 같이 하라 하신 한 말씀에서 이루어졌나니 (갈 5:14)
>
> 만일 너희가 사람을 차별하여 대하면 죄를 짓는 것이니… (약 2:9)
>
> …소망에 관한 이유를 묻는 자에게는 대답할 것을 항상 준비하되 온유와 두려움으로 하고, 선한 양심을 가지라… (벧전 3:15~16)

이 말씀을 곱씹어 보면, 우리는 이웃을 향해 우월감이나 배타적 태도가 아니라, 사랑과 섬김의 자세로 다가가야 한다는 것을 다시금 깨닫게 됩니다.

우리의 부끄러움, 그리고 더 무거운 책임

최근 교회 안팎에서 드러난 성범죄, 횡령, 탈세, 세습 문제 등은 매우 부끄러운 일입니다. 비록 일부의 문제일지라도, 결국 개신교 전체의 이미지에 깊은 상처를 남깁니다.

물론 부패는 기독교만의 문제는 아닙니다. 사람이 있고, 돈이 있고, 권력과 명예가 있는 곳이라면 어느 조직에서나 부패가 일어날 수 있습니다.

그러나 '기독교'라는 이름이 붙는 순간, 사람들은 더 높은 기준과 더 냉정한 시선을 적용합니다. 그렇기에, 기독교인으로 살아가는 것은 더 무겁고 더 어려운 길일 수밖에 없습니다. 때로는 한순간의 말과 행동조차도 '십자가의 길'이라는 각오로 살아야 할지도 모릅니다. 더 철저한 자기희생, 더 많은 노력, 더 깊은 겸손이 필요하기 때문입니다.

작은 바람과 소망

기독교인이 부패하거나 세속적인 모습을 보인다면, 그것은 결국 예수님이 가신 '십자가의 길'을 거부하는 것과 다를 바 없을 것입니다. 누군가 '십자가의 길'을 포기한다면, 안타깝지만 그와는 조심스럽게 거리를 둘 수도 있습니다. 그러나 우리는 결코 '십자가의 길'을 가신 예수님을 떠나서는 안 될 것입니다.

학교에서든, 직장에서든, 신앙을 지키면서 다른 사람들에게 인정받고, 선한 영향력을 끼치며
자연스럽게 복음으로 이끄는 삶을 살아가는 것 — 비록 그것이 예수님의 십자가 길에 비하면 너무나 작은 걸음일지라도, 결코 쉬운 일은 아닙니다.

그래서 사람들은 때때로 타협하고, 합리화하고, 조금 더 쉬운 길을 선택하려 합니다. 사실 저 역시 예수님의 십자가 길을 온전히 따라갈 자신은 없습니다. 흉내조차 내기 어렵다는 것을 잘 알고 있습니다.

그럼에도 불구하고, 적어도 나로 인해 누군가 기독교에 대해 비호감을 갖게 되는 일만큼은 만들지 않도록, 내 삶을 통해 기독교인의 향기가 전해질 수 있도록, 할 수 있는 노력은 해 봐야겠다는 생각이 듭니다.

그것이 비록 미약해 보여도, 내가 걸어갈 '십자가의 길'일지도 모르니까요.

> 또 무리에게 이르시되 아무든지 나를 따라오려거든 자기를 부인하고 날마다 제 십자가를 지고 나를 따를 것이니라 (눅 9:23)

2.
기독교는 믿음을 강요하거나 협박하는 종교인가?

한국 개신교 목사님들 중에는 극단적인 사례이기는 하지만, 종종 당황스러운 일들이 들리고는 합니다. "빤스를 내려라", "인감 증명서를 끊어 오라"는 황당한 요구부터, "십일조를 안 내면 교인 자격을 박탈한다"는 말, '무릎 꿇리기, 언어 폭력, 억압적 조치' 등과 같이 권위적 행동들이 대표적입니다. 물론, 이는 한국 교회의 일부 사례에 불과합니다.

하지만 이러한 모습이 자꾸 반복되고, 또 다수의 집회에서 "무조건 믿으십시오", "지금 약속하세요", "벌 받습니다", "마귀나 하는 짓입니다"와 같은 강요나 협박으로 들릴 수 있는 설교를 듣다 보면, 자연스럽게 이런 질문이 떠오릅니다.
"기독교는 믿음을 강요하거나 협박하는 종교인가?"

강요와 협박의 배경

기독교는 종말론적 시각과 최후의 심판이라는 구조를 가지고 있습니다. 그러나 원래 성경에서 종말과 심판은 두려움만을 주려는 것이 아니라, 위로와 소망을 주기 위한 것입니다(살전 4:13~18).

물론 목사님들이 성도들을 사랑하고 아끼는 마음으로 말씀하시는, "속히 회개하고 돌아와야 한다"라는 간절한 외침을 부정하는 것은 절대 아닙니다. 다만 자칫 강요나 협박처럼 들릴 수도 있는 표현 방식을 말하는 것입니다.

장유유서, 상명하복, 집단주의, 성과주의 등으로 대표되는 유교적 가치관과 군사문화 기반의 권위주의는 한국 사회 전반에 깊이 뿌리내려 있으며, 이러한 구조적 문화는 한국 교회에도 상당한 영향을 미쳤다고 볼 수 있습니다.

그 결과, 직설적이고 때론 위협적인 설교, "이렇게 해야 복 받고, 저렇게 하면 벌 받는다"는 조건적 신앙 교육이 특히 어린이들과 새 신자들에게 신앙을 사랑과 기쁨이 아닌 규범과 공포로 느끼게 만들기도 했습니다. 또한 일부 목회자들은 자신의 뜻을 하나님의 뜻인 것처럼 포장하여 성도들을 압박하는 경우도 없지 않았습니다.

그러나 이런 방식은 잠시 사람을 움직일 수는 있어도 진정한 회심과 지속 가능한 믿음을 낳기 어렵습니다. 두려움에 따른 순종은 마음을 멀어지게 만들고, 하나님을 감시자나 심판자로만 인식하게 만들 위험이 있습니다.

"그렇다면 이런 모습이 과연 하나님이 원하시는 모습일까?"
"하나님이 주시는 사랑과 자비, 평안과 화평은 어디에서 찾아야 할까?"
이런 질문들이 자연스럽게 생길 수 있습니다.

협박과 복음의 차이

성경은 죄와 심판을 분명히 말씀하지만, 예수님은 회개를 촉구하시면서도, 정죄보다 자비와 사랑을 먼저 보여 주셨습니다. 요한복음 8장에서 간음한 여인에게 "나도 너를 정죄하지 않겠다. 가서 다시는 죄를 범하지 말라"라고 하셨고, 누가복음 15장 탕자의 비유에서도 아버지는 돌아오는 아들을 책망하지 않고 환대합니다.

기독교는 본질적으로 사랑과 은혜의 종교입니다. 복음의 핵심은 강요와 협박이 아니라, 하나님의 사랑과 초대(Invitation)입니다.

> 사랑하지 아니하는 자는 하나님을 알지 못하나니 이는 하나님은 사랑이심이라 (요일 4:8)
> 우리가 아직 죄인 되었을 때에 그리스도께서 우리를 위하여 죽으심으로 하나님께서 우리에 대한 자기의 사랑을 확증하셨느니라 (롬 5:8)
> 수고하고 무거운 짐 진 자들아 다 내게로 오라 내가 너희를 쉬게 하리라 (마 11:28)

그리고, 성경은 성도들을 억지로 지배하거나 통제하는 존재가 아니라, 사랑과 온유함으로 권면하라고 가르치고 있습니다.

> 너희 중에 있는 하나님의 양 무리를 치되 억지로 하지 말고 하나님의 뜻을 따라 자원함으로 하며 더러운 이득을 위하여 하지 말고 기꺼이 하며 (벧전 5:2)

> 주의 종은 마땅히 다투지 아니하고 모든 사람에 대하여 온유하며 가르치기를 잘하며 참으며 거역하는 자를 온유함으로 훈계할지니 혹 하나님이 그들에게 회개함을 주사 진리를 알게 하실까 하며 그들로 깨어 마귀의 올무에서 벗어나 하나님께 사로잡힌 바 되어 그 뜻을 따르게 하실까 함이라
> (딤후 2:24~26)

왜곡된 신앙의 위험성

교회 안에서 강요와 협박은 종종 다음과 같은 이유에서 생깁니다.
① 목회자의 신격화 또는 절대 권위화
② 은혜보다 행위를 강조하는 율법주의적 신앙 오해
③ 교인들의 순종만을 유도하려는 조급한 목회 방식
④ 두려움을 이용해 원하는 것을 얻으려는 잘못된 동기

특히 "하나님이 싫어하신다", "벌 받는다"라는 말을 사람을 통제하는 수단으로 사용할 때, 이는 하나님의 이름을 자기 이익을 위해 오용하는 것으로, 성경의 금지명령인 "여호와의 이름을 망령되게 부르지 말라(출 20:7)"에 해당될 수 있습니다. 또한, 복음을 율법으로 변질시키는 행위는 사도 바울이 갈라디아서에서 강하게 경고한 심각한 왜곡(갈 1:6~9)입니다.

예수님은 섬기기 위해 오셨고, 권위를 이용해 군림하는 모습을 철저히 경계하셨습니다.

> …너희 중에 누구든지 크고자 하는 자는 너희를 섬기는 자가 되고 너희 중에 누구든지 으뜸이 되고자 하는 자는 너희의 종이 되어야 하리라 인자가 온 것은 섬김을 받으려 함이 아니라 도리어 섬기려 하고 자기 목숨을 많은 사람의 대속물로 주려 함이니라 (마 20:26~28)

따라서 복음을 협박의 도구로 사용하는 것은 하나님의 뜻과 정면으로 어긋나는 일입니다.

평신도의 바른 태도

협박과 강요 앞에서 평신도는 침묵하거나 무조건 복종할 필요가 없습니다. 성경은 분명히 우리에게 말씀을 기준으로 분별하라고 가르칩니다.

> 사랑하는 자들아 영을 다 믿지 말고 오직 영들이 하나님께 속하였나 분별하라 많은 거짓 선지자가 세상에 나왔음이라 (요일 4:1)
> 베뢰아에 있는 사람들은 데살로니가에 있는 사람들보다 더 너그러워서 간절한 마음으로 말씀을 받고 이것이 그러한가 하여 날마다 성경을 상고하므로 (행 17:11)
> 사랑 안에 두려움이 없고 온전한 사랑이 두려움을 내쫓나니 두려움에는 형벌이 있음이라 두려워하는 자는 사랑 안에서 온전히 이루지 못하였느니라 (요일 4:18)

성경은 목회자의 말도 검증하라고 가르칩니다. 그렇다고 교회를 공격하거나 분란을 조장하라는 뜻이 아닙니다. 하나님의 말씀 안에서 건강한 질문과 정직한 신앙을 세우라는 것입니다.

> 거짓 선지자들을 삼가라 양의 옷을 입고 너희에게 나아오나 속에는 노략질하는 이리라 (마 7:15)

질문과 의심도 신앙의 일부입니다

하지만, 한국 교회가 가지고 있는 여건상 목사님에게 "목사님, 방금 말씀하신 것이 성경 어디에서 그렇게 말씀하셨는지 궁금합니다"라든지 "하나님의 사랑과 은혜에 대해서도 함께 말씀해 주실 수 있나요?"라는 말을 꺼내기가 쉽지 않은 것이 현실입니다.

한국 교회는 장유유서라는 유교적 위계질서와 일제강점기·군사정권 시대에 형성된 권위주의적 통제 문화가 섞여 있기 때문입니다. 그러다 보니 '목사님 말씀에 도전하면 곧 하나님께 도전'이라는 교권주의가 자리 잡고 있습니다. 그리고, 성경 지식이나 신학 훈련이 부족한 일부 목회자는 질문을 공격이나 비판으로 느끼고 방어적 반응을 보이기도 합니다. 이런 이유로 성도들이 비판적으로 깨어 있을 때, 목사님의 권위가 흔들릴까 두려워 질문을 통제하기도 하는 것이 사실입니다.

실제로 교회 안에서 질문을 했다가 정죄당하는 사례가 자주 발생하기도 합니다. "감히 목사님께 도전하다니?", "목사님의 뜻을 거스르지 마세요", "교만하다", "불순종하다", "믿음이 부족하다"라는 반응이 있기도 하고, 왕따를 당하기도 합니다.

하지만, 이런 정죄는 절대 성경적이지 않고, 오히려 목회자의 권위 남용이며, 교회의 건강을 해치는 심각한 문제이기도 합니다.

성경은 질문과 논쟁을 수용하고 있습니다. 예수님조차 질문을 받으셨고, 사도바울도 논쟁과 질문을 겸허히 수용했습니다.

> 예수께서 감람 산 위에 앉으셨을 때에 제자들이 조용히 와서 이르되 우리에게 이르소서 어느 때에 이런 일이 있겠사오며 또 주의 임하심과 세상 끝에는 무슨 징조가 있사오리이까 (마 24:3)
> 제자들이 이 비유의 뜻을 물으니 (눅 8:9)
> 어떤 에피쿠로스와 철학자들도 바울과 쟁론할새… (행 17:18)

거기에다 의심은 더 깊은 신앙으로 가기 위한 통로이고, 정직한 신앙의 다른 형태이기도 합니다. 여러 시편 기자들 역시 하나님을 의심했고, 도마도 예수님의 부활을 의심하기도 했으며, 세례요한도 예수님을 의심했습니다.

> 여호와여 어찌하여 멀리 서시며 어찌하여 환난 때에 숨으시나이까 (시

10:1)

내 하나님이여 내 하나님이여 어찌 나를 버리셨나이까… (시 22:1)

…도마가 이르되 내가 그의 손의 못 자국을 보며 내 손가락을 그 못 자국에 넣으며 내 손을 그 옆구리에 넣어 보지 않고는 믿지 아니하겠노라 하니라 (요 20:25)

요한이 그 제자 중 둘을 불러 주께 보내어 이르되 오실 그이가 당신이오니이까 우리가 다른 이를 기다리오리이까 하라 하매 (눅 7:19)

질문 없는 신앙이 더 위험할 수 있습니다. 질문을 억누르고, 의심을 정죄하면 사람들은 진심을 숨기고 위선적인 신앙인으로 변질될 수 있습니다. 하나님은 감추는 신앙보다, 정직한 신앙을 기뻐하십니다.

공동체를 떠날 자유

성경은 조용히 떠날 자유에 대해서도 말씀하고 계십니다. 강요와 억압이 반복되는 공동체는 건강하지 않으며, 그런 곳을 떠나 더 건강한 공동체를 찾는 것은 신앙의 실패가 아니라 신앙 양심의 또 다른 표현일 수 있기 때문입니다. 하지만 절대로 이단의 길로 빠지거나 하나님을 떠나서는 안 됩니다.

> 경건의 모양은 있으나 경건의 능력은 부인하니 이같은 자들에게서 네가 돌아서라 (딤후 3:5)

> 누구든지 이 교훈을 가지지 않고 너희에게 나아가거든 그를 집에 들이지도 말고 인사도 하지 말라 그에게 인사하는 자는 그 악한 일에 참여하는 자임이라 (요이 1:10~11)
> 거짓 선지자들을 삼가라 양의 옷을 입고 너희에게 나아오나 속에는 노략질하는 이리라 (마 7:15)

하나님은 우리가 자발적으로, 사랑으로, 진리를 따라 살아가길 원하고 계십니다. 사람의 말보다 하나님의 마음을 더 중요하게 여기는 것이 참된 신앙인 것입니다.

> 진리를 알지니 진리가 너희를 자유롭게 하리라 (요 8:32)
> 형제들아 너희가 자유를 위하여 부르심을 입었으나 그러나 그 자유로 육체의 기회를 삼지 말고 오직 사랑으로 서로 종 노릇 하라 (갈 5:13)

한국 교회 안의 문제를 비판적으로 바라보는 것은 교회를 무너뜨리는 일이 아닙니다. 오히려 교회가 더 건강해지고, 복음이 본래의 사랑과 은혜로 회복되기 위한 소중한 과정입니다.

하나님은 두려움보다 사랑으로, 강요보다 자유로, 억압보다 섬김으로 우리를 부르십니다. 그 부르심에 바르고 정직하게 응답하는 것이 성경적인 신앙인의 모습입니다.

3.
그저 하나님만 바라보면 되는 것인가요?

"하나님만 믿으세요, 모든 문제가 다 해결됩니다"라는 말을 종종 듣게 됩니다. 기독교 관련 방송에서의 일부 설교에서도, 때때로 집회나 교회 모임에서도 "하나님만 믿으면 가난도, 병도, 고통도, 인간관계도 다 해결된다"라는 식의 단순화된 표현들을 들을 때가 있습니다.

이런 말을 들으면 자연스럽게 이런 질문이 생깁니다. "그럼 나는 아무것도 하지 않고 그저 하나님만 바라보면 되는 것인가?" 이 질문은 신앙을 가진 사람이라면 누구나 한 번쯤 고민하게 되는 중요한 물음입니다.

하나님만 바라보라

성경은 분명히 하나님을 바라보고, 하나님을 삶의 최우선에 두라고 말씀하고 있습니다.

> 그런즉 너희는 먼저 그의 나라와 그의 의를 구하라 그리하면 이 모든 것을 너희에게 더하시리라 (마 6:33)
> 나의 하나님이 그리스도 예수 안에서 영광 가운데 그 풍성한 대로 너희 모든 쓸 것을 채우시리라 (빌 4:19)

> 내 이름으로 무엇이든지 내게 구하면 내가 행하리라 (요 14:14)
>
> 또 여호와를 기뻐하라 그가 네 마음의 소원을 네게 이루어 주시리로다 (시 37:4)

이 구절들은 하나님을 신뢰하고 우선순위를 바로 세우는 삶에 대한 놀라운 약속입니다. 그러나 이 말씀을 '아무것도 하지 않고 모든 문제가 즉각 해결된다'는 식으로 오해한다면, 성경 전체의 흐름을 놓치는 결과가 될 수 있습니다.

여기서 우리는 "하나님만 바라본다"는 말의 진짜 의미를 바르게 이해해야 합니다.

하나님을 바라본다는 것의 참된 의미

하나님을 바라본다는 것은 현실을 회피하거나 모든 책임을 내려놓는 것이 아닙니다. 오히려 하나님을 바라본다는 것은, 내 힘과 지혜로만 살려는 교만을 내려놓고, 하나님의 뜻을 먼저 구하며, 동시에 하나님 앞에서 더욱 성실하고 책임감 있게 살아가는 적극적인 태도를 의미합니다.

믿음은 현실 도피가 아니라, 하나님을 의지하면서도 이 땅 위에서 해야 할 몫을 최선을 다하는 삶입니다.

단순화된 신앙의 위험

"믿기만 하면 된다"라는 것만을 강조하게 되면, 인간의 선택과 노력, 책임을 무의미하게 여기게 만들 수 있습니다. 하나님을 믿는다는 사실이 게으름이나 무책임을 정당화하는 도구가 될 수는 없습니다. 오히려 그런 태도는 주변 사람들에게 신앙을 비호감으로 보이게 만들고, 하나님의 이름을 가볍게 만드는 결과를 가져올 수 있기 때문입니다.

또한 성경은 축복만을 약속하는 것이 아니라, 믿는 자도 고난과 시련을 겪을 수 있다는 사실을 분명히 이야기하고 있습니다.

> 무릇 그리스도 예수 안에서 경건하게 살고자 하는 자는 박해를 받으리라 (딤후 3:12)
>
> …너희가 환난을 당하나 담대하라 내가 세상을 이기었노라 (요 16:33)

현실에서 실제로 벌어지는 모습들

실제 생활 속에서는 이런 왜곡된 신앙이 부정적인 모습으로 드러나기도 합니다.

∨ "기도했으니 됐지" 하며 불성실해지는 모습
∨ 결과가 안 좋아도 "하나님 뜻이야"라며 자기 책임을 회피하는 모습

∨ 노력 없이 기적만 바라는 '신앙의 미신화'
∨ 신앙을 핑계로 공동체를 무시하거나 상대방을 무례하게 대하는 모습

이런 모습들은 신앙인 스스로의 성장을 가로막을 뿐 아니라, 비기독교인들에게 기독교를 배타적이고 무책임한 종교로 비추어지게 만들 수 있습니다.

성경이 강조하는 인간의 책임과 역할

하나님을 진정으로 바라보는 삶은, 하나님을 바라보는 것과 동시에 내게 맡겨진 몫을 최선을 다해 감당하는 삶입니다. 성경은 이를 매우 분명히 가르치고 있습니다.

① 부지런함과 노력

> 게으른 자여 개미에게 가서 그 하는 것을 보고 지혜를 얻으라 (잠 6:6)
> …누구든지 일하기 싫어하거든 먹지도 말게 하라 하였더니 (살후 3:10)

② 계획과 준비

> 부지런한 자의 경영은 풍부함에 이를 것이나… (잠 21:5)
> 너희 중에 누가 망대를 세우고자 할진대… 먼저 앉아 그 비용을 계산하지

아니하겠느냐 (눅 14:28)

③ 고난과 인내

…너희가 세상에서 환난을 당하나 담대하라 내가 세상을 이기었노라 (요 16:33)
사랑하는 자들아 너희를 연단하려고 오는 불시험을 이상한 일 당하는 것 같이 여기지 말고 오히려 너희가 그리스도의 고난에 참여하는 것으로 즐거워하라 이는 그의 영광을 나타내실 때에 너희로 즐거워하고 기뻐하게 하려 함이라 (벧전 4:12~13)

④ 선한 행실과 책임

이와 같이 행함이 없는 믿음은 그 자체가 죽은 것이라 (약 2:17)
우리는 그의 만드신 바라 그리스도 예수 안에서 선한 일을 위하여 지으심을 받은 자니 이 일은 하나님이 전에 예비하사 우리로 그 가운데서 행하게 하려 하심이니라 (엡 2:10)

믿음의 길에는 고난과 성숙의 과정이 반드시 동반됩니다. 하나님을 바라보며 그분의 뜻을 따르는 삶은 현실에서의 책임과 최선을 함께 요구합니다.

일상 속의 실제 적용

예배를 드려야 하는데 중요한 시험이나 직장 일정이 겹치거나, 회식 자리에서 신앙과 가치관이 충돌할 때, 학교나 단체에서 사찰이나 종교 단체를 방문해야 하는 상황 등 신앙과 현실 사이의 긴장감은 누구에게나 찾아옵니다.

그때 필요한 것은 단순한 회피도, 무조건적인 강경함도 아닙니다. 하나님을 최우선에 두되, 각 상황을 신중히 분별하고 지혜롭게 대응하는 것이 성경적이고 건강한 신앙인의 태도입니다.

> 너는 마음을 다하여 여호와를 신뢰하고 네 명철을 의지하지 말라 (잠 3:5)
> 보라 내가 너희를 보냄이 양을 이리 가운데로 보냄과 같도다 그러므로 너희는 뱀 같이 지혜롭고 비둘기 같이 순결하라 (마 10:16)

또한, 신앙을 핑계로 상대를 무례하게 대하거나 공동체를 무시하는 것도 성경은 분명히 경계합니다.

> 너희가 이방인 중에서 행실을 선하게 가져 너희를 악행한다고 비방하는 자들로 하여금 너희 선한 일을 보고 오시는 날에 하나님께 영광을 돌리게 함이라 (벧전 2:12)
> 유대인에게나 헬라인에게나 하나님의 교회에나 거치는 자가 되지 말고 나와 같이 모든 일에 모든 사람을 기쁘게 하여 자신의 유익을 구하지 아니하

> 고 많은 사람의 유익을 구하여 그들로 구원을 받게 하라 (고전 10:32~33)

하나님을 믿는 사람일수록 더 성실하고, 정직하며, 최선을 다하는 모습으로 드러나야 합니다.

"그저 하나님만 바라보면 되는 것인가?", 결론적으로 말하면, 하나님을 바라본다는 것은 모든 문제를 내가 통제하려는 불안에서 벗어나, 하나님을 신뢰하는 동시에, 내게 맡겨진 책임을 최선을 다해 감당하는 믿음의 태도입니다.

오늘날 우리는 신앙인이라는 이유만으로 다른 사람들보다 더 빠르게, 더 날카롭게 평가를 받는 시대를 살아가고 있습니다. 그런 시대 속에서도 우리는 하나님을 바라보며, 현실 속에서 빛과 소금의 역할을 감당해야 합니다.

하나님을 바라보고 하나님의 뜻에 따라 사는 것이 신앙의 핵심입니다. 그것은 내가 해야 할 일을 하지 않아도 된다는 뜻이 아닙니다. 오히려 지금의 상황과 환경 속에서 더욱 성실하고 겸손히 살아가라는 부르심입니다.

그것이 바로 예수님께서 걸으신 십자가의 길을 따라가는, 참된 신앙인의 모습일 것입니다.

> 내게 능력 주시는 자 안에서 내가 모든 것을 할 수 있느니라 (빌 4:13)

4.
그 많은 헌금을 다 해야 하나요?

한국 개신교회에는
① 십일조, 주일·주정 헌금, 월삭 헌금 등 정기 헌금,
② 부활절, 맥추 감사절, 추수감사절, 성탄절, 송구영신 헌금, 신년감사헌금 등 절기 헌금,
③ 선교, 장학, 건축, 구제, 기관 헌금 등 목적 헌금,
④ 감사, 서원, 회복, 일천번제 헌금 등 개인적 감사와 서원을 위한 헌금,
⑤ 속회, 구역 헌금 등 소그룹 헌금 등 여러 종류의 헌금이 있습니다.

이처럼 한국교회에 다양한 헌금 항목이 자리 잡게 된 데는, 절기 중심의 신앙 전통, 공동체 유지 체계, 건축문화, 유교적 충성 개념, 그리고 축복을 기대하는 신앙의 마음 등이 함께 작용한 결과라고 볼 수 있습니다.

그 과정에서 헌금은 신앙의 한 표현으로 자연스럽게 강조되어 왔습니다. 하지만 이런 흐름 속에서 때로는 헌금에 대한 부담감이나 오해도 생겨났습니다.

"그 많은 헌금을 다 해야 하나요?"라는 솔직한 질문이 나오는 이유도 여기에 있습니다.

헌금과 축복의 관계

교회나 설교에서 종종 "헌금을 많이 하면 복을 받는다", "헌금은 신앙의 척도다"라는 식의 강조가 있을 때, 다음과 같은 성경 구절들이 자주 인용됩니다.

> …온전한 십일조를 창고에 들여… 내가 하늘 문을 열고 너희에게 복을 쌓을 곳이 없도록 붓지 아니하나 보라 (말 3:10)
> 주라 그리하면 너희에게 줄 것이니…넘치도록 … 안겨 주리라… (눅 6:38)
> 이것이 곧 적게 심는 자는 적게 거두고 많이 심는 자는 많이 거둔다 하는 말이로다 (고후 9:6)
> 나의 하나님이 그리스도 예수 안에서 영광 가운데 그 풍성한 대로 너희 모든 쓸 것을 채우시리라 (빌 4:19)

이 구절들은 헌금이 단순히 물질적 대가의 개념을 넘어서, 하나님을 향한 신앙과 헌신의 표현, 그리고 하나님께서 채우심을 기대하는 믿음을 격려하는 말씀으로 이해해야 할 것입니다. 단순히 헌금을 '복을 사는 거래'로 오해하는 것은 성경적 가르침의 본질을 벗어날 수 있습니다.

성경 속 헌금의 의미

구약성경에서는 헌금을 하나님의 주권을 인정하고, 성막과 제사장 제도를 유지하며, 가난한 자를 돌보는 공동체적 책임의 일부로 강조합니다.

> …그 십분의 일은 여호와의 것이니 여호와의 성물이라 (레 27:30)
> 내가 이스라엘의 십일조를 레위 자손에게 기업으로 다 주어서 그들이 하는 일 곧 회막에서 하는 일을 갚나니 (민 18:21)
> …네 성중에 거류하는 객과 및 고아와 과부들이 와서 먹고 배부르게 하라… (신 14:29)

신약성경에서는 헌금을 율법적 의무가 아닌, 자발적 사랑과 은혜의 실천으로 설명합니다. 예수님께서도 보여 주기 위한 헌금을 경계하셨고, 참된 헌금의 정신을 강조하셨습니다.

> 사람에게 보이려고 그들 앞에서 너희 의를 행하지 않도록 주의하라… (마 6:1)
> 네 구제함을 은밀하게 하라 은밀한 중에 보시는 너의 아버지께서 갚으시리라 (마 6:4)
> 화 있을진저 외식하는 서기관들과 바리새인들이여 너희가… 십일조는 드리되 율법의 더 중한 바 정의와 긍휼과 믿음은 버렸도다… (마 23:23)
> …이 가난한 과부가 다른 모든 사람보다 많이 넣었도다 (눅 21:3)

사도 바울은 헌금을 자발성과 감사, 하나님께 드림, 이웃을 향한 사랑의 실천으로 가르쳤습니다. 그리고 형편에 따라 정직하고 기쁜 마음으로 드릴 것을 권면합니다.

> 각각 그 마음에 정한 대로 할 것이요… 하나님은 즐겨 내는 자를 사랑하시느니라 (고후 9:7)
>
> …이는 받으실 만한 향기로운 제물이요 하나님을 기쁘시게 한 것이라 (빌 4:18)
>
> 성도를 위하는 연보에 관하여는 내가 갈라디아 교회들에게 명한 것 같이 너희도 그렇게 하라. 매주 첫날에 너희 각 사람이 수입에 따라 모아 두어서 내가 갈 때에 연보를 하지 않게 하라 (고전 16:1~2)

교회 역사에서도 마틴 루터는 "신약의 헌금은 율법적 강제가 아닌, 자유로운 마음에서 우러나는 감사와 나눔"이라고 강조했고, 장 칼뱅 역시 "구약의 십일조 형식을 신약에 그대로 적용할 수 없다"라고 하면서도, 공동체를 유지하기 위한 책임과 자발적 헌신의 필요성을 분명히 했습니다. 물론, 교단과 교회에 따라 구체적인 적용 방식은 다를 수 있습니다.

평신도의 헌금 태도

이처럼 신약의 정신에서 헌금은 더 이상 율법적 의무나 복을 얻기 위한 거래가 아닙니다. 헌금은 하나님께 받은 은혜에 대한 자발적 응답이자, 사랑과 감사의 고백입니다. 억지로, 체면 때문에, 두려움 때문에 드리는 것은 성경이 말하는 참된 헌금의 모습이 아닙니다.

헌금은 자유롭게, 그러나 신앙 안에서 정직하고 성찰된 마음으로 드리는 것입니다. 형편에 따라, 기쁘게, 믿음의 표현이 되도록 노력하는 태도가 바람직합니다. 무엇보다, 헌금은 삶 전체를 드리는 헌신의 일부에 불과합니다. 진정한 헌신은 물질뿐 아니라 시간, 재능, 마음, 이웃 사랑까지 포함됩니다.

> 그러므로 형제들아 내가 하나님의 모든 자비하심으로 너희를 권하노니 너희 몸을 하나님이 기뻐하시는 거룩한 산 제물로 드리라 이는 너희가 드릴 영적 예배니라 (롬 12:1)

혹시 재정 형편이 어려운 경우, 하나님께서는 우리의 중심과 상황을 더 귀하게 보십니다. 가족의 생계, 건강 등 현실적인 필요를 우선 고려하는 것도 믿음의 한 부분입니다. 상황이 나아질 때 다시 기쁜 마음으로 드리고자 하는 중심을 하나님은 아십니다.

> 누구든지 자기 친족 특히 자기 가족을 돌보지 아니하면 믿음을 배반한 자요 불신자보다 더 악한 자니라 (딤전 5:8)
> …사람은 외모를 보거니와 나 여호와는 중심을 보느니라 하시더라 (삼상 16:7)

또한, 헌금을 드리는 신자로서 교회의 재정이 투명하고 바르게 사용되는지 관심을 갖고 함께 점검하는 자세도 공동체를 더욱 건강하게 세우는 믿음의 실천입니다. 이는 비판이나 불신을 위한 것이 아니라, 교회가 더 신뢰받는 공동체로 세워지기 위한 책임감 있는 태도입니다.

헌금은 믿음과 사랑, 감사와 공동체 책임의 실천입니다. 그것은 금액의 문제가 아니라 마음의 표현입니다. 복을 사는 조건이 아닌, 은혜에 대한 기쁨의 응답입니다. 율법적 강제가 아닌, 복음의 자유이며 사랑의 표현입니다.

하나님은 우리에게 '얼마를 내라'고 강요하시지 않습니다. 다만 '어떤 마음으로 드리느냐'를 기쁘게 바라보십니다.

5.
기독교는 죄책감을 자극하는 종교인가?

기독교는 죄책감을 자극하는 경향이 강한 종교라는 인식을 받기도 합니다. '원죄'라는 교리를 통해 인간을 태어날 때부터 죄인으로 규정하고 시작하며, 일반 사회에서 비교적 자유롭게 받아들여지는 술과 담배조차 일부 교회에서는 정죄의 기준이 되기도 합니다.

또한 감사헌금, 선교헌금, 십일조, 장학, 월삭, 부활절, 맥추, 추수감사, 성탄절 헌금 등 다양한 명목의 헌금이 강조되며, 때때로 그중 일부라도 소홀히 하면 '하나님의 복을 놓친다'는 식의 부담이나 암묵적 압력을 경험하는 경우도 있습니다. 이런 경험들은 신앙의 자유보다 죄책감과 종교적 의무감에 기반한 신앙생활을 조장한다는 비판으로 이어지기도 합니다.

그러다 보니 "기독교는 죄책감을 자극하는 종교인가?"라는 질문이 생기게 됩니다.

죄책감을 자극하는 사람들

성경적으로도, 신앙 공동체 안에서도 '죄책감을 자극하는 사람들'은 반복적으로 등장하며, 때로는 하나님의 뜻을 선한다고는 하지만, 실제로는 사람들을 억누르는 자들로 드러나기도 합니다.

> 또 무거운 짐을 묶어 사람의 어깨에 지우되 자기는 이것을 한 손가락으로도 움직이려 하지 아니하며 (마 23:4)

죄책감을 자극하는 사람들은 주로 종교 지도자, 교회 직분자, 영향력 있는 신자들일 가능성이 높습니다. 그들은 하나님의 이름으로 비난과 두려움을 전달하며, 죄는 지적하지만 용서에는 인색한 경우도 있어, 심하게는 사람의 존엄과 가치를 훼손할 수도 있습니다.

> 화 있을진저 외식하는 서기관들과 바리새인들이여 너희는 천국 문을 사람들 앞에서 닫고 너희도 들어가지 않고 들어가려 하는 자도 들어가지 못하게 하는도다 (마 23:13)

그들이 죄책감을 자극하는 이유가 무엇일까요?,
① 죄책감을 통해 복종과 충성을 유도하여 권위를 유지하는 수단으로 활용하기도 하고,

② '나는 너와 다르다'라는 식의 도덕적 우월감의 표현일 수도 있습니다.

> 바리새인은… 기도하여 이르되 하나님이여 나는 다른 사람들… 같지 아니함을 감사하나이다 (눅 18:11)

③ 하나님의 자비보다 공의만을 보며, 정죄만 하려는 잘못된 종교적 가치관을 가지고 있는 경우도 있고,

④ 과거 자신이 죄책감으로 힘들었던 트라우마에 대한 일종의 보복 심리일 수도 있습니다.

그런데, 이렇게 타인이 유발한 죄책감이 개인 안에 내면화되어, 스스로 느끼는 죄책감으로 작용하는 경우가 있습니다. 이런 죄책감은 때로는 진실한 회개로 이어질 수도 있지만, 복음에 뿌리내리지 못하고 지속될 경우, 자기혐오와 은혜 거부, 그리고 영적 마비로까지 이어질 수도 있습니다.

따라서 복음이 아닌 방식으로 죄책감을 자극하거나, 상대를 조종하거나 정죄하려는 의도로 죄책감을 유발하는 것은, 성경이 경고하는 실족하게 하는 죄에 해당될 수도 있습니다.

> 누구든지 나를 믿는 이 작은 자 중 하나를 실족하게 하면 차라리 연자 맷돌이 그 목에 달려서 깊은 바다에 빠뜨려지는 것이 나으니라 (마 18:6)
> 서기관들과 바리새인들을 꾸짖으시다 (마 23장)
> 그리스도께서 우리를 자유롭게 하려고 자유를 주셨으니 그러므로 굳건하게 서서 다시는 종의 멍에를 메지 말라 (갈 5:1)
> 나는 너희가 아무 다른 마음을 품지 아니할 줄을 주 안에서 확신하노라 그러나 너희를 요동하게 하는 자는 누구든지 심판을 받으리라 (갈 5:10)

죄와 죄책감

죄책감은 하나님이 나를 부르시는 소리일 수도 있고, 하나님 앞으로 나가는 것을 막는 사탄의 소리일 수도 있습니다. 그렇기 때문에 죄책감을 느꼈을 때 어떻게 행동하느냐가 중요할 수 있습니다.

① "나는 실제로 하나님 앞에서 잘못한 일이 있는가?, 아니면 사람의 기준이나 문화적 분위기 때문에 죄처럼 느끼는 것인가?"를 자문해 보아야 합니다. 죄는 회개로 이끌지만, 세상이 준 죄책감은 사망을 이룰 수도 있기 때문입니다.

> 하나님의 뜻대로 하는 근심은 후회할 것이 없는 구원에 이르게 하는 회개를 이루는 것이요 세상 근심은 사망을 이루는 것이니라 (고후 7:10)

② 시편 기자는 하나님께 직접 물어보기도 했습니다.

> 하나님이여 나를 살피사 내 마음을 아시며 나를 시험하사 내 뜻을 아옵소서 내게 무슨 악한 행위가 있나 보시고 나를 영원한 길로 인도하소서 (시 139:23~24)

③ 만일 죄책감이 실제 죄에서 온 것이라면, 자복하고 진실한 회개를 해야 합니다.

> 만일 우리가 우리 죄를 자백하면 그는 미쁘시고 의로우사 우리 죄를 사하시며 우리를 모든 불의에서 깨끗하게 하실 것이요 (요일 1:9)

④ 그리고, 회개를 했다면, 용서받았다고 믿어야 합니다. "나는 하나님께 용서받을 자격이 없다"라는 생각은 겸손이 아니라, 불신앙이므로, 자신을 용서해야 합니다.

> 그러므로 이제 그리스도 예수 안에 있는 자에게는 결코 정죄함이 없나니 (롬 8:1)

⑤ 그래도 죄책감이 계속된다면, 그것은 사탄의 정죄, 자기 비하, 종교적 강박, 타인의 기준 때문일 수 있으므로, 옛날 일을 생각하지 말고 하나님이 나타내시는 새로운 삶을 향해, 진리와 함께 나아가야 할 것입니다.

> 너희는 이전 일을 기억하지 말며 옛날 일을 생각하지 말라 보라 내가 새 일을 행하리니 이제 나타낼 것이라 너희가 그것을 알지 못하겠느냐 반드시 내가 광야에 길을 사막에 강을 내리니 (사 43:18~19)
> 진리를 알지니 진리가 너희를 자유롭게 하리라 (요 8:32)

복음과 죄책감

기독교의 복음은 죄를 지적하시만, 죄책감에 미물게 하지 않고, 그 죄책감에서 해방되는 길을 보여주고 있습니다. 복음은 정죄가 아니라 회복, 그리고 두려움이 아니라 사랑으로 사람을 이끌기 때문입니다.

> …건강한 자에게는 의사가 쓸 데 없고 병든 자에게라야 쓸 데 있느니라 나는 의인을 부르러 온 것이 아니요 죄인을 부르러 왔노라 하시니라 (막 2:17)
>
> …예수께서 이르시되 나도 너를 정죄하지 아니하노니 가서 다시는 죄를 범하지 말라 하시니라 (요 8:11)

예수님은 죄인들과 함께 식사를 하셨고, 간음한 여인을 정죄하지 않으셨으며, 세리, 창녀, 병자들에게도 회복의 길을 제시해 주셨습니다. 예수님의 목적은 죄책감으로 눌린 이들을 일으켜 세우시는 것이었기 때문입니다. 그리고, 죄지은 자가 자신의 죄를 진심으로 자복하고 회개하면 용서해 주십니다.

> 그러나 악인이 만일 그가 행한 모든 죄에서 돌이켜 떠나 내 모든 율례를 지키고 정의와 공의를 행하면 반드시 살고 죽지 아니할 것이라 그 범죄한 것이 하나도 기억함이 되지 아니하리니 그가 행한 공의로 살리라 (겔 18:21~22)
>
> 베드로가 이르되 너희가 회개하여 각각 예수 그리스도의 이름으로 세례를 받고 죄 사함을 받으라 그리하면 성령의 선물을 받으리니 (행 2:38)

죄책감에서 벗어나기

성경은 과도한 음주로 인한 술 취함은 명백히 경고하지만, 적당한 음주 자체를 금지하지는 않습니다. 따라서 술 자체가 죄는 아닙니다. 다만, 중독, 방탕, 실족하게 하는 행동은 죄가 될 수 있습니다.

> 술 취하지 말라 이는 방탕한 것이니 오직 성령으로 충만함을 받으라 (엡 5:18)
>
> 갈릴리 가나의 혼인잔치에서 예수님이 물로 포도주를 만드심 (요 2장)

담배에 대해서는 성경에 명시적으로 언급된 것이 없습니다. 자율적으로 판단해도 된다는 의미로 볼 수 있습니다. 하지만, 담배는 건강을 해치고 중독을 일으켜 몸을 상하게 할 수 있습니다. 성경은 '우리 몸은 내 것이 아니라 하나님께서 값 주고 사신 것'이라고 가르치고 계십니다. 따라서 자신의 몸을 존중하고 돌보는 일도 영적인 행위의 일부로 볼 수 있으므로, 신중하게 살펴볼 필요가 있습니다.

> 너희 몸은 너희가 하나님께로부터 받은 바 너희 가운데 계신 성령의 전인 줄을 알지 못하느냐 너희는 너희 자신의 것이 아니라 값으로 산 것이 되었으니 그런즉 너희 몸으로 하나님께 영광을 돌리라 (고전 6:19~20)

신앙은 술과 담배를 끊는 것으로 증명되지 않고, 헌금을 얼마나 했는지로 판단되지 않습니다. 이런 것들이 신앙의 기준이 되는 순간, 우리는 복음의 중심에서 멀어질 수 있습니다.

죄인을 정죄하는 교회가 아니라, 회개의 기회를 열어 주고 끝까지 함께 걷는 교회, 그것이 예수님이 원하신 교회이며, 하나님이 기뻐하시는 공동체일 것입니다.

그리고, 죄책감은 회개를 향한 발판이 될 수는 있겠지만, 하나님을 향해 단단히 나아가는 데 걸림돌이 될 수도 있습니다. 죄를 자각하면 회개하고 용서를 구하되, 죄책감에서는 벗어나야 할 것입니다.

6.
추모예배가 우상숭배에 해당되는가?

한국교회는 오랜 시간 동안 장례 이후 고인을 기억하고, 유족을 위로하는 '추모예배'(혹은 '기일예배')를 드려 왔습니다. 이는 유교적 제사 문화를 복음적으로 대체하려는 역사적·목회적 시도에서 비롯된 전통입니다. 동시에 신앙의 선배들의 삶을 돌아보며 하나님의 은혜를 기억하고, 유족들에게 위로를 전하는 자리로도 사용되어 왔습니다.

그런데 최근, 일부 추모예배가 고인을 중심으로 하는 예배 형식이나 인물 숭배적 표현, 기념 공간의 제도화 등으로 인해 신학적으로 비판을 받기도 합니다. 반면, 그런 문제의식을 넘어 추모예배 전체를 '우상숭배'로 단정하고, 아예 금지해야 한다는 극단적인 주장도 나타나고 있습니다.

이런 상황에서 자연스럽게 이런 질문이 떠오릅니다.
"추모예배는 우상숭배에 해당하는가?"
"그렇다면 고인을 기억하는 바른 신앙적 태도는 무엇인가?"

추모예배가 우려되는 이유

성경은 분명히, 오직 하나님만이 예배의 대상이심을 강조합니다. 또한 죽은 자와의 교류는 교리적으로도 명백하게 금하고 있습니다.

① 예배의 중심이 고인이 되어서는 안 됩니다.
추모예배가 고인을 기리는 것을 넘어, 고인이 예배의 주인공처럼 느껴지는 상황은 분명히 경계해야 합니다. 예배는 오직 하나님께만 드려야 합니다. 성경은 분명히 하나님만이 예배의 대상이심을 강조합니다.

> …주 너의 하나님께 경배하고 다만 그를 섬기라 하였느니라 (마 4:10)

② 고인에게 중보를 요청하거나 교류하려 해서는 안 됩니다.
"우리 가족 잘 살펴 주세요", "그곳에서도 우리를 지켜 주세요" 같은 표현은 죽은 자와의 교류를 전제하기에 삼가야 합니다. 성경은 이런 행위를 분명히 경계합니다.

> 그의 아들이나 딸을 불 가운데로 지나게 하는 자나 점쟁이나 길흉을 말하는 자나 요술하는 자나 무당이나 진언자나 신접자나 박수나 초혼자를 너희 가운데에 용납하지 말라 이런 일을 행하는 모든 자를 여호와께서 가증히 여기시나니 이런 가증한 일로 말미암아 네 하나님 여호와께서 그들을 네 앞에서 쫓아내시느니라 (신 18:10~12)

우려에 따른 과도한 일반화

한국교회는 오랫동안 유교와 무속의 영향력을 경계해 왔습니다. 조상숭배, 제사, 무속적 기복 문화는 정통 신앙의 적으로 간주되었고, 성도들을 지키기 위해 세심한 규정과 경계가 세워졌습니다.

그러나 그 과정에서 오히려 유교적 형식주의와 율법주의가 교회 안에 스며든 것은 아닌지 돌아볼 필요도 있습니다. 최근 일부에서는 추모예배 자체를 '우상숭배'로 단정하고, 유족의 슬픔과 고인을 향한 그리움마저 억누르려는 분위기도 감지됩니다.

하지만 성경은 위로와 공동체 돌봄을 분명히 강조하고 있습니다.

> 우리의 모든 환난 중에서 우리를 위로하사 우리로 하여금 하나님께 받는 위로로써 모든 환난 중에 있는 자들을 능히 위로하게 하시는 이시로다 (고후 1:4)

그리고, 히브리서 11장은 신앙 선배들의 삶과 믿음을 조명하며, 그들의 신앙을 본받으려는 모습도 보여 주고 있습니다.

바람직한 추모예배

① 예배의 대상은 오직 하나님입니다.

추모예배라 하더라도 그 목적이 하나님의 은혜를 기억하고, 삶의 주권자이신 하나님을 고백하는 자리라면, 바른 신앙의 범주에 속합니다.

> …네 마음을 다하고 목숨을 다하고 뜻을 다하여 주 너의 하나님을 사랑하라… (마 22:37)
>
> 하늘에서는 주 외에 누가 내게 있으리요 땅에서는 주 밖에 내가 사모할 이 없나이다 (시 73:25)

② 추모예배는 복음의 문이 될 수 있습니다.

유족과 참석자들이 슬픔 속에서도 소망을 붙들고, 다시금 예수를 바라보게 하는 자리라면, 그것은 충분히 복음적인 행사입니다.

> 내가 문이니 누구든지 나로 말미암아 들어가면 구원을 받고 또는 들어가며 나오며 꼴을 얻으리라 (요 10:9)
>
> 수고하고 무거운 짐 진 자들아 다 내게로 오라 내가 너희를 쉬게 하리라 (마 11:28)

③ 성령은 자유와 위로를 주십니다.

추모예배가 율법적 통제나 형식주의로 흐르지 않도록 주의해야 합니다. 성령 안에서 자유와 위로, 믿음의 기쁨이 드러난다면, 오히려 그것이 복음의 본질입니다.

> 주는 영이시니 주의 영이 계신 곳에는 자유가 있느니라 (고후 3:17)

④ 사랑과 격려의 자리가 되어야 합니다.
고인의 삶과 신앙을 기억하고, 서로를 위로하며 격려하는 시간이라면, 충분히 신앙적 표현이라 할 수 있습니다.

> 오직 사랑 안에서 참된 것을 하여 범사에 그에게까지 자랄지라 그는 머리니 곧 그리스도라 (엡 4:15)

묘소 방문 시 표현에 대한 판단

"보고 싶다", "그립다", "사랑했다" 등과 같은 그리움의 표현은 자연스럽습니다. 다만, "지켜봐 주세요", "기도해 주세요", "도와주세요" 등 죽은 자와의 교류를 전제하는 표현은 삼가는 것이 바람직합니다. 하나님은 우리의 중심을 보십니다. 외형적 형식이나 과도한 규제보다, 마음 깊은 곳의 믿음과 정직함을 더 중요하게 여기십니다.

> …나 여호와는 중심을 보느니라 하시더라 (삼상 16:7)
> …안식일이 사람을 위하여 있는 것이요 사람이 안식일을 위하여 있는 것이 아니니 (막 2:27)

결국 핵심은 '중심'입니다.

추모예배의 옳고 그름을 결정짓는 것은 겉으로 드러나는 형식이 아니라, 그 예배의 중심이 누구를 향하고 있는가입니다. 고인을 기억하는 마음이 하나님을 향한 감사와 믿음으로 드러난다면, 추모예배는 우상숭배가 아니라 신앙의 자연스러운 표현이 될 수 있습니다.

복음은 우리를 옭아매는 규제가 아닙니다. 복음은 중심을 살피며, 사랑 안에서 자유와 위로를 허락하시는 하나님의 선물입니다.

추모예배를 둘러싼 여러 논쟁이 개인적으로도 깊은 고민이 되다 보니, 하나님의 말씀과 복음의 본질을 붙들며 조심스럽게 정리해 본 글입니다. 특정 논리나 인물을 비판하려는 의도는 전혀 없습니다.

단지 저와 같은 고민을 가진 분들과 함께 더 깊이 생각해 보고, 복음의 본질을 잃지 않는 건강한 신앙을 지켜 가고 싶은 마음뿐입니다. 부족한 부분은 계속 기도하며 배우고, 복음 앞에서 겸손히 수정해 가도록 하겠습니다.

7.
기독교는 왜 이렇게 교파와 교단이 많을까?

예수님은 그를 따르는 이들에게 서로 사랑하고 하나가 될 것을 가르치셨습니다.

> 새 계명을 너희에게 주노니 서로 사랑하라 내가 너희를 사랑한 것 같이 너희도 서로 사랑하라 (요 13:34)
>
> 아버지여, 아버지께서 내 안에, 내가 아버지 안에 있는 것 같이 그들도 다 하나가 되어 우리 안에 있게 하사 세상으로 아버지께서 나를 보내신 것을 믿게 하옵소서 (요 17:21)
>
> 평안의 매는 줄로 성령이 하나 되게 하신 것을 힘써 지키라 (엡 4:3)

그런데 현실을 돌아보면,
"기독교는 왜 교단이 이렇게 많습니까?",
"특히 한국 개신교는 교단이 300개가 넘는다고 하던데, 왜 그런 겁니까?",
"기독교는 분열과 갈등의 종교입니까?"라는 질문이 나올 법도 합니다.

사실 종교가 다른 나라와 민족으로 확산되다 보면, 언어·문화·역사·철학 등 여러 요소의 영향을 받을 수밖에 없습니다. 또한 더 나은 신앙과 실천을 추구하는 과정에서 개혁이나 변화를 시도하다 보면, 교파나 교단이 분화되는 것도 어쩌면 앞으로 나아가기 위한 자연스러운 현상이라 볼 수 있습니다.

그와 함께 역사적으로 볼 때, 정치적 이해관계, 명예·권력·경제적 이권을 둘러싼 갈등, 또는 인간의 한계에서 비롯된 선민의식이나 지적 오만 등도 분열의 원인으로 작용한 사례들이 있었다고 알려져 있습니다.

주요 기독교 교파의 형성과 역사

다음은 역사적으로 형성된 주요 교파와 교단을 간략히 정리한 것입니다.

시기	교파	특징
1054년	동방정교회	로마(가톨릭)와 콘스탄티노플(정교회) 간 정치·문화적 갈등
1517년	루터교	마르틴 루터의 종교개혁을 계기로 16세기 초중반 형성
1534년	영국 성공회	헨리 8세의 이혼 문제 등으로 로마 교황과의 정치적 갈등
1550년경	프랑스 위그노파	프랑스 내 개신교 탄압과 정치적 갈등 속에서 형성
1560년	스코틀랜드 장로교	존 녹스를 중심으로 형성, 장로회 원조
1609년	침례교	유아세례를 시행하지 않고 성인 침례만 시행
1738년	감리교	존 웨슬리의 성화와 윤리적 실천 강조 운동에서 시작
1863년	제칠일안식일교회	안식일(토요일) 준수, 종말론 강조
1865년	구세군	전도와 구제에 중점, 감리교와의 갈등 이후 창립
1870년	여호와의 증인	삼위일체와 영혼 불멸 등을 인정하지 않음
1880년	성결교회	성결운동의 영향으로 형성, 성화 강조
1901년	오순절교회	성령의 은사(방언, 치유) 강조, 아주사 거리 부흥운동 이후 확산
1905년	나사렛교회	성결교회와 유사, 성결교회보다 비교적 온건한 신학 노선

한국 개신교의 교단 분화

한국 개신교는 약 140년이라는 비교적 짧은 역사 속에서도 교단 분화가 심각할 정도로 빠르게 진행되었습니다. 문화체육관광부가 발표한 『2018 한국의 종교현황 통계』에 따르면, 한국 개신교 교단 수는 약 374개이며, 이 중 '대한예수교장로회(예장)'로 시작하는 교단만 해도 289개에 이릅니다.

특히 장로교의 분열은 한국 교계의 대표적인 사례로 자주 언급됩니다.

[표, 한국 장로교의 교단 분열 과정]

시기	배경	주요 내용
1884~1910년대	외국 선교사 입국 한국 개신교 초창기	• 미국 북장로회, 호러스 그랜트 언더우드 목사 선교 시작(1885) • 1912년 장로교 최초 독립 교단 '조선예수교장로회 총회' 창립
1930~40년대	일제의 신사참배 강요 및 교파 통합 추진	• 신사참배 문제와 교파 통합 갈등 심화
1950년대	해방 후 갈등 표면화	• 1차 분열 : 고신, 예장에서 분리(1952) ※ 고신 : 신사참배 반대 측(출옥성도 중심)
이후~	진보·보수 노선 차이 신학적 갈등 신학교 설립 및 운영 이슈 기타 다양한 이슈	• 2차 분열 : 기장, 예장에서 분리 (1953) ※ 진보(기장)/보수주의 신학 갈등 • 3차 분열 : 통합과 합동으로 대분열 (1959) ※ WCC 가입 여부(통합 지지, 합동 반대) • 이후 계속 분리가 진행 ※ 대신(1961), 고려(1976), 합신(1981) 등

이외에도 성결교는 1961년 에큐메니컬 운동(교회 일치 운동)의 여파로, 기독교 대한 성결회와 예수교 대한 성결회로 분열되었습니다.

물론 통합 사례도 있습니다. 침례교는 1959년 대한 기독교 침례회와 기독교 대한 침례회로 분열되어 있었으나, 1968년 합동하여 1976년 '기독교한국침례회'로 개칭하면서 통합을 하였고, 감리교도 1960년대와 1970년대 내부 갈등으로 두 차례 교단이 분열되기도 하였으나, 1974년 '기독교대한감리회'로 통합을 이루었습니다.

분열에 대한 성찰

이러한 분열들 가운데 일부는 신앙의 자유와 교리적 순수성을 지키기 위한 불가피한 선택이었을 것입니다.

그러나 역사 속에는 다음과 같은 아쉬움도 분명히 존재했습니다.

∨ 과거의 잘못에 대한 진정한 회개 부족
∨ 회개한 이들에 대한 용서와 포용 부족
∨ 선민의식이나 지적 우월감으로 인한 오만과 아집
∨ 정치적, 경제적 이해관계로 인한 갈등과 오해

결국 이런 분열들이 때로는 개신교에 대한 실망과 비판으로 이어지는 것도 부인할 수 없습니다. 하지만 이것은 어디까지나 연약한 '사람'의 문제이지, 예수님의 가르침이 잘못되었기 때문은 아닙니다. 예수님은 우리에게 사랑과 화목, 겸손, 그리고 하늘나라에 대한 소망을 강조하셨습니다.

> 사랑하는 자들아 우리가 서로 사랑하자 사랑은 하나님께 속한 것이니 사랑하는 자마다 하나님으로부터 나서 하나님을 알고, 사랑하지 아니하는 자는 하나님을 알지 못하나니 이는 하나님은 사랑이심이라 (요일 4:7~8)
> 모든 것이 하나님께로서 났으며 그가 그리스도로 말미암아 우리를 자기와 화목하게 하시고 또 우리에게 화목하게 하는 직분을 주셨으니 (고후 5:18)
> 아무 일에든지 다툼이나 허영으로 하지 말고 오직 겸손한 마음으로 각각 자기보다 남을 낫게 여기고 (빌 2:3)
> 썩지 않고 더럽지 않고 쇠하지 아니하는 유업을 잇게 하시나니 곧 너희를 위하여 하늘에 간직하신 것이라 (벧전 1:4)

연약한 사람과 교회의 현실을 넘어, 우리는 결국 사랑과 진리를 따라 주님의 몸 된 교회를 세워 가야 할 책임이 있습니다. 분열을 넘어, 진정한 사랑과 화목의 공동체를 세우라는 주님의 부르심을 잊지 말아야 할 것입니다.

때로는, 아무리 노력해도 분열을 조장하거나 공동체를 무너뜨리는 사람들로 인해 신앙이 심각히 위협받는 경우도 있습니다. 그럴 때 우리는 새로운 공동체를 찾는 아픈 결단을 고민해야 할 수도 있으며, 성경도 그런 상황 속에서 지혜로운 선택을 권면합니다.

> 형제들아 내가 너희를 권하노니 너희가 배운 교훈을 거슬러 분쟁을 일으키거나 거치는 하는 자들을 살피고 그들에게서 떠나라 (롬 16:17)

하지만, 절대로 사람 때문에 이단에 빠지거나 하나님을 떠나서는 안 될 것입니다.

8.
본디오 빌라도가 예수님에게 고난을 주었나?

사도신경은 오랜 세월 동안 그리스도인들이 예배 속에서 함께 고백해 온 믿음의 언어입니다. 그 기원은 2~4세기경 로마 교회의 세례 신조에 바탕을 두고 발전하였으며, 5세기경 지금의 형태로 서방 교회 전역에 널리 퍼졌다고 알려져 있습니다.

이후 가톨릭, 루터교, 성공회, 장로교, 감리교, 회중교회 등 여러 교파와 교단에서 오늘날까지 사도신경을 신앙 고백으로 사용하고 있습니다.

그런데 사도신경 속에는 유독 한 사람의 이름이 등장합니다. 바로 본디오 빌라도입니다. 라틴어 원문의 "passus sub Pontio Pilato"가, 영어로는 "suffered under Pontius Pilate"로 번역됩니다.

빌라도는 로마 황제 티베리우스 치하에서 유대를 다스린 실존 인물입니다. 그의 이름이 사도신경에 언급된 이유는, 예수님의 고난과 죽음이 신화나 상징이 아니라 역사 속 실제 사건임을 분명히 하기 위함입니다.

'~아래에서' 혹은 '~치하에서'라는 뜻을 가지고 있는 영어 'under'를 한국 가톨릭은 '통치 아래서[17]', 대한 성공회는 '치하에서[18]', 한국 개신교는 '~에게[19]'로 번역하고 있습니다. 그런데 한국어에서 "누구에게 고난을 받다"라는 표현은 고난을 직접 가한 주체가 바로 그 사람이라는 인상을 줄 수 있습니다.

그러다 보니 "본디오 빌라도가 예수님에게 고난을 주었는가?"라는 질문이 자연스럽게 떠오르게 됩니다.

성경 속의 빌라도

성경 전체에서 빌라도의 모습은 단순한 '가해자'로만 묘사되지는 않습니다.

마태복음에서는 아내의 꿈(마 27:19)과 손 씻는 행위(마 27:24)를 통해 책임 회피의 모습을 보여 줍니다. 마가복음에서는 민중을 만족시키기 위해 바라바를 놓아주는 장면이 나옵니다(막 15:15).

누가복음에서는 세 차례에 걸쳐 예수님의 무죄를 선언하지만(눅 23:4, 14, 22), 결국 유대 지도자들의 압력에 굴복합니다(눅 23:25). 요한복음에서도 빌라도는 예수에게서 죄를 찾지 못했다고 세 번이나 밝히며(요 18:38,

---

17) 가톨릭 번역: 『로마 미사 경본』(한국천주교주교회의, 2017)
18) 성공회 번역: 『성공회 기도서』(대한성공회, 2004)
19) 개신교 번역: 『새찬송가』(한국찬송가공회, 2006)

19:4, 6), 예수님을 놓아주려 하지만 유대 지도자들의 정치적 위협 앞에 결국 예수를 내어 줍니다(요 19:16). 사도행전에서도 "빌라도가 놓아주기로 결의한 것을(행 3:13)"이라는 표현이 나옵니다.

물론 빌라도는 권력자로서 진실을 지킬 용기를 내지 못한 책임이 있습니다. 그러나 이와 같은 복합적인 상황을 지나치게 단순화하거나, 신앙 고백 속에서 빌라도를 '예수의 고난을 가한 주범'으로 고정시키는 것은 조심할 필요가 있습니다.

예수님의 고난: 누구의 책임인가?

예수님의 고난은 단지 인간의 불의 때문만이 아니라, 인류의 죄를 대신 지신 하나님의 구속 사역으로 이해되어야 합니다.

> 그가 찔림은 우리의 허물 때문이요 그가 상함은 우리의 죄악 때문이라 그가 징계를 받으므로 우리는 평화를 누리고 그가 채찍에 맞으므로 우리는 나음을 받았도다 (사 53:5)
>
> 그가 하나님께서 정하신 뜻과 미리 아신 대로 내준 바 되었거늘 너희가 법 없는 자들의 손을 빌려 못 박아 죽였으나 (행 2:23)
>
> 하나님이 죄를 알지도 못하신 이를 우리를 대신하여 죄로 삼으신 것은 우리로 하여금 그 안에서 하나님의 의가 되게 하려 하심이라 (고후 5:21)

그렇기 때문에 예수님의 고난을 특정 개인의 탓으로만 돌리는 해석은, 구속사의 관점에서 온전하지 않을 수도 있을 것 같습니다.

교회 전통 속 빌라도와 클라우디아

한편, 교회 역사 속에는 빌라도와 그의 아내 클라우디아 프로쿨라에 관한 흥미로운 전승도 전해집니다. 초기 교부 오리겐은 클라우디아를 "복된 여인"으로 언급하며, 그녀가 예수님의 의로움을 인식한 점을 긍정적으로 평가했습니다.

외경인 『빌라도 행전』(Acts of Pilate), 『빌라도의 전승』(Paradosis Pilati) 등에서는, 빌라도 부부가 회개하고 기독교에 귀의했으며 심지어 순교했다는 내용이 담겨 있습니다. 에티오피아 정교회는 이 부부를 성인으로 기념하며 6월 25일에 축일을 지킵니다. 그리스 및 러시아 정교회도 10월 27일에 클라우디아를 성인으로 기념합니다.

물론 이러한 전승들은 역사적 사실로 단정하기보다는, 교회가 신앙 고백의 인물들을 어떻게 해석하고 성찰해 왔는지를 보여 주는 전통의 다양성 정도로 이해하는 것이 바람직합니다.

공적 신앙고백, 그리고 성찰의 용기

사도신경은 단순한 개인의 믿음이 아니라, 교회가 세기를 넘어 함께 고백해 온 공적 신앙 고백입니다. 그 언어 하나하나는 오랜 시간 공교회의 신중한 판단을 거쳐 정립된 것입니다. 그렇기에 이 표현에 대한 어떤 질문이나 제안도, 교회 공동체의 논의와 성찰 속에서 이루어져야 마땅합니다.

하지만, 우리는 때때로 '전통'이라는 이름 아래 신학적 무감각을 익숙함으로 포장하곤 합니다. 그러나 진정한 전통이란 반복이 아니라, 진리를 향한 지속적인 회개와 갱신의 역사여야 하지 않을까요? 사도신경이라는 오래된 신앙 고백 안에서도, "진리를 얼마나 바르게 말하고 있는가"를 성찰할 용기가 지금 우리에게 필요하다고 느낍니다.

어떤 분은 "본디오 빌라도 시대에", "본디오 빌라도가 다스리던 때에" 등의 고백이, 예수님의 생애가 실제 역사 속에서 일어난 사건이라는 신앙 고백이 될 수 있다는 말씀을 하십니다.

이러한 주장은 기존의 신앙 고백을 훼손하거나 부정하려는 의도가 아니라, 오히려 신앙의 언어를 더욱 바르게 세우고자 하는 정직한 고민이며, 교회를 향한 작지만 진실한 기도일지도 모릅니다.

9.
예수님이 지옥에 내려가셨다는 것이 무슨 뜻이지?

사도신경에는 라틴어로 "descendit ad inferos"라는 부분이 있습니다. 영어로는 "He descended into hell"로 번역되어 있습니다. 예수님이 돌아가시고 "지옥에 내려가셨다"라는 의미로 해석될 수 있는 부분입니다.

그러다 보니 "예수님이 지옥에 내려가셨다는 것이 무슨 뜻이지?"라는 질문이 생기게 됩니다.

'지옥'이라는 단어가 주는 오해를 피하기 위해서인지 한국 가톨릭에서는 이를 '저승[20]'으로, 대한 성공회에서는 '죽음의 세계[21]'로, 한국 개신교에서는 '장사한 지[22]'로 각각 번역하여 사용하고 있습니다.

한국 가톨릭과 대한 성공회는 표현 방식에는 차이가 있지만, 원문의 의미가 남아 있는 것으로 볼 수 있어, 신앙 고백의 핵심 내용도 그대로 유지되고 있는 것으로 보입니다만, 한국 개신교의 사도신경에는 이 표현이 간접적으로 번역되어 있다 보니, 왠지 다른 느낌으로 다가오게 됩니다.

---

20) 가톨릭 번역: 『로마 미사 경본』(한국천주교주교회의, 2017)
21) 성공회 번역: 『성공회 기도서』(대한성공회, 2004)
22) 개신교 번역: 『새찬송가』(한국찬송가공회, 2006)

그런데 이 문구는 한국 개신교 내에서 교단 간 입장 차이와 신학적 해석의 민감성 때문에 때때로 교단 사이의 긴장을 야기하거나 분열의 원인으로 작용할 수 있는 민감한 이슈입니다. 교리와 관련된 신학적 논쟁이 얽혀 있다 보니, 어느 한 교단도 쉽게 명확한 입장을 내놓기 어려운 상황이 이어지고 있습니다.

교파·교단별 대표적 해석

가톨릭교회는 이를 '지옥 강하(descensus ad inferos)'라 부르며, 예수님이 참으로 죽은 자의 상태에 들어가셨고, 구약의 의로운 성도들에게 복음을 선포하셨다고 믿습니다.

동방정교회는 예수님이 지옥에 내려가 아담과 구약의 성도들을 해방시키고, 부활의 첫 열매가 되셨다고 해석합니다.

루터교는 예수님의 지옥 강하를 십자가에서 이루신 구속 승리를 죽음의 세계에까지 선포하신 사건으로 받아들이며, 고난의 연장이 아니라 부활의 시작으로 이해합니다.

개혁주의(칼뱅 전통)는 이를 문자적 사건이 아니라, 십자가에서 겪으신 극심한 고통과 하나님의 진노 자체가 '지옥을 경험하신 것'이라는 상징적 해석으로 봅니다.

현대 일부 학자들은 '지옥'을 인간 존재의 가장 비참한 상태로 해석하며, 예수님이 죄 없으심에도 인류의 죄를 짊어지고 그 극심한 고통을 겪으셨다고 풀이합니다.

소수의 견해로는, 사도신경에서 말하는 '지옥'(inferos)이 신약의 형벌 장소인 '게헨나'(Gehenna)나 음부인 '하데스'(Hades)가 아니라, 구약의 '스올'(Sheol)을 가리키는 개념으로 이해하기도 합니다. 이는 예수님께서 단순히 의식을 잃었다가 깨어나셨다는 가사설(假死說, Swoon Theory)을 부정하고, 참된 죽음에 들어가셨다가 실제로 죽음을 이기시고 부활하셨다는 신앙 고백의 증거로 해석되기도 합니다.

이처럼 해석의 차이는 존재하지만, 한국 개신교를 제외한 대부분의 교회는 '지옥에 내려가셨다'라는 구절을 신앙 고백문에서 유지하며, 각 교단의 신학에 따라 그 의미를 풀어내려는 전통을 가지고 있습니다.

한국 개신교의 특이한 상황

이런 흐름과 달리, 한국 개신교는 이 표현을 완곡하게 바꾸었습니다. 이유야 여러 가지가 있겠지만, 해석의 어려움이나 오해의 우려 때문만은 아닌 듯합니다.

실제 배경을 살펴보면,

∨ 교단마다 서로 다른 교리적 입장
∨ 교단 간 논쟁을 피하려는 분위기
∨ 교인들에게 설명하거나 가르치는 부담

이런 요소들이 복합적으로 작용하면서, 결국 신학적 조율에 어려움이 있었던 것으로 보입니다.

성경적 근거와 마태복음의 흥미로운 연결

'지옥 강하'와 관련된 대표적 성경 구절은 베드로전서입니다.

> 그가 또한 영으로 가서 옥에 있는 영들에게 선포하시니라 (벧전 3:19)
>
> 이를 위하여 죽은 자들에게도 복음이 전파되었으니… (벧전 4:6)

이 구절을 놓고도 해석은 다양합니다.
① 예수님께서 죽은 자들에게 실제로 복음을 선하셨다는 문자적 해석
② 구약 시대의 의인들에게 국한된 복음 선포로 보는 해석
③ (특히 벧전 3:20절을 근거로) 노아 시대의 불순종한 자들에게 성령을 통해 선포하신 과거 사건으로 이해하는 해석
④ 일부 이단적 주장에서는 이 구절을 사후 구원의 가능성을 뒷받침하는 근거로 오용하기도 하나, 이는 전통 교회에서는 받아들여지지 않습니다.

> 한 번 죽는 것은 사람에게 정해진 것이요 그 후에는 심판이 있으리니 (히 9:27)

또한, 마태복음 27장에는 예수님이 죽음을 맞이하시는 순간에 무덤들이 열렸다는 흥미로운 구절이 등장합니다.

> 예수께서 다시 크게 소리 지르시고 영혼이 떠나시니라 이에 성소 휘장이 위로부터 아래까지 찢어져 둘이 되고 땅이 진동하며 바위가 터지고 무덤들이 열리며 자던 성도의 몸이 많이 일어나되 예수의 부활 후에 그들이 무덤에서 나와서 거룩한 성에 들어가 많은 사람에게 보이니라 (마 27:50~53)

이 장면은 비록 직접적인 '지옥 강하'를 말하는 것은 아니지만, 예수님의 죽음 이후 즉각적으로 죽음의 세계에 영향을 미친 사건으로 해석될 여지가 있습니다. 이 구절 역시 한국 개신교 내에서 충분한 신학적 논의와 설명을 통해 '지옥 강하'를 바라보는 폭넓은 관점을 제공할 수 있는 성경적 근거가 될 수 있을 것입니다.

한국 교회의 숙제

해석의 어려움, 오해의 가능성, 교단 간 입장의 차이는 분명 존재합니다. 그렇다고 해서 표현 자체를 완곡하게 하거나 논의를 회피하는 방식이 최선일 수는 없습니다. 오히려 이러한 문제야말로 교회가 신학적으로 성숙해지고, 성도들이 신앙 고백의 언어를 바르게 이해할 수 있도록 돕는 소중한 기회가 될 수 있습니다.

다른 교파들처럼, 한국 개신교도 이제는 이 문제를 피하거나 미루는 태도를 넘어서, 정직하게 마주하고 대화를 시작해야 할 때라고 생각합니다.

진정한 신앙 고백을 위해

사도신경은 완벽한 신학 체계가 아니라, 교회 역사 속에서 시대와 상황을 반영하며 다듬어온 소중한 신앙 고백입니다. 따라서 '지옥에 내려가셨다'라는 문구의 의미와 해석은 계속해서 논의와 성찰을 필요로 합니다.

그러나 중요한 것은 우리가 신앙의 언어를 외면하거나 두려워하기보다, 정직하게 직면하고 서로 배우며 함께 풀어 가는 태도일 것입니다.

부족한 평신도의 작은 이야기이지만, 한국 교회가 이 숙제를 더 이상 미루지 않고, 진지하게 고민하고 성숙한 대화를 시작하길 조심스럽게 소망합니다. 그것이야말로 신앙 고백을 드릴 때마다 우리가 함께 지켜야 할 겸손과 정직의 모습이 아닐까 생각해 봅니다.

10.
왜 유대인의 하나님을 섬겨야 되나?

기독교는 예수 그리스도를 하나님의 아들로 믿는 종교입니다. 그리고 삼위일체 신앙에 따라, 성자 예수님, 성부 여호와 하나님, 성령 하나님이 모두 한 분 하나님이심을 고백합니다.

여호와 하나님은 구약 시대에 유대 민족을 통해 자신을 계시하셨고, 지금도 그렇게 자신을 드러내고 계십니다. 그렇다 보니 한국을 포함한 다른 민족 사람들 입장에서는 종종 이런 질문이 생깁니다.
"왜 유대인의 하나님을 섬겨야 하는가?"

목사님들의 말씀

목사님들은 보통 이렇게 설명하십니다.

여호와 하나님은
① 온 우주의 창조주시며,
② 예수 그리스도를 통해 인간을 구속하셨고,
③ 마지막에는 정의롭게 심판하시는 분이십니다.

그리고 예수님은 하나님의 사랑을 몸소 실천하셨고, 죽음을 이기고 부활하심으로 생명의 길을 보여 주셨습니다. 따라서 우리는 예수님을 통해 계시된 하나님을 믿고 따르는 것이 옳다고 말합니다.

성경 말씀도 이 사실을 분명히 증언합니다.

> 태초에 하나님이 천지를 창조하시니라 (창 1:1)
>
> 우리는 그리스도 안에서 그의 은혜의 풍성함을 따라 그의 피로 말미암아 속량 곧 죄 사함을 받았느니라 (엡 1:7)
>
> 이는 정하신 사람으로 하여금 천하를 공의로 심판할 날을 작정하시고 이에 그를 죽은 자 가운데서 다시 살리신 것으로 모든 사람에게 믿을 만한 증거를 주셨음이니라 하니라 (행 17:31)
>
> 나와 아버지는 하나이니라 하신대 (요 10:30)
>
> 땅의 모든 끝이여 내게로 돌이켜 구원을 받으라 나는 하나님이라 다른 이가 없느니라 (사 45:22)
>
> 너는 나 외에는 다른 신들을 네게 두지 말라 (출 20:3)

비기독교인들의 반응

하지만 이런 설명이 비기독교인들에게는 쉽게 와닿지 않습니다. 오히려 여러 반론과 의문이 자연스럽게 따라옵니다.

① "세상에 창조주는 너무 많다"고 주장

거의 모든 종교가 나름의 창조 신화를 가지고 있습니다. 힌두교의 브라흐마, 조로아스터교의 아후라 마즈다, 시크교의 와헤구루, 도교의 '도(道)' 등, 각기 다른 방식으로 우주의 기원을 설명하며 창조주 개념을 제시합니다. 그렇다 보니 "왜 하필 기독교의 하나님만이 진짜 창조주냐"는 질문이 나올 수 있습니다.

② "예수님의 대속은 요청되지 않은 희생 아닌가?"

기독교는 예수님의 십자가를 인류의 대속적 희생으로 가르칩니다. 그러나 어떤 분들은 이렇게 반문합니다. "나는 죄인이라고 생각하지 않는데 왜 나 대신 죽었다는 걸 강요하느냐?", "누가 그런 희생을 부탁했느냐?", "그 희생에 감동하라는 말이 오히려 부담스럽다."

또한 불교의 보살 사상, 힌두교의 아바타 개념, 달라이 라마를 자비의 화신으로 보는 시각 등도 존재하기 때문에, 예수님의 성육신과 희생을 반드시 독특하거나 유일하다고 여기지 않는 분들도 있습니다.

③ "사후 심판 개념도 기독교만의 것은 아니다"

유대교, 이슬람교, 조로아스터교 등도 사후 심판과 영원한 삶을 강조합니다. 힌두교와 불교는 윤회와 업보로 설명하며, 해탈과 열반을 궁극의 목표로 제시합니다. 따라서 사후 세계나 심판이 꼭 기독교의 독창적인 교리라고 보지 않는 시각도 분명 존재합니다.

④ "하나님만이 유일하다는 주장은 배타적으로 들린다"

기독교는 '예수 외에는 구원이 없다'고 선언합니다. 이 점이 많은 분들에게 배타적이고 독선적으로 들릴 수 있습니다. 그리고, 유일신 사상 자체는 이슬람, 유대교, 힌두교 일부 전통에서도 발견됩니다. 결국 각 종교가 자기가 믿는 신을 절대화하는 경향은 공통적으로 나타납니다.

기독교 변증학적 관점의 응답

① "창조주는 많다"라는 주장에 대해

성경은 하나님을 '다른 신들 중 하나'로 소개하지 않습니다. 하나님은 오직 한 분이시며, 무에서 질서 있는 우주를 창조하셨고, 인간과 인격적으로 교제하시며 자신을 계시하십니다.

> 태초에 하나님이 천지를 창조하시니라 (창 1:1)
>
> 나는 여호와라 나 외에 다른 이가 없나니 나밖에 신이 없느니라… (사 45:5)
>
> 창세로부터 그의 보이지 아니하는 것들 곧 그의 영원하신 능력과 신성이 그가 만드신 만물에 분명히 보여 알려졌나니 그러므로 그들이 핑계하지 못할지니라 (롬 1:20)

② "대속은 요청되지 않은 희생 아닌가?"에 대해

성경의 하나님은 공의로운 심판자이시며 동시에 사랑이신 분입니다. 예수님의 대속은 우리의 요청 때문이 아니라, 하나님이 먼저 우리를 사랑하신 결과입니다.

> 우리가 아직 죄인 되었을 때에 그리스도께서 우리를 위하여 죽으심으로 하나님께서 우리에 대한 자기의 사랑을 확증하셨느니라 (롬 5:8)
> 사랑은 여기 있으니 우리가 하나님을 사랑한 것이 아니요 오직 하나님이 우리를 사랑하사 우리 죄를 위하여 화목 제물로 그 아들을 보내셨음이라 (요일 4:10)
> 사람이 친구를 위하여 자기 목숨을 버리면 이보다 더 큰 사랑이 없나니 (요 15:13)

③ "심판은 다른 종교에도 있다"라는 주장에 대해

기독교의 심판 개념은 단순히 벌을 주는 것이 아닙니다. 하나님은 악을 제거하고 정의를 회복하십니다. 또한 구원은 인간의 업적이 아니라 하나님의 은혜로 주어집니다.

> 한 번 죽는 것은 사람에게 정해진 것이요 그 후에는 심판이 있으리니 (히 9:27)
> 너희가 그 은혜에 의하여 믿음으로 말미암아 구원을 받았으니 이것은 너희에게서 난 것이 아니요 하나님의 선물이라 (엡 2:8)

④ "유일신 주장은 배타적이다"는 비판에 대해

기독교의 배타성은 독선이 아닌, '진리에 대한 신뢰'에서 비롯됩니다. 하나님은 모든 사람을 사랑하시며, 누구나 구원의 초청에 응답할 수 있습니다.

> 예수께서 이르시되 내가 곧 길이요 진리요 생명이니 나로 말미암지 않고는 아버지께로 올 자가 없느니라 (요 14:6)
> 다른 이로써는 구원을 받을 수 없나니 천하 사람 중에 구원을 받을 만한 다른 이름을 우리에게 주신 일이 없음이라 하였더라 (행 4:12)
> 하나님은 한 분이시요 하나님과 사람 사이의 중보자도 한 분이시니… (딤전 2:5)

하지만, 이런 설명도 때로는 오히려 더 큰 반발을 불러올 수 있습니다. 성경도 믿음이 하나님의 은혜와 성령의 도움 없이는 이뤄지기 어렵다고 말씀하고 있습니다.

> 육에 속한 사람은… 그것들이 그에게는 어리석게 보임이요 또 그는 그것들을 알 수도 없나니 그런 일은 영적으로 분별되기 때문이라 (고전 2:14)
> …아버지께서 이끌지 아니하시면 아무도 내게 올 수 없으니… (요 6:44)

질문을 다시 던져 보기

그렇다면, 처음 질문을 이렇게 바꿔 볼 수도 있습니다. "왜 유대인의 하나님을 섬겨야 하느냐" 이전에, "왜 한국 사회에 이토록 많은 사람이 유대인의 하나님을 믿게 되었을까?"라는 질문입니다.

한국 기독교의 모습과 과제

한국 교회는 처음에는 존경받는 도덕 공동체, 교육·의료·복지의 선도자, 감동적인 부흥 운동과 사랑과 희생의 공동체로 자리 잡았습니다. 그러나 지금은 교권주의, 세습, 권력화, 사회적 불신, 배타성 등의 문제로 신뢰를 잃어 가고 있습니다.

이런 모습이 오히려, "왜 유대인의 하나님을 믿어야 하느냐"라는 질문을 더욱 공고하게 만들어 가고 있는 셈입니다.

삶으로 답해야 할 때

기독교는 직선적 계시의 흐름을 가진 종교이지만, 그 진리는 시대를 관통하며 오늘도 변화를 요구합니다.

"왜 유대인의 하나님을 믿어야 하느냐"라는 질문에 단순한 교리나 주장만으로 충분히 답할 수 없습니다. 진짜 설득력 있는 대답은 결국 하나님을 믿는 이들의 삶에서 나올 것입니다. 그들의 겸손함, 진실함, 사랑과 정의, 희망을 드러내는 모습이야말로 하나님의 살아 계심을 보여 주는 가장 강력한 증거입니다.

예수 그리스도는 역사 속에 오셔서, 고통받는 인류와 함께하신 하나님으로 고백됩니다. 그렇다면 오늘을 살아가는 우리 기독교인들의 삶이야말로 그 하나님을 증언하는 살아 있는 통로가 되어야 하지 않겠습니까?

쉽지 않은 길이지만, 바로 그 길을 걷는 것이 오늘날 우리가 감당해야 할 고귀한 신앙의 책임일 것입니다.

11.
한국교회 현실 속 평신도의 선택과 바람

한국교회를 바라보며, 다양한 목소리와 평가가 이어지고 있습니다.
대형화, 세습, 정치적 논란, 물질주의, 권력 구조 등으로 인해 교회에 대한 사회적 신뢰가 흔들리고 있고, 특히 청년 세대를 중심으로 교회를 떠나는 현상도 점차 뚜렷해지고 있습니다.

구조적 현실을 인정하는 시선이 필요합니다.
이런 현상이 단순히 일부 목회자의 개인적 문제 때문만은 아닙니다. 교회의 대형화와 권력 집중, 물질적 구조는 오랜 시간에 걸쳐 형성된 결과이며, 평신도 역시 이 구조 속에서 직·간접적으로 동조하거나, 침묵하거나, 때로는 기대 온 측면이 있었던 것도 사실입니다.

성경도 이미, 인간 공동체의 연약함과 반복되는 문제를 경고합니다.

> 너는 이것을 알라 말세에 고통하는 때가 이르러 사람들이 자기를 사랑하며 돈을 사랑하며 자랑하며 교만하며 비방하며 부모를 거역하며 감사하지 아니하며 거룩하지 아니하며 (딤후 3:1~2)
> 너희는 아직도 육신에 속한 자로다 너희 가운데 시기와 분쟁이 있으니 어찌 육신에 속하여 사람을 따라 행함이 아니리요 어떤 이는 말하되 나는 바울에게라 하고 다른 이는 나는 아볼로에게라 하니 너희가 육의 사람이 아

니리요 (고전 3:3~4)

이런 구조적 현실을 단순히 개인의 문제로만 축소하거나, 부정하는 시선은 상황을 개선하는 데 도움이 되지 않습니다.

떠나기 어려운 현실도 분명합니다

교회의 문제를 인식한다고 해서, 모든 평신도가 다니던 교회를 떠나 다른 교회로 쉽게 옮길 수 있는 것은 아닙니다.

∨ 가족과의 관계
∨ 오랜 공동체에 대한 정서적 의존
∨ 대안을 찾기 어려운 현실
∨ 교회를 떠나는 것에 대한 심리적 부담

성경도 공동체를 소홀히 하거나 떠나는 태도가 가벼운 문제가 아님을 분명히 보여 줍니다.

> 서로 돌아보아 사랑과 선행을 격려하며, 모이기를 폐하는 어떤 사람들의 습관과 같이 하지 말고 오직 권하여 그 날이 가까움을 볼수록 더욱 그리하자 (히 10:24~25)

때로는 모임 자체를 유지하는 것이 중요한 선택일 수 있지만, 동시에 어떤 공동체에 속할지 분별하는 지혜도 함께 필요합니다.

그렇다면 평신도의 선택은 무엇일까요?

구조를 바꾸기 어려운 현실 속에서 평신도 개인이 취할 수 있는 선택은, 극단적인 비판이나 무기력한 체념이 아닌, 신앙의 본질을 지키는 조심스럽고 균형 잡힌 실천입니다.

① 교회를 이상화하지 않는 시선

교회를 완벽한 공간으로 여기지 않고, 부족함을 인정하며 균형 잡힌 분별력을 유지하는 태도입니다. 교회의 연약함을 인정하는 것이 비판이 아닌 성찰의 시작입니다.

> 우리가 다 실수가 많으니 만일 말에 실수가 없는 자라면 곧 온전한 사람이라 능히 온 몸도 굴레 씌우리라 (약 3:2)

② 신앙과 교회의 적절한 분리

교회의 구조와 내 신앙을 동일시하지 않고, 말씀과 기도로 스스로 신앙을 관리하는 노력이 필요합니다.

> 너희는 믿음 안에 있는가 너희 자신을 시험하고 너희 자신을 확증하라…

(고후 13:5)

시험에 들지 않게 깨어 기도하라 마음에는 원이로되 육신이 약하도다 하시고 (마 26:41)

③ 깨어 있는 건전한 신앙 연대
적은 숫자라도 조심스럽게 뜻을 같이하는 이들과 함께 교제하며 신앙의 균형을 지켜 갈 수 있습니다.

두세 사람이 내 이름으로 모인 곳에는 나도 그들 중에 있느니라 (마 18:20)

④ 정면충돌 대신 조심스러운 거리 두기
불필요한 갈등을 유발하기보다는, 신앙과 현실 사이의 적절한 선을 긋는 지혜가 필요합니다.

너희 모든 일을 사랑으로 행하라 (고전 16:14)

너희 말은 언제나 은혜 가운데서 소금으로 맛을 냄과 같이 하라… (골 4:6)

⑤ 떠날 준비와 대안 탐색
건강한 공동체를 찾아 무작정 떠나는 것이 아닌, 신중하게 탐색하고 준비하는 것은 현실적인 신앙의 분별입니다.

명령을 지키는 자는 불행을 알지 못하리라 지혜자의 마음은 때와 판단을

분변하나니 (전 8:5)

⑥ 신앙의 외부 확장

독서, 온라인 강의, 작은 신앙 모임 등을 통해 교회 밖에서도 신앙을 건강하게 확장해 갈 수 있습니다.

> 끝으로 형제들아 무엇에든지 참되며 무엇에든지 경건하며 무엇에든지 옳으며 무엇에든지 정결하며 무엇에든지 사랑 받을 만하며 무엇에든지 칭찬 받을 만하며 무슨 덕이 있든지 무슨 기림이 있든지 이것들을 생각하라 (빌 4:8)

교회의 본질은 여전히 하나님께 있습니다

교회의 부족함을 인정한다고 해서, 교회 자체가 부정되거나 무너지는 것은 아닙니다.

> …내가 이 반석 위에 내 교회를 세우리니 음부의 권세가 이기지 못하리라 (마 16:18)

그리고 하나님은 늘 남은 자를 통해 교회를 새롭게 하셨습니다.

> 그런즉 이와 같이 지금도 은혜로 택하심을 따라 남은 자가 있느니라 (롬 11:5)

> 그 중에 십분의 일이 아직 남아 있을지라도 이것도 황폐하게 될 것이나 밤나무와 상수리나무가 베임을 당하여도 그 그루터기는 남아 있는 것 같이 거룩한 씨가 이 땅의 그루터기니라 하시더라 (사 6:13)

평신도의 조심스러운 분별과 작은 실천들이 모여, 결국 교회가 건강하게 회복되는 데 밑거름이 될 수 있습니다.

이 글은 교회를 비판하거나 결론을 강요하려는 목적이 아닙니다. 지금의 한국교회 현실 속에서 평신도 개인이 어떤 태도와 선택을 고민할 수 있을지, 조심스럽게 정리해 본 내용입니다.

서로의 입장을 존중하며, 하나님 앞에서 정직하게 질문하고, 함께 바른길을 찾아갈 수 있기를 바라며, 하나님의 공의가 한국교회에 넘치기를 희망해 봅니다.

> 사랑하는 자들아 우리가 서로 사랑하자 사랑은 하나님께 속한 것이니 사랑하는 자마다 하나님으로부터 나서 하나님을 알고 사랑하지 아니하는 자는 하나님을 알지 못하나니 이는 하나님은 사랑이심이라 (요일 4:7~8)

12.
한국교회의 미래와 평신도의 희망

평신도의 작은 질문에서 시작합니다

교회 설교를 듣다 보면 종종 이런 말씀을 접합니다.

"사회적으로 성공하신 어떤 분이 술자리를 정중히 거절했습니다.", "어떤 분은 다른 이들이 접대하는 시간에 나라와 교회를 위해 기도했습니다."

그런 이야기를 들을 때, 목회자들의 진심은 충분히 느껴집니다. 세상 속에서 믿음의 기준을 지키며 살아가는 성도들의 모습을 소개하고, 다른 이들도 그런 믿음과 결단을 본받기를 바라는 마음이라는 것을 잘 알고 있습니다.

그러나 동시에 이런 질문도 조심스럽게 떠오릅니다. "생계를 위해 어쩔 수 없이 술자리나 접대 자리에 앉아야 했던 분들은 이 이야기를 어떻게 들을까?", "비기독교인들은 그런 이야기에 어떤 생각이 들까?"

억지로 웃으며 접대를 해야 했던 누군가에게는, 이런 일화가 자칫 "나는 술자리를 피하고 기도했어, 너는 그러지 못했지"라는 상대적 우월감으로 비칠 수도 있습니다.

특히 그 자리가 개인의 쾌락이 아닌 조직의 요구와 생계를 위한 현실적인 선택이었다면, 그 이야기는 비기독교인에게는 거리감과 반감을, 신앙인에게는 불필요한 죄책감과 위축을 줄 수도 있습니다.

"나는 접대 대신 기도했다"라는 말이 혹시라도 "나는 더 신앙적으로 옳은 선택을 했다"라는 식의 우월감으로 들리지는 않았을지, 신중하게 돌아볼 필요가 있습니다. 예수님께서도 스스로 의롭다 여긴 바리새인의 기도를 책망하셨고, 사회로부터 정죄와 손가락질을 받던 세리와 창녀를 외면하지 않으셨음을 기억해야 합니다.

한국에서 기독교인으로 사는 현실, 더 어려워졌습니다

1970~1990년대까지만 해도 한국 사회에서 기독교는 비교적 긍정적인 이미지를 가지고 있었습니다. 교회가 세운 고아원, 학교, 병원들은 지역사회에 기여했고, 사회 지도층에도 신앙을 고백하는 이들이 많았습니다. '주일성수'가 사회적으로도 비교적 존중받는 분위기였고, 스포츠 스타들의 기도 세리머니도 자연스럽게 받아들여졌습니다.

그러나 오늘날 현실은 많이 달라졌습니다. 일부 교회에서 나타난 세습 문제, 정치적 논란, 물질주의, 권력 지향 등과 같은 부정적 현상들, 그리고 비윤리적 사건과 위선적 언행들이 언론에 오르내리고 있습니다. '기독교'라는 이름이 사회적으로 신뢰를 잃어 가고 있습니다.

특히 젊은 세대의 신앙 환경은 훨씬 더 험난해졌습니다. 빠르게 변화하는 사회 속에서, 연애와 성 가치관, 젠더 이슈, 정치 문제 등 복잡하고 민감한 주제들이 갈등을 일으키고 있습니다.

"쟤는 교회 다니니까 빼자", "교회 다니면서 그걸 몰라?", "유난 떤다" 이런 말들이 일상처럼 들려옵니다. 자극적이고 직접적인 유혹들도, 더 많고 더 강해졌습니다. 불안한 미래에 대한 두려움도 이들의 어깨를 더욱 무겁게 합니다.

변화에 둔감한 교회에 대한 우려도 있습니다

현실은 이렇게 급변했지만, 일부 교회 지도자들은 교회에 대한 사회적 시선이 지금보다 상대적으로 관대했던 시절의 눈높이와 기준에 머물러 계신 듯합니다. 그러다 보니, 젊은 세대의 고민과 교회와의 거리감은 더 깊어지고 있습니다.

보수적인 일부 교회는 시대를 충분히 읽지 못한 채, 여전히 복 받는 신앙, 성장 중심의 담론, 정치적 연관성에 머물고 있습니다. 그 결과, 다음 세대의 교회 이탈과 사회적 신뢰 하락을 막지 못하고 있습니다.

반대로 진보적인 일부 교회는, 시대의 변화를 따라가려는 노력 속에서 본질을 놓칠까 우려되는 부분도 있습니다. 성경이 말하는 복음과 하나님 나라의 본질을 희미하게 만들 수 있는 해석들, 젠더나 사회참여 등 교회 안에서도 깊은 논의와 지혜로운 분별이 더 많이 필요한 복잡한 주제들, 그리고 복음보다 사회운동이 앞서 보이는 분위기 역시 신중히 돌아볼 부분입니다.

물론 모든 교회가 그렇다는 것이 아닙니다. 다만, 이런 경향들이 분명히 우리 사회와 교회 안에 존재하는 것은 사실입니다.

한국 교회의 미래, 지금 그냥 두면

이런 흐름이 지속된다면, 우리는 두 가지 우려를 현실로 마주할 수 있습니다.

① 사회로부터의 고립
교회가 더 이상 실질적인 영향력을 갖지 못하고, 청년 세대는 떠나고, 교회는 점차 고령화되고 소수집단으로 전락할 수 있습니다.

② 이단화와 극단화
일부 신앙인들이 건강한 분별을 잃고, 음모론, 극단적 종말론, 폐쇄적인 공동체에 빠질 위험도 커집니다. 기존 교회를 떠난 이들이, 바른 공동체를 찾지 못한 채 왜곡된 가르침이나 극단적인 집단으로 흡수되는 현실도 이미 일부에서 나타나고 있습니다.

기독교 대안 학교와 기성세대

일부에서는 이런 우려에 대응하기 위해 기독교 대안학교를 운영하기도 합니다. 현재 전국적으로 140개 이상의 기독교 대안학교가 운영되고 있습니다. 이들 학교는 신앙과 공동체성을 바탕으로 전인교육과 지역 봉사, 국제교류 등을 시도하며, 한국 교회 청소년 교육의 새로운 대안을 제시합니다.

그러나 동시에, 비인가 체제, 기독교 중심의 정체성, 외부 세계관과의 제한된 교류 등은 자칫 배타성 증가, 사회와의 고립, 다원성 부족 등으로 이어질 수 있다는 우려도 내포하고 있습니다. 따라서 사회적 포용성, 공교육과의 접점, 다양한 가치관과의 건강한 교류 등에 대해서도 지속적인 고민과 접근이 있어야 될 것입니다.

> 너희는 세상의 소금이니… 너희는 세상의 빛이라… 그들로 너희 착한 행실을 보고 하늘에 계신 너희 아버지께 영광을 돌리게 하라 (마 5:13~16)

하지만 무엇보다 중요한 것은, 다음 세대가 신앙을 실제로 배우고, 세상 속에서 그리스도인으로 살아갈 힘을 얻는 것입니다. 그리고 그 힘은 결국 교회와 가정의 어른들이 자신의 신앙과 삶의 자리에서 진정한 기독교인의 모습으로 모범을 보이는 데서 비롯된다고 생각합니다.

> 네 자녀에게 부지런히 가르치며 집에 앉았을 때에든지 길을 갈 때에든지

누워 있을 때에든지 일어날 때에든지 이 말씀을 강론할 것이며, 너는 또 그
것을 네 손목에 매어 기호를 삼으며 네 미간에 붙여 표로 삼고 (신 6:7~8)
그러나 너는 배우고 확신한 일에 거하라 너는 네가 누구에게서 배운 것을
알며, 또 어려서부터 성경을 알았나니 성경은 능히 너로 하여금 그리스도
예수 안에 있는 믿음으로 말미암아 구원에 이르는 지혜가 있게 하느니라
(딤후 3:14~15)

그러나, 희망도 분명히 있습니다

지금의 상황이 쉽지는 않지만, 교회의 본질이 흔들린 것은 아닙니다. 하나님은 늘 남은 자(Remnant)를 통해 교회를 새롭게 하셨습니다.

그 중에 십분의 일이 아직 남아 있을지라도 이것도 황폐하게 될 것이나 밤
나무와 상수리나무가 베임을 당하여도 그 그루터기는 남아 있는 것 같이
거룩한 씨가 이 땅의 그루터기니라 하시더라 (사 6:13)
이는 너희가 흠이 없고 순전하여 어그러지고 거스르는 세대 가운데서 하
나님의 흠 없는 자녀로 세상에서 그들 가운데 빛들로 나타내며 (빌 2:15)

오늘날도 그 희망은 여전히 평범한 신앙인들의 정직한 삶과 소박한 공동체 안에 있습니다.

① **평신도의 성경적 분별력 강화**

목회자의 설교에만 의존하지 않고, 스스로 말씀을 배우며 바른 신앙을 세우는 노력이 절실합니다.

② **본질을 지키되, 시대를 읽는 리더십**

변화하는 시대를 외면하지 않으면서도, 성경의 본질을 굳게 붙드는 지혜로운 교회 지도자들이 세워져야 합니다.

③ **규모를 넘어 건강한 공동체의 확산**

대형 교회든 작은 공동체든, 중요한 것은 신앙과 삶이 자연스럽게 연결되는 것입니다. 규모에 상관없이, 진정성 있는 건강한 공동체들이 곳곳에서 더 많이 세워질 때, 교회는 더욱 건강해질 것입니다.

④ **다음 세대를 위한 깊이 있는 준비**

질문을 허용하고, 함께 답을 찾아가는 교회 문화가 필요합니다. 다음 세대가 신앙 안에서 당당히 고민하고 성장할 수 있도록, 교회가 동행해야 합니다. 그리고 무엇보다도 다음 세대에게 삶에서 모범을 보여야 합니다.

⑤ **겸손과 정직으로 복음 증명**

크고 거창한 말보다, 작은 자리에서 정직하게 살아가는 성도의 모습이, 가장 강력한 복음의 증거가 될 것입니다.

한국교회의 미래는 결국, 직장과 가정, 학교와 사회 속에서 평신도가 복음을 따라 살아내는 일상 속에 있습니다. 그리고 그 희망은, 지금도 흔들리는 자리에서 중심을 붙들고 살아가는 평범한 성도들의 고백 안에 있습니다.

다르게 생각하시는 분도 분명히 계실 것입니다. 그러나 이 글의 목적은 교회를 비판하거나 정죄하려는 것이 아닙니다. 그저, 하나님께서 세우신 교회가 더욱 건강하게 회복되기를 바라는 마음에서, 부족하나마 생각을 나누어 봅니다.

하나님의 은혜가 이 땅과 교회 위에 충만하기를 소망합니다. 우리가 서로 사랑과 겸손으로 함께 길을 찾아가기를 바랍니다.

에필로그
부족한 평신도의 작은 고민을 마치며

이 책은 평신도인 저의 작은 궁금증과 오랜 고민의 결과물입니다.

교회를 다니며 말씀을 듣고, 신앙생활을 이어 오면서도 마음 한편에는 늘 풀리지 않는 물음표들이 남아 있었습니다. 그저 단순한 호기심이 아니라, 정말 알고 싶었던 질문들이었습니다.

하지만 그 질문들에 대해 명확하고 시원한 답을 쉽게 듣기 어려웠던 것도 사실입니다. 그래서 감히, 부족하나마 저 스스로 고민하고 자료를 찾아보고, 나름대로 정리해 보려는 시도를 하게 되었습니다.

분명 전문 신학자가 아닌 평신도의 수준으로는 깊이도, 완성도도 부족할 수밖에 없다는 것을 잘 알고 있습니다. 더불어, 이 책에 담긴 내용 중 일부는 공식 학술자료가 아닌 다양한 공개 자료, 인터넷 정보, 교회 전승 등을 참조한 부분도 있습니다. 그로 인해 사실 확인의 엄밀함이나 신학적 해석의 정통성이 충분하지 않은 부분이 있을 수 있습니다. 혹시 이로 인해 오해나 혼동을 드렸다면 깊이 양해를 구합니다.

그럼에도 불구하고, 이 작은 글들이 단순한 문제 제기를 넘어서, 조금이나

마 긍정적이고 발전적인 방향을 함께 고민해 볼 수 있는 작은 계기가 되기를 바라는 마음으로 나름 최선을 다했습니다.

이 과정에서 평신도로서의 안타까움과 바람을 솔직히 담았습니다. 그러나 그 어떤 부분도 교회를 비난하거나 분열을 조장하려는 마음은 없습니다. 오히려, 교회가 하나님의 뜻 안에서 더 건강하고 아름답게 세워지기를 바라는 진심 어린 마음뿐입니다.

그렇기에 이 책의 부족하거나 미흡한 부분도 너그러이 이해해 주시고, 더 깊이 있는 논의와 대화로 이어질 수 있기를 조심스럽게 기대합니다.

모든 부족함을 인정하며, 이 작은 시도가 우리 스스로를 돌아보고, 신앙의 언어와 고백을 더 정직하고 진실하게 다듬어 가는 데 작은 디딤돌이 될 수 있기를 바랄 뿐입니다.

끝끝지 이 글을 함께해 주신 모든 분들께 감사드립니다.

이 모든 과정과 열매가 사람의 것이 아닌, 오직 하나님께서 선하게 사용하시기를 기도합니다.

너무나 궁금했던
평신도의 질문들

ⓒ 김대진, 2025

초판 1쇄 발행 2025년 10월 1일

지은이 김대진
펴낸이 이기봉
편집 좋은땅 편집팀
펴낸곳 도서출판 좋은땅
주소 서울특별시 마포구 양화로12길 26 지월드빌딩 (서교동 395-7)
전화 02)374-8616~7
팩스 02)374-8614
이메일 gworldbook@naver.com
홈페이지 www.g-world.co.kr

ISBN 979-11-388-4766-7 (03230)

- 가격은 뒤표지에 있습니다.
- 이 책은 저작권법에 의하여 보호를 받는 저작물이므로 무단 전재와 복제를 금합니다.
- 파본은 구입하신 서점에서 교환해 드립니다.